WESTEND

MARIE-LUISE WOLFF

# DIE ANBETUNG

## Über eine Superideologie namens Digitalisierung

WESTEND

Mehr über unsere Autoren und Bücher:
www.westendverlag.de

Die Deutsche Nationalbibliothek verzeichnet diese Publikation in
der Deutschen Nationalbibliografie; detaillierte bibliografische Daten
sind im Internet über http://dnb.d-nb.de abrufbar.

ISBN 978-3-86489-304-9
© Westend Verlag GmbH, Frankfurt/Main 2020
Umschlaggestaltung: © Buchgut, Berlin
Satz: Publikations Atelier, Dreieich
Druck und Bindung: CPI – Clausen & Bosse, Leck
Printed in Germany

# Inhalt

»*Am Ende definieren wir uns nicht durch das, was wir erschaffen, sondern durch das, was wir uns weigern zu zerstören.*«

John Sawhill, amerikanischer Naturforscher

# Worum es mir geht

Das Digitale ist allgegenwärtig und wird in der Wirtschaft mit ganz besonderer Euphorie verbunden. Jedes Kleinstkind weiß heute, was ein Smartphone, und selbst meine achtzigjährige Mutter, was eine Skype-Konferenz ist. Meine eigene Haltung zum Digitalen hat sich im vergangenen Jahrzehnt verändert, auch nach Besuchen im Silicon Valley, in China und in Südkorea. Zuerst habe ich der Digitalisierung geradezu reformatorische Energie zugetraut, vor allem für die Wirtschaft. Denn klangen nicht ihre Protagonisten wie die Propheten einer sehr modernen Welt? Weniger Bürokratie, weniger Hierarchie, weniger Patriarchat – dafür mehr Demokratie, mehr Teilhabe, mehr Fortschritt.

Neben einigen Erleichterungen, die uns beispielsweise kommunikativ über die Corona-Epidemie hinweghalfen, haben sich im Digitalen gravierende Fehlentwicklungen Bahn gebrochen – in der digitalen Wirtschaft genauso wie bei den Anwendungen, mit denen uns Digitalkonzerne »versorgen«. Diese Fehlentwicklungen sind noch nicht in unserem allgemeinen Bewusstsein angekommen – dazu bewundern wir die neuen Technologien immer noch zu sehr. Allerdings haben sie schädliche Veränderungen struktureller Art zur Folge. Diese betreffen nicht nur die Oberflächen und Fassaden unseres Lebens, sondern die inneren tragenden Teile unserer Gemeinsamkeiten: im Alltag, im Arbeits- und Wirtschaftsleben. Diese Entmachtungsvorgänge werden sich in der Zukunft stärker negativ auswirken, als wir es im

Moment sehen oder uns vorstellen können. Auch wenn es sich bei der Digitalisierung um eine janusköpfige Angelegenheit handelt, die sowohl Erleichterndes als auch Schaden mit sich bringt, spreche ich mit diesem Buch eine deutliche »Gewinnwarnung« für das Digitale aus. Wir dürfen vor der Digitalisierung nicht weiter in Anbetung erstarren. Damit das Digitale gut wird, müssen wir es kritischer als bisher einordnen und stärker führen. Wir müssen aufhören, uns von der Technologie treiben zu lassen.

Nach rund 50 Jahren an digitaler Entwicklung ist eine genauere Bilanzierung ihrer Erfolge vorzunehmen. Die wichtigsten Kriterien, die ich an eine kritische Bilanz anlege, sind die Bekömmlichkeit und Tragfähigkeit digitaler Erfindungen sowie die Problemlösungskraft, die sich bisher aus den digitalen Wirtschaftsmodellen entfaltet hat. Der großen Euphorie folgt oft die Traumzerstörung. Sie soll, sie muss jetzt beginnen, und ich gebe den Auftakt dazu. Das Digitale ist auf der Agenda für unsere Zukunft ganz weit oben einsortiert. Mir geht es darum, ihm genau den Stellenwert zuzuweisen, der ihm gerecht wird.

Eine erste Schlussfolgerung ist, dass Digitalisierung und speziell die Bildung digitaler Plattformkonzerne den Ausfall staatlicher Regulierung bewirkt haben. Ein Teil der in unserer Zeit mit einigem Recht so hochgelobten und bisher durch Steuerrecht, Wettbewerbsrecht, Kartellrecht, Verbraucherschutz und Ähnliches eingehegten Marktlogik des Wettbewerbs ist diesem Staatsversagen bereits zum Opfer gefallen. Es haben sich digitale Weltmonopole gebildet, die gerade erst am Anfang ihrer Entwicklung stehen. In ihrer Tätigkeit werden sie immer radikaler werden, was für den europäischen Handels- und Dienstleistungssektor mit vernichtenden Folgen verbunden sein wird. Neben den leeren Ladenlokalen der Einzelhändler und den strauchelnden Medien- und Verlagshäusern, die wir in unseren Städten schon betrachten können, lockt der gesamte europäische Handels- und Dienstleistungsmarkt den Digitalplattformen als Beute. Beispiele finden sich dafür im Buch.

Unsere »Opferbranchen« lassen wir bisher ungeschützt. Alle Türen stehen den digitalen Weltmonopolen durch das Versagen des Staats weit offen. Digitale Plattformen arbeiten wesentlich mit Umsonst-Leistungen, die durch trillionenfach verkaufte persönliche Daten ihrer Nutzer finanziert werden. Darüber hinaus nutzen sie wie selbstverständlich unsere gut ausgebaute Infrastruktur, zugleich aber jedes Steuerschlupfloch, das sich ihnen bietet. Ohne Gegenwehr ergeben wir uns den Monopolen und ihren Milliardären – mir kommt immer wieder der Begriff »Räumungsverkauf« in den Sinn. Mich irritiert diese Wehrlosigkeit, der wir entgegenwirken müssen. Im Zentrum weiterführender Regulierungen muss das Verbot der Speicherung und des Verkaufs persönlicher Daten stehen, daraus folgen die Kostenpflicht jeglicher digitaler Dienste, die Erhebung von $CO_2$-Steuern auf digitale Dienstleistungen sowie selbstverständlich die Klarnamenpflicht für soziale Medien. Weitere Anregungen zu diesen Punkten finden sich im letzten Kapitel dieses Buchs.

Weiterhin soll der Beste im Wettbewerb gewinnen. Ich war und bin für Markt und Wettbewerb und deshalb gegen das Zulassen von Monopolen. Digitalmonopole sind Monopole, auch wenn sie modern daherkommen. Mit ihrem Geschäftsmodell beamen sie uns in die Wirtschaftsordnung feudaler, vordemokratischer Zeiten zurück. Die Corona-Krise hat soeben das Primat der Politik wiederhergestellt, ebenso den hohen Wert einer Realwirtschaft vor Ort noch einmal verdeutlicht. Die Instrumente einer die Wirtschaft ordnenden Macht müssen schnellstens auf die Digitalsphäre angewandt werden. Die Datenschutzgrundverordnung Europas ist dabei nur als ein sehr vorsichtiger Anfang zu betrachten.

Digitale Geräte und ihre Dienstleistungen gehören heute zu den hauptsächlichen Strom- und Ressourcenverbrauchern der

Welt. Rechenzentren benötigen doppelt so viel Energie wie die weltweite zivile Luftfahrt, mit stark steigender Tendenz. Streaming, Videotelefonie und das Internet of Things (IoT) werden den Stromverbrauch massiv steigern. Wir müssen unser Augenmerk deshalb auch auf die $CO_2$-Bilanz digitaler Technologien richten. Ohne Rechnerkapazität verlässt kein Megabit seinen digitalen Absender, und keine einzige digitale Anwendung ist ohne die Zwischenlagerung in einem Rechenzentrum denkbar. Kobalt- und Lithiumabbau gehören zu den $CO_2$-intensivsten Förderarten der Welt.

Es besteht ein logischer Zusammenhang zwischen der Digitalisierung, insbesondere den rapide skalierenden digitalen Plattformmodellen, und einem äußerst aggressiven, von privat gemanagten Fonds ausgehenden Finanzkapitalismus, der Teile der Welt inzwischen dominiert. Dass Börsen zum Spielball und auch zum Handlanger digitaler Spekulanten geworden sind, ist ein gefährlicher und bisher unterschätzter Kollateralschaden für die gesamte Wirtschaft. Auch Börsen müssen sich wirksamere Maßnahmen zur Eindämmung der Finanzspekulation einfallen lassen. Sogenanntes Wagniskapital wird heute weitgehend zur Finanzierung digitalen Spielzeugs verwendet. Fortschrittsleistungen oder nachhaltiger Gewinn sowie nachhaltige Arbeitsplätze gehen davon im Allgemeinen nicht mehr aus. Wagniskapitalsummen dürfen nicht länger als Gradmesser für die Innovationskraft einer Nation angesehen werden, und Unternehmen sind deutlich schärfer im Hinblick auf soziale und ökologische Wirtschaftsaspekte zu kontrollieren. Anregungen dazu finden sich am Ende des Buchs.

Prekäre Arbeitsverhältnisse in den gesamten Lieferketten, fehlende Nachhaltigkeitsstrategien, die mangelnde Unabhängigkeit der Aufsichtsorgane, eine hochvolatile Ergebnisentwicklung sowie ausufernde Managementboni und -gehälter stehen einer nachhaltigen Unternehmensführung grundsätzlich entgegen. Nachhaltige Unternehmen sind langfristig profitabel, schützen

Umwelt wie natürliche Ressourcen und tragen zu sozialer Gleichheit sowie Wohlstandsgerechtigkeit bei. Maßnahmen dafür können im Bemühen um einen europäischen oder sogar weltweiten Mindestlohn liegen, in der Verpflichtung zu Erhalt und Ausbau sozialversicherungspflichtiger Arbeitsplätze, in klaren $CO_2$-Vorgaben und der Achtsamkeit im Hinblick auf eine umfassende Diversität. Auch hierzu finden sich Vorschläge in Kapitel 7.

Fast noch beunruhigender als die destruktive Wucht digitaler Monopole für die europäische Wirtschaft sind für mich die schon jetzt sichtbaren Effekte eines mehrheitlich in Online-Abhängigkeit verbrachten Lebens. »Ich glaube, wir lieben unsere Telefone mehr, als wir Personen aus unserem Umfeld lieben«, sagt ein dreizehnjähriges Mädchen im Gespräch mit einer Psychologin. Die Folgen für eine Generation, die von Geburt an mit einer Überdosis digitalen Konsums aufgewachsen ist, beginnen wir gerade erst zu verstehen. Digitale Medien haben die Kraft, uns in unseren fundamentalsten menschlichen Fähigkeiten zurückzubilden. Einschränkungen in der Konzentrations- und Denkfähigkeit, Rückbildungen in Sprache, Kommunikation, psychischer Widerstandsfähigkeit und Empathie gehören zu den inzwischen messbaren Resultaten. Zur Vermeidung dieser Schäden sehe ich kaum Präventionsmöglichkeiten durch den Staat. Mentale Rückbildungen durch Digitalisierung können wir nur eigenverantwortlich verhindern. Erste Vorschläge dazu gibt es ebenfalls am Ende dieses Buchs.

Wir müssen wieder kritisch mit dem umgehen, was wir als Fortschritt und Innovation bezeichnen. Das, was uns an digitalen Entwicklungen vor allem aus den USA und aus China bisher über den Zaun geworfen wird, müssen wir unter diesem Blickwinkel neu einordnen. Die Anbetung digitaler »Wunder« sollten wir schnellstens beenden.

Mein Ziel geht jedoch weiter: Wir müssen das europäische Selbstbewusstsein aus seinem Dornröschenschlaf wecken. Gegen das Hamsterrad eines Finanzkasinos müssen wir eine konstruktive und sinngebende Ökonomie neu und entschieden absetzen, gegen digitales Spielzeug mit echten Problemlösungen zu Feld ziehen. Nicht Digitalisierung ist ein Ziel, sondern die Beseitigung großer Herausforderungen, beispielsweise des Klimawandels, unter Zuhilfenahme der Digitalisierung. Meines Erachtens ist es Zeit für die Neuentdeckung der Realwirtschaft.

*Marie-Luise Wolff*
*Darmstadt und Köln im Juli 2020*

# 1 Prolog

Haben Sie auch das Gefühl, keinen Weg mehr ohne Ihr Smartphone unternehmen zu wollen? Dann sind Sie damit nicht allein. So geht es den meisten erwachsenen Menschen in der entwickelten Welt. Das Smartphone ist jetzt 13 Jahre alt, und man kann sich ein Leben ohne kaum mehr vorstellen. Nur einmal am Tag die Zeitung lesen, nur einmal am Tag Nachrichten hören, keine Kontakte über soziale Medien, kein Twitter, kein WhatsApp, kein LinkedIn, kein Weiterleiten, keine In-Boxen, keine Posts, kein Spotify. Jeder fühlt sich inzwischen ziemlich wohl und vertraut mit all den Bildschirmen, die uns im täglichen Leben umgeben. Und ist das Digitale seit Corona nicht noch wichtiger geworden?

Im Englischen gibt es ein neues Wort: Es heißt »phubbing« und ist zusammengesetzt aus »phone« und »snubbing«. »Snubbing« steht für »jemanden gleichgültig behandeln« oder »jemanden abweisen«. »Phubbing« ist ein digitales Phänomen, das jeder kennt: Im Gespräch mit der Familie, mit Freunden, Bekannten, Kollegen oder Geschäftspartnern greift jemand plötzlich zum Smartphone, um E-Mails zu checken, kurz bei Facebook reinzuschauen oder eine SMS zu lesen – und die Konversation wird für kurze Zeit unterbrochen. Fast jeder tut das, fast jeder kennt das Gefühl, wenn nach einer Zeit die Ablenkung der Online-Welt unwiderstehlich wird. Und fast jeder kennt auch die andere Seite: das Gefühl des Ignoriert-Werdens, den Moment, in dem der Faden der Empathie abreißt.

Jenseits der markanten Gewöhnungen an das Digitale geht eine Furcht um in Deutschland: dass wir in der digitalisierten Welt zurückfallen und den Anschluss an die Tech-Moderne verlieren könnten. Zwar gibt es seit einigen Jahren in Unternehmen kaum ein wichtigeres Thema als die Digitalisierung, aber man fühlt sich nicht wirklich auf der Höhe der Zeit. Es herrscht das Gefühl, in diesem Land geschehe in Sachen Digitalisierung bisher viel zu wenig: Die Glasfaser-Ausbauraten stimmen nicht. Es gibt noch viel zu viel Papier in den Unternehmen. Die Deutschen können keine E-Autos bauen. Alles ist umständlich, die Verwaltungsprozesse sind peinlich altmodisch, »Kill-the-bureaucracy-Initiativen« werden ausgerufen – und versanden wieder. Und bisher gibt es bei uns noch kein wirklich großes neues, rein digitales Unternehmen wie in den USA. Jeder probiert ein bisschen herum, aber etwas wirklich Großes und Erfolgreiches ist dabei bisher nicht herausgekommen. Und alle neue Technologie, die wir kaufen, kommt aus Amerika oder aus China oder aus Korea. Wir müssen uns beeilen, wir müssen weiterkommen, wir dürfen endlich nicht mehr zurückhängen.

Die Speerspitze des Fortschritts wird im Silicon Valley vermutet, mittlerweile auch in China. Dort, in der Ferne, wähnt man seit Langem die Hauptquartiere der digitalen Moderne. Dort gibt es keine Scheu, die vielen unternehmerischen Wagnisse, die sich bieten, auch einzugehen. Dort ist man viel eher bereit, einfach einmal etwas auszuprobieren, Fehler zu machen, Dinge in den Sand zu setzen und dann sogar stolz darauf zu sein, es wenigstens versucht zu haben. Hingegen erscheint Deutschland übervorsichtig und so gemächlich wie ein schwerfälliger Tanker, der kaum vom Fleck kommt und zu viele Altlasten mit sich herumschleppt. Ein Land, das sich inzwischen vor jedem Fortschritt zu fürchten scheint und für die Digitalisierung zu langsam, zu bedächtig, kulturell zu unbeweglich geworden ist. Als Muntermacher gegen den proklamierten digitalen Rückstand macht in Politik, Wirtschaft und Journalismus wieder einmal das alte Kampfargument von der »Gefahr für unseren Wohlstand« die Runde – es musste schon in früheren Debatten für allerlei Auswüchse des Kapitalismus herhalten.

Dabei bemühen wir uns doch. Täglich werden Schulkindern iPads versprochen, und Chief Digital Officers zieren die Organigramme von Unternehmen, oft ohne dass es eine Jobbeschreibung für sie gibt. Smart-City-Projekte werden auf den Weg gebracht, laufend werden Gründerzentren eröffnet, jede größere Stadt hat inzwischen ihren Start-up-Hub. Und man bildet sich weiter: Zuerst sind Manager und Politiker an die amerikanische Westküste gereist, inzwischen geht es auch nach Südostasien, denn der Digitalkapitalismus in Fernost scheint die noch heißere Nummer zu sein: noch größer, noch entschiedener, noch härter. In Scharen fliegen Unternehmer und Politstrategen nach San Francisco, Hongkong oder Peking, mieten sich in ein Hotel ein und fahren mit dem Reisebus durch die Gegend. Palo Alto, Fremont, Menlo Park, Mountain View, Hangzhou und Shenzen sind zu Wallfahrtsorten geworden – denn in diesen Städten sind sie zu besichtigen, die Vorbilder der neuen und führenden Wirtschaftswelt: Google, Facebook, Tesla, Uber, Airbnb, Amazon, Alibaba, Tencent und Baidu.

Deutsche Manager wollen auf diesen Reisen von den Geschäftsmodellen der fremden Digitalkollegen kopieren, was geht. Denn sie sind sich sicher: Die Zukunft, das ist auf jeden Fall etwas Digitales. Die luftig leicht erscheinenden »Innovationen« der Plattformindustrie haben einen Hype erzeugt, der sich durch künstliche Intelligenzen, durch Algorithmen und Quanten-Computing noch weiter steigern lassen soll. Jeder Manager führt diese Begriffe im Munde, eine wundersame Vermehrung der Innovationen wird der Digitalisierung zugetraut, denn sind nicht digitale Innovationen viel einfacher und schneller erreichbar als andere? Braucht man dafür nicht nur eine zündende Idee und einen Computer? Je mehr Digitalisierung, desto mehr Ideen und Innovationen, so geht die Gleichung. Dazu passt auch einer der vielzitierten Sätze von Jeff Bezos, Gründer und Chef von Amazon: »Anders als beim Goldrausch gibt es kein letztes Nugget, wenn es um Innovation geht. Jede Sache wirft zwei neue Fragen auf und erschafft zwei neue Möglichkeiten.«[1]

Aber was predigen die Leitfiguren der Digitalisierung eigentlich? Und was leben sie in ihren Unternehmen und mit ihren Produkten vor? In welche Richtung haben sie das Wirtschaftshandeln der Welt verändert? Ist künstliche Intelligenz eine ganz neue Kategorie? Wird sie uns quasi von allein in neue Sphären des Wachstums heben? Was machen digitale Unternehmer anders? Wo sind sie innovativ, und wo liegen die größten Unterschiede zur »analogen Wirtschaft«? Meiner Skepsis, die durch diese Fragen hindurchklingt, möchte ich voranstellen, dass man verrückt sein müsste, wollte man die Vorzüge des Internets und der Digitalisierung kleinreden. Es sind Erleichterungen damit erreicht worden, in fast allen Lebensbereichen. Und sowohl die vielen kleinen Hilfestellungen für den Alltag als auch die überzeugende Einfachheit bei der Benutzung digitaler Geräte beeindrucken. Auf der anderen Seite tendieren Finanzwirtschaft, Wirtschaft, Medien und manche Vertreter der Politik dazu, die Erfolge zu übertreiben und die Nebenwirkungen kleinzureden. Das Ziel dieses Buchs ist ein Hinterfragen der größten Vorbilder der Digitalwirtschaft – dazu habe ich mir die Monumente der Plattformindustrie und ihre vorgegebenen Pfade der Digitalisierung genau angeschaut.

Digitalisierung ist ein eher weit gefasstes Phänomen. Als Begriff ist das Digitale am besten historisch aufzulösen. Zuerst kam die schnelle Datenübertragung durch Computer. Bereits die Ablösung der Schreibmaschine war somit eine Folge der Digitalisierung. Schon in den siebziger Jahren wurde damit begonnen, zahlreiche Vorgänge in Unternehmen und Universitäten von analog auf digital umzustellen. Meine Dissertation begann ich in den achtziger Jahren noch auf einem Uni-Großrechner und beendete sie auf einem Heimcomputer. Seither ist jedes Unternehmen dabei, sich mit immer weitgehenderer Automatisierung zu beschäftigen. Spätestens als zu Beginn der neunziger Jahre das Internet zur Kommerzialisierung freigegeben wurde, gab es dazu keine Alternative mehr. Seither wird nicht nur nach innen digitalisiert, sondern auch nach außen, an den Schnittstellen zum Kunden. Noch einmal gut 10 Jahre später wohnte man der Bildung großer Kommunikations- und Konsumplattformen bei. Diese dritte und bisher letzte Phase der Digitalisierung ist das prägnanteste Element einer digitalen Ökonomie. Die Plattformierung ist auch der Grund, warum das Digitale gerade in der Wirtschaft eine so überwältigende Popularität erlangt hat. Seit die bilanziellen Erfolge der großen Plattformen von Google, Amazon und Co. alle Rekorde schlagen, überwiegt in der deutschen Wirtschaft jener seltsame Zustand der Anbetung, ja fast der Scham und der Selbstgeißelung, wenn es um die Digitalisierung geht.

Die Gewinne der Plattformen sind so hoch, dass sie Manager der Realwirtschaft in einen ratlosen Zustand versetzen. War man schon von der ersten Generation der Gründer-Manager beeindruckt – Bill Gates an der Spitze von Microsoft, Larry Ellison bei Oracle oder Steve Jobs mit Apple –, so flößen die Ergebnisse der aktuellen Manager am Ruder von Google, Amazon und Facebook noch etwas mehr Ehrfurcht ein. Allein Google macht mit weniger als einem Drittel der Mitarbeiter von Siemens den sechsfachen Gewinn. Was ihre Marktgröße, ihre Gewinne, ihre Kundenzahlen und ihren Börsenwert betrifft, haben diese Konzerne alle anderen Branchen und Großunternehmen der Welt hinter sich gelassen – noch nie hat es Unternehmen dieser Dominanz gegeben. Noch nie wurden sie so schnell aufgebaut. Europa und vor allem Deutschland haben sich so stark in die Haltung der Anbetung hineinvertieft, sodass sie bisher keine eigene, digitale Agenda entwickelt

haben. Man ist umhergereist, hat die Stätten des neuen Fortschritts allesamt besichtigt und dann zu allem Ja gesagt, was über
den Zaun geworfen wurde: Ja zur unablässigen Beschäftigung
mit digitalen Medien, Ja zur Verödung der Innenstädte und Ja zur
Flut von E-Rollern, die nun in ihnen herumliegen.

Lesen Sie *Die Anbetung*, um die Ehrfurcht und den Respekt vor
den großen Zahlen ein wenig zu verlieren. Beginnen Sie mit mir
zu hinterfragen, wie diese Ergebnisse entstehen, auf welch ris-
kanter Basis sie erreicht werden und welche Gesellschaft sie zu-
rücklassen. Lernen Sie die Stärke des eigenen Tuns im weniger
Virtuellen neu zu schätzen. Digitale Monopolkonzerne sind aufgrund eines einzigen Effekts zu ihrer Dominanz gelangt: Man
nennt es das Plattformprinzip. Es ist genial und zugleich enorm
destruktiv. Es bringt Monopole hervor und hinterlässt Ödland.
Mit diesem Prinzip allein verdient man im Silicon Valley bis heute
kaum einen Dollar, aber dahinter liegt ein anderes Geschäft, das
man mit den Worten Jaron Laniers getrost als »pervers« bezeichnen kann.[2] Ein höchst manipulatives, die Nutzer in die Abhängigkeit treibendes Gewinnschema ist die zentrale unternehmerische
Basis der so angebeteten digitalen Plattformen. Ein verdecktes
Tauschgeschäft, das sich zentral nicht um Technologie, sondern
um den Gegenstand der Werbung dreht.

Wenn man sich die manipulativen Winkelzüge der digitalen
Führer einmal bewusst gemacht hat, wenn man die Verquickung
der Erfindermänner mit einer nur noch hastig agierenden Finanzwirtschaft betrachtet oder das auf seltsame Missionen gestützte
»Sinnkonzept« der Convenience, dann wird es immer dringender,
in Europa endlich wieder eigene vitale und innovative unternehmerische Konzepte zu entwickeln. Neben den Schäden, welche
die Plattformierer für die wirtschaftliche Entwicklung Europas
bedeuten, sind wahrhaftige Erosionen im menschlichen Umgang
zu verzeichnen, von denen »Phubbing« nur ein Beispiel ist. Gerade diese Erosionen greifen die Grundlagen unseres Wohlstands

an. Denn sie gefährden die Fundamente unserer Bildung, unseres Denkens, unserer psychischen Gesundheit und unsere Demokratie.

*Die Anbetung* betrifft vor allem die westlichen Digitalkonzerne, ich nehme in Teilaspekten aber auch die chinesischen Plattformen in den Blick. Von den Geschäftsmodellen zu den Führungspersönlichkeiten, von ihren algorithmischen Techniken bis zum Blinde-Kuh-Spiel mit den Online-Konsumenten erschließe ich einen Rundumblick in die Welt der digitalen Wirtschaft. Die chinesischen Plattformierer haben sich wie siamesische Zwillinge gegenüber ihren Brüdern und Schwestern im Westen aufgestellt. Dort, wo sie groß geworden sind, bilden sie inzwischen die Grundpfeiler der staatlichen chinesischen Autokratie. Das Sozialpunktesystem Pekings würde ohne Alibaba nicht funktionieren. Und bemerkte man nicht auch hier im Westen während der Corona-Krise, wie naheliegend Schritte zur Überwachung durch Smartphones auf einmal erschienen?

Mein Blick auf die Digitalisierung ist der einer Wirtschaftspraktikerin. *Die Anbetung* geht von der genauen Beobachtung der Handlungsweisen digitaler Player aus, legt die Stärken und die Schwachstellen bloß und entwickelt konkrete Gegenstrategien. Vor allem im Hinblick auf Fortschritt, der doch das Hauptmotiv ihrer Verehrung ist, sollte man sich nicht allzu sehr von den digitalen Geschäftemachern beeindrucken lassen. Wenn man unter Fortschritt weiterhin die Beseitigung von Mangelzuständen einer Gesellschaft versteht, dann dürften Plattformen nicht ohne Weiteres zu den Fortschrittstreibern gezählt werden. »Wir wollten fliegende Autos, sie gaben uns 140 Zeichen«, hat denn auch Peter Thiel, einer der Frontmänner des Silicon Valley, die Enttäuschung gerade in der Kategorie »Fortschritt« zusammengefasst.[3] Zu den drängenden Problemen der Welt schweigen die angeblichen Querdenker. Statt innovativer Lösungen für die Herausforderungen des 21. Jahrhunderts liefern sie »Internetspielzeug«.

Jede Ideologie ist für mich eine verzerrte Wahrnehmung von Welt, die zu einer verengten Sichtweise auf Probleme und Erkenntnisse führt. Unter Superideologie subsumiere ich eine Ideologie, die sich wie ein Schleier über das ganze Denken legt, die zugleich etwas Atemberaubendes wie auch Erstickendes, Verdeckendes und Überwältigendes an sich hat. Die Digitalisierung ist keine Naturgewalt, die über uns kommt wie ein Tsunami; als solche wird sie aber bisher gesehen, und auch deshalb sind wir in seltsamer Anbetung erstarrt. Die Verantwortung und die Zuständigkeit für den technischen Fortschritt sollte nicht länger einer Handvoll Technologieunternehmen überlassen werden. Die Federführung dafür, wie wir leben und was wir zulassen wollen, haben wir selbst in die Hand zu nehmen.

Welcher Zusammenhang besteht zwischen Kapitalismus und Digitalisierung? Ich sehe zwei abträgliche Gleichungen, gegen die Gesellschaften in diesem Jahrzehnt angehen müssen. Digitalisierung und Automatisierung reduzieren menschliche Arbeit und wirken deshalb kostensenkend. Das macht digitale Arbeitsweisen so attraktiv und erhöht den Reiz für Investoren, nur noch in Unternehmen zu investieren, die digitale Tools und Angebote in den Markt stellen. Gleichzeitig sind gerade digitale Dienste extrem schnell und kostengünstig in der Verbreitung und Skalierung. Das Hauptgeld der Investoren fließt deshalb seit Jahren in neue digitale Geschäftsmodelle aller Art. Komplizierte Aufgabenstellungen von Unternehmen, die einen längeren Anlauf benötigen, sind bei Investoren zunehmend unbeliebt geworden. Für eine Volkswirtschaft sind diese Trends jedoch ungesund. Digitalisierung entfremdet nicht nur von menschlicher Arbeit und »befreit« damit gewissermaßen von den Beschäftigten, sondern entwöhnt Unternehmer und Kapitalgeber von den Anstrengungen eines langsamen Aufbaus, von den flacheren Wachstumslinien der Realwirtschaft und damit auch von echten Innovationen. Das Digitale »erlöst« den Kapitalismus scheinbar von Arbeit und Beschäftigten, damit von den Mühen der Ebenen produzierender Wirtschaft. Je stärker die Digitalmonopole werden, desto folgenschwerer wird dieser Effekt.

Nicht jede Automatisierung ergibt zudem Sinn, nicht immer gewinnt der Roboter, was seine Kosten angeht, gegen den Menschen. Das musste nicht zuletzt Elon Musk schmerzhaft erfahren (siehe Kapitel 4). Zudem gibt es zahlreiche neue Aufgaben, die neben dem Digitalen zu lösen sind, für die neue humane Arbeit gebraucht wird. Die Herausforderungen der Welt jenseits digitaler Prozesse sind wahrhaftig groß genug, und an keine dieser Aufgaben hat sich die Digitalwirtschaft bisher herangetraut. Und hier schließt sich ein Zirkel, denn das Finanzkapital hat sich an den Hype um digitale Geschäftsmodelle mittlerweile gewöhnt: Hedgefonds investieren nicht mehr in Projekte und Firmen, die lange an innovativen Herausforderungen arbeiten und stark von menschlichen Produktivkräften abhängig sind, beispielsweise in den Bereichen der Energiewirtschaft, der bautechnischen Infrastruktur, der Agrarwirtschaft, der Biotechnologie oder der Epidemiologie. Genau dort liegen aber ein paar der größten Herausforderungen unserer Welt in dieser Zeit. Dass wir diese allein durch Digitalisierung irgendwie lösen können, ist ein Teil des großen Missverständnisses, wenn es um die Superideologie des Digitalen geht.

Mein eigener Blick auf Wirtschaft ist ein sehr persönlicher, der durch jahrzehntelange Tätigkeit und Erfahrung in Wirtschaftsunternehmen geprägt ist. Wirtschaft ist ein energiereicher und großartiger Teil unseres und meines Lebens. Im Rückblick staune ich, wie oft sich Wirtschaft in den vergangenen 50 Jahren nach den Vorbildern im Westen ausgerichtet hat. Es besteht im Moment die kurze Chance, sich davon vielleicht zu lösen. Meines Erachtens standen deutsche Unternehmen schon einmal an dieser Weggabelung und haben darauf schon einmal die falsche Antwort gegeben.

Das meiste, was ich über Wirtschaft gelernt habe, verdanke ich einem meiner ersten Chefs: Ulrich Hartmann, langjähriger Vorstandsvorsitzender des Energie-, Öl-, Chemie-, Handels-, Telekommunikations-, und Immobilienkonzerns VEBA, der vor einigen Jahren verstorben ist. Sowohl die VEBA wie auch Ulrich Hartmann als Konzernchef zeichnete ein sympathisches Understatement aus, das sich paarte mit einer ausgesprochenen Bewunderung für amerikanisches Unternehmertum, vor allem für die dortige Art des Finanzkapitalismus. Auch wenn der VEBA-Konzern für damalige Verhältnisse reich und mächtig war, kam es mir so vor, als fühlte sich das Management oft selbst zu zurückhaltend, fast zu wohlerzogen, so als spüre man den eigenen Mangel an Courage und Vitalität, um mit Verve ein neues Thema anzupacken. Man schaute mit einer Art Hassliebe auf die angelsächsische Art, ohne Rücksicht auf die eigene Geschichte, ja mit cowboyartiger Rauflust, in jede neue Schlacht zu reiten.

Politisch beachtenswert waren in dieser Zeit die Bestrebungen der deutschen Anti-Atomkraftbewegung, die gegen Ende der neunziger Jahre in Verhandlungen über einen Ausstieg aus der Kernenergie mündeten. Der erste Ausstiegsvertrag wurde unterschrieben, damit entfiel auf absehbare Zeit eine der größten Ergebnisquellen der großen Energiekonzerne. Berater der Boston Consulting Group oder von McKinsey gingen ein und aus, ihre Papiere hatten etwas Befreiendes. Sie enthielten erstaunlich einfache Schaubilder und mündeten in eine ganz neue, aus der amerikanischen Wirtschaft übernommene Leitidee: Das neue Ziel allen Schaffens sollte der »Shareholder-Value« sein, frei übersetzt mit »Aller Wert dem Aktionär«. Ich sehe in dieser ökonomischen Theorie und ihrem Zusammenspiel mit dem Finanzsektor die Keimzelle des übermächtig erscheinenden Erfolgs auch jener buchstäblich ins Kraut geschossenen Digitalkonzerne des 21. Jahrhunderts. Ohne Shareholder-Value wären sie nicht so schnell so groß und so mächtig geworden.

Das Buch *Shareholder Value* von Alfred Rappaport erschien 1986 und legte eine Zündschnur an das Prinzip der sozialen Marktwirtschaft. Noch unter Ludwig Erhard war ganz langsam damit begonnen worden, die größten Staatsmonopole zu privatisieren, jetzt privatisierte man im Morgenrot des Shareholder-Values fast alles, was an staatlichen Unternehmen noch loszuschlagen war. Die globale Ausrichtung der deutschen Wirtschaft war das Credo, und bei VEBA lernten wir nun ein neues Vokabular. Jeder sprach flüssig über den »Free Cashflow«, den »Return on Capital Employed«, und ab sofort galt alle Aufmerksamkeit der Steigerung des Aktienkurses. Im ganzen Unternehmen gehörte inzwischen der ständige Blick auf den Börsenkurs zum Ablauf eines jeden Arbeitstags, und kein Gespräch kam ohne die Frage aus, wie der Kapitalmarkt wohl auf dieses oder jenes reagieren würde.

Zu Shareholder-Value gehörte, dass der Begriff des Wachstums eine ganz neue Bedeutung bekam. Wachstum war vorher kein alltägliches Thema gewesen, einfach auch deshalb, weil nicht jeden Tag irgendwo im Konzern eine neue Sache erfunden wurde. Jetzt wurde Wachstum zum Zwang und war dazu mit der Ansage verbunden, sich von Geschäften, die nicht innerhalb kürzester Zeit ihre Investitionen zurückverdienten, sofort zu trennen. Es wurden also nur noch jene Ideen mit Investitionen honoriert, die versprachen, sehr schnell ihre D-Mark und später ihre Euro zurückzuholen. Jeder weiß, wie gelassen Menschen am Fortschritt ihrer Geschäfte arbeiten, wenn das Pendel des Todes praktisch über ihnen hin- und herschwingt. Controller brachten uns sehr rasch bei, wie man die eigene Rendite inklusive der Kapitalkosten errechnet, und am Quartalsende kalkulierte jeder für sich selbst, ob er schon auf der Verkaufsrampe stand, ob er kurz davor war oder ob er sich mit der Suche nach einem neuen Job noch etwas Zeit lassen konnte.

Die zentrale Frage, die sich mir immer wieder gestellt hat, ist, ob es Alternativen gegeben hätte. Ulrich Hartmann spürte, dass sich die großen Konzerne Deutschlands in der letzten Phase der sozialen Marktwirtschaft in ein Dickicht von Abhängigkeiten zwischen Banken, Parteien, Traditionen und Gewerkschaften manövriert hatten, die das Unternehmerische langsam, aber sicher erstickten. Er hatte sehr gute Gründe für das, was er tat. Vom Aufbruch in die internationale Welt und vom klaren Zahlenwerk der Shareholder-Value-Theorie erhoffte er sich einen Befreiungsschlag.

Wir bemerken heute immer mehr, dass die Wirtschaft mit dem Shareholder-Value-Prinzip in eine Sackgasse geraten ist. Das Rad der kurzfristigen Finanzsteuerung aller Tätigkeiten wurde zu weit gedreht, die soziale Schere ist darüber weit auseinandergegangen. Mindestens in den letzten 50 Jahren lag im Westen unser Leitmarkt der Wirtschaft, in den letzten 20 Jahren haben wir uns ihm durch Anbetung unterworfen. Vor allem seit der Erfindung des Internets schien man dort eine neue, noch gewinnträchtigere Form des Shareholder-Value erfunden zu haben, mit der in noch kürzerer Frist noch höhere Gewinne lockten und mit der Aktionäre in noch kürzerer Frist zu Reichtümern gelangen konnten.

Erst seit Kurzem sehen wir auch die andere Seite dieser Entwicklung: immer mehr Milliardäre, die die Welt mit eher fragwürdigen Dienstleistungsmodellen beschenken, mit Steuerschlupflöchern Geld verdienen und die globale Monopolisierung des Dienstleistungssektors vorantreiben. Wir haben bisher kein Konzept entwickelt, um sie einzugrenzen oder ihnen eine Alternative von Wirtschaft – inklusive Digitalisierung – entgegenzusetzen. Dazu ist jetzt die Zeit.

# 2 Die Erosion der Kommunikation: Wie sie entsteht und was daraus folgt

## Multi-Lifing

Wer um das Jahr 2000 geboren ist, hat, seit er denken kann, Menschen um sich gehabt, die die meisten Stunden ihres Tages mit einem Bildschirm in Sichtweite oder direkt vor ihrem Gesicht verbringen. Ich sehe Mütter und Väter mit einer Hand ihre Kinderwagen schieben, während sie ihren Blick auf das Smartphone gerichtet halten, das in ihrer anderen Hand ruht. Ich sehe Kleinstkinder, die mit iPads ruhiggestellt werden und damit »arbeiten« wie Erwachsene. Ich sehe Familien in Restaurants, jedes der Kinder ein iPad vor sich aufgestellt, die Eltern jeweils ein Handy in der Hand. Ich sehe Eltern, die sich nicht mehr trauen, ihrem Kind Einhalt zu gebieten, wenn es während eines Gesprächs nur noch auf sein Handy starrt. Und ich sehe Eltern, die dasselbe tun. Ich erlebe Mitarbeiter und Führungskräfte, die den ganzen Tag mit Kopfhörern herumlaufen, die im Zug oder während analoger Besprechungen nebenbei an Telefonkonferenzen teilnehmen und die mit ihren Teams unablässig über Texting kommunizieren. Digitalisierung hat eine so massive Veränderung in der Kommunikation untereinander verursacht, wie sie als Konsequenz technologischer Umbrüche noch nie vorgekommen ist. Ein Beispiel für den Übergang von analogem zu digitalem Dasein ist Multi-Lifing, das Betreiben verschiedener Leben im Internet und der analogen Welt und seine zahlreichen Vorstufen.

»Ich glaube, wir lieben unsere Telefone mehr, als wir Personen aus unserem Umfeld lieben«, sagt ein dreizehnjähriges Mädchen aus dem texanischen Houston im Gespräch mit der amerikanischen Jugendpsychologin Jean Twenge, die seit 25 Jahren die Folgen der Nutzung digitaler Medien für verschiedene Generationen untersucht hat. Twenge ist Professorin an der Universität von San Diego, sie hat das Buch *IGen* geschrieben. Ihre jahrzehntelange Forschung über das Generationenverhalten zeigte bisher, dass sich Einstellungen und Verhalten zwischen Generationen üblicherweise nur langsam und graduell verändern. Millennials, also diejenigen, die zwischen 1980 und 1990 geboren wurden, seien beispielsweise eine hochindividualisierte Generation. Allerdings habe sich der Individualismus schon seit den Tagen der Babyboomer auf einem steigenden Pfad befunden. Ungefähr um das Jahr 2012 notierte Twenge eine scharfe Veränderung im Verhalten und im Emotionshaushalt der Heranwachsenden: In ihrer gesamten Analyse von Generationendaten seit den dreißiger Jahren habe sie einen solch plötzlichen Shift noch nie gesehen.[1] 2012 sei das Jahr gewesen, in dem der Smartphone-Besitz der amerikanischen Bevölkerung die 50-Prozent-Marke übersprang; in Deutschland geschah dies zwei Jahre später.

Die überwiegende Zahl aller nach 2000 Geborenen erinnert sich an keine Lebenszeit mehr ohne Smartphones. Sie waren 1 bis 7 Jahre alt, als das iPhone 2007 eingeführt wurde. Drei von vier amerikanischen Teens besaßen 2017 ein eigenes Smartphone. Die Ankunft des Smartphones hat das Leben der Jugendlichen in jedem Aspekt radikal verändert, und zwar quer durch alle sozialen Schichten.[2] Nicht alle Veränderungen seien dabei schlecht, manche sogar im Ergebnis gut, aber viele sowohl gut als auch schlecht. Die Jugendforscherin stellt heraus, dass die nach 1995 Geborenen beispielsweise viel ungefährlicher leben als frühere Jugendgenerationen. Dies rühre daher, dass Jugendliche dieser Alterskohorte, also die heute Zwanzig- bis Fünfundzwanzigjährigen, seltener das Haus verlassen, weniger feiern, weniger Drogen oder Alkohol zu sich nehmen. Psychologisch gesehen sei diese Generation jedoch deutlich stärker gefährdet als die der Millennials. Die statistischen Werte über Depressionen, Teenager-Selbstmorde und -Selbstmordversuche sind in den USA seit 2011 merklich gestiegen. »Es ist keine Übertreibung, wenn man sagt, dass die I-Generation am Rande der schlimmsten Krise der psychischen Gesundheit taumelt, die wir seit Jahrzehnten gesehen haben. Der größte Teil dieser Krise ist dem Smartphone zu verdanken. … Die gleichzeitige Einführung von Smartphone und sozialen Medien hat zu dieser Krise geführt, sie hat zu einem Erdbeben im Leben junger Menschen geführt. Wir können sagen, dass das Smartphone diese Jugendlichen ernsthaft unglücklich gemacht hat.«[3]

Twenge beschäftigt sich speziell mit amerikanischen Jugendlichen, und sicher muss man die Situation in Deutschland und Europa gesondert bewerten. In Europa gibt es über die Auswirkungen des Smartphones auf die psychische Widerstandskraft von Jugendlichen bisher kaum langfristige wissenschaftliche Studien, die bis in die aktuelle Zeit reichen. Die Fridays-for-Future-Bewegung könnte ein hoffnungsvolles Zeichen für ein stärkeres politisches Engagement und damit einer höheren Widerstandskraft der deutschen Jugend gegen das nur Digitale sein. Aber es gibt auch andere Signale: Das deutsche *Ärzteblatt* stellte 2019 fest, dass die Suizide von Jugendlichen in Deutschland in den Tagen nach den Sommerferien um 30 Prozent stiegen.[4] Der Leiter einer Notfallstation für Kinder und Jugendliche an der Psychiatrischen Universitätsklinik in Zürich sagt in einem aktuellen Interview, dass die vollendeten Suizide von Jugendlichen in der Schweiz etwa gleichgeblieben seien, die Zahl der suizidalen Notfallkonsultationen von Minderjährigen sich in den vergangenen Jahren allerdings verzehnfacht hätten.[5]

Ein anderer zunächst ebenfalls durchaus positiv klingender Befund der Generationenveränderung ist der starke Rückgang von

Teenager-Schwangerschaften. Die Geburtenzahlen amerikanischer Jugendlicher erreichten 2016 einen Tiefststand von minus 67 Prozent verglichen mit dem Höchststand 1991. Eine ähnliche Entwicklung in einer ähnlichen Größenordnung verzeichnet Eurostat sowohl für Deutschland als auch für Europa. Der Grund für diesen markanten Rückgang liegt laut Professor Twenge in einem stark zurückgehenden Interesse junger Menschen am Intimkontakt mit dem anderen Geschlecht. Insgesamt habe sich das Freizeitverhalten grundlegend verändert. Sogar das Autofahren, einst Symbol adoleszenter Freiheit und des Ausbruchs aus elterlicher Konventionalität, habe für die Jugendlichen seine Attraktivität verloren. Inzwischen drängen oft die Eltern ihre Kinder, den Führerschein zu machen, während früher viele Jugendliche jobbten, um möglichst früh ihren Führerschein zu erwerben und sich früher von ihren Elternhäusern zu lösen. Heute werden Studenten- oder Schülerjobs jenseits verpflichtender Praktikumszeiten immer seltener gesucht. Jugendliche bleiben deutlich länger zu Hause bei ihren Eltern wohnen. Frühere Generationen schienen das Erwachsenenalter auszudehnen, indem sie früher selbstständig wurden, heutige Heranwachsende scheinen die Spanne des Erwachsenwerdens zu verkleinern, indem sie versuchen, länger Kind zu bleiben.[6]

Studieren die Jungen heute eifriger? Sind sie strebsamer? Sind die heutigen Eltern netter zu ihnen? Verwöhnen sie sie mehr? Die Jugendforscherin sieht den Grund vor allem darin, dass Jugendliche ihr Sozialleben mehrheitlich am Telefon und im eigenen Zimmer verbringen. Sie brauchen heute das Haus gar nicht mehr zu verlassen, um sich in der Nähe ihrer Freunde zu fühlen. Und die Schuldaten lassen erkennen, dass sie eher weniger lernen als ihre Vorgängergenerationen. »Was tun sie mit all ihrer Zeit? … Sie hängen an ihren Telefonen, in ihrem Zimmer, sind allein und oft unglücklich.«[7] Im Austausch mit der Forscherin erzählt eine Jugendliche, dass sie einen ganzen Sommer lang zu

Hause in ihrem Zimmer verbracht hat, im engen Kontakt mit ihren Freunden, aber nicht real, sondern per Text oder via Snapchat: »Mein Bett sieht inzwischen aus wie der Abdruck meines Körpers.« Analoge Jugendtreffpunkte wie das Jugendheim, die Skateboard-Piste oder der Bolzplatz scheinen heute weitgehend durch soziale Medien ersetzt worden zu sein.[8] Jugendliche sprächen deshalb allerdings nicht öfter und schon gar nicht intensiver mit ihren Eltern – Heranwachsende seien heute Experten darin, ihre Eltern einfach auszublenden, während sie mit ihren Telefonen beschäftigt sind.

Sherry Turkle hat einen Lehrstuhl für klinische Psychologie am MIT. Jonathan Franzen bezeichnet sie als das »Gewissen der High-Tech-Welt«.[9] Sie hat das Gesprächsverhalten junger Menschen genau analysiert, und ihre Befunde sind ebenfalls alarmierend. In den letzten 20 Jahren ist die Empathie von College-Studenten um 40 Prozent gefallen. Wissenschaftler führen diese Entwicklung auf die Präsenz digitaler Kommunikation zurück. Eine Jugendliche erläutert der Psychologin eine ganz besondere Strategie der Gesprächssteuerung, die es ihr ermöglicht, zeitgleich während der Konversation mit Erwachsenen eine permanente Online-Aufmerksamkeit aufrechtzuerhalten. Sie nennt es »Dreier-Regel«, die ein populärer Brauch unter Jugendlichen zu sein scheint: Die Verabredung sei, dass sich ein oder zwei Kinder mit den Erwachsenen unterhalten müssen, während die anderen an ihren Telefonen sind, mit wechselnden Rollen. Der Effekt ist, dass die Gespräche fragmentiert bleiben und immer an der Oberfläche gehalten werden, damit jederzeit ein anderer in das Gespräch ein- und wieder aussteigen kann. »Jeder versucht das Gespräch möglichst unverbindlich zu halten.«[10] Dass man Gespräche oberflächlich hält, wenn Handys in Sichtweite sind, ist zu einer neuen Form der »Höflichkeit« für uns alle geworden, sagt Turkle. Wenn ein Smartphone auf dem Tisch liegt, dreht sich das Gespräch hin zu trivialeren Themen, sinken Empathie und Gesprächsintensität.

Rund 90 Prozent der Amerikaner sagen, dass sie während ihres letzten Gesprächs das Telefon benutzt oder zumindest aus der Tasche gezogen haben. Warum texten Jugendliche lieber, als dass sie sprechen? Ihre Begründung klingt auf den ersten Blick nachvollziehbar: Mit dem Absenden von Nachrichten haben sie die Kontrolle über ihren digitalen Austausch, über den Zeitpunkt und die Menge von Nachrichten, die sie erhalten. Sie ökonomisieren ihre Zeit. Diese Begründung hat einen tieferliegenden Grund. Jugendliche sagten Turkle, dass sie lieber texten, weil sie andere Menschen dann in Mengen und in einer Distanz »haben« können, die sie selbst im Griff halten. Die Forscherin nennt es den »Goldilocks-Effekt«, was auf ein Märchen zurückgeht und in der amerikanischen Tradition in etwa heißt, dass man immer nach einem mittleren Maß streben sollte: nicht zu nah, nicht zu distanziert, genau richtig. Dagegen sind reale Gespräche oft unordentlich, empathisch, leidenschaftlich, schwierig oder ausschweifend, es gibt dabei keine Garantie für ein Mittelmaß an Engagement, an Emotion, an Stimmungen und Themen, die angeschnitten werden. Genau diese Situation wollen die Jugendlichen anscheinend vermeiden. »Ich mag keine Gespräche, weil du nicht kontrollieren kannst, was du sagst«, schildert ein Jugendlicher seine Aversion gegen das Sprechen im analogen Raum.[11] Im Netz könne man seine Texte ständig editieren und retuschieren – so etwas sei in einem analogen Gespräch nicht möglich. Auf diese Weise können Jugendliche ihre Verletzlichkeit verbergen, sie können dort jemand anderes sein, sie können sich nach ihrem Wunsch darstellen, sich einbilden, dass ihnen immer jemand zuhört, dass sich niemand wehrt oder zurückzieht, was immer sie sagen, resümiert Turkle. Sie leben im Grunde ein doppeltes Leben: eines in ihren digitalen Sozialkontakten, ein anderes in der analogen Welt. Und im realen Leben werden sie immer wortkarger und auch einsamer. Sie ökonomisieren sich selbst, so kann man es wohl zusammenfassen.

Welche Effekte hat ein solches Online-Leben? Sherry Turkle befürchtet, dass Folgegenerationen verlernen werden, ein Gespräch überhaupt zu bestreiten. Sie weiß, dass man schon heute jungen Anfängern im Job erst einmal beibringen muss, wie man miteinander spricht. Sie hat bemerkt, dass nicht nur manche Jugendliche kaum mehr in der Lage sind, eine Pause im Gespräch auszuhalten, und sofort ihr Handy zücken, wenn eine Unterhaltung stockt, sondern auch viele Erwachsene dieselben Nöte plagen. Kaum jemand sei noch in der Lage, Langeweile zu ertragen. Eine 30-Sekunden-Ampelphase ist ohne einen Blick auf das Telefon für viele nicht mehr durchzustehen. Gerade im Gespräch seien Verlangsamungen oder Pausen allerdings oft ein Zeichen dafür, dass sich etwas entwickelt, dass die Partner einen Gedanken gemeinsam weiterentwickeln, dass sie sich von ihren Standpunkten lösen und sich aufeinander zu oder in eine neue Richtung bewegen. Denn dies findet nur statt, wenn man die vorgefassten Stanzen verlässt, wenn gelegentlich gestottert oder gezögert wird, wenn um einen Punkt gestritten wird, wenn man sich tief auf ein Gespräch einlässt. Ein Blick auf das Handy zerstört diesen Moment sofort und unwiederbringlich.

Ich erlebe alle diese Elemente des Gesprächsverfalls in meinem persönlichen und beruflichen Umfeld – und auch bei mir selbst. Wenn Menschen sich an die Ökonomisierung des Kontaktens gewöhnt haben, erreicht man sie immer weniger, sie lassen sich immer weniger auf andere Menschen ein. Sie verlieren dann automatisch das Interesse an Gesprächen, sie beginnen, sich sehr schnell beim Sprechen mit anderen zu langweilen. Eine Folge ist, dass Gespräche an der Oberfläche bleiben oder ganz sterben. Eine andere Konsequenz ist, dass das Denken Schaden nimmt, denn dieses hängt an den Mühen der sprachlichen Formulierung und dem Ringen um Präzision in der Beschreibung von komplexen Wahrnehmungen und Gedanken. Dazu kommt ein anderer gewissermaßen lebenswichtiger Punkt: Das gemeinsame Entwickeln von Lösungen wird immer schwieriger, da Menschen die Empathie füreinander verlieren. Wenn jedoch immer weniger Menschen noch die Geduld aufbringen, ihren Gesprächspartnern zuzuhören und zu warten, bis sie ausgeredet haben, dann wird ein gemeinsames Leben und Arbeiten an ein Ende kommen.

Genau diese Schäden lassen sich schon heute bei Programmierern mit Autismusproblemen beobachten, wie selbst der Digitalisierungsfan und Silicon-Valley-Investor Peter Thiel festgestellt hat:»Wir haben all diese Internetfirmen geschaffen, und die Leute, die sie leiten, sind alle einigermaßen autistisch, wir haben so viele kleine Aspergers in diesem Geschäft, dass die Firmen sich kaum um den Vertrieb kümmern. Es liegt seltsamerweise nicht in ihrer Natur, sozial zu sein. Google ist dafür der Prototyp. Aber in einer Gesellschaft, die kaum noch funktioniert, scheint gerade dies der letzte Bereich zu sein, in dem noch große Wertsteigerungen möglich sind.« Eine erschütternde Diagnose, die hier gestellt wird – mit erheblichen Folgen für die menschliche Zusammenarbeit, wenn sie sich denn auf alle Wirtschaftsbereiche ausdehnte. Viele fordern eine immer stärkere Digitalisierung, aber niemand rechnet die Kollateralschäden in der Zusammenarbeit einmal klar aus. Jeder für sich in seiner eigenen kleinen Filterblase, das wäre keine gute Prognose für das Blühen von Wirtschaft, das gemeinsame Lösen von Problemen, das Weiterbestehen eines auch kulturell anspruchsvollen Lebens.

Die Kommunikationsveränderungen betreffen nicht nur den privaten Bereich vor allem der jüngeren Generationen, sondern sie prägen immer mehr das ganz normale Arbeitsleben, weil auch dort der Umgang mit mobilen digitalen Medien die Überhand gewonnen hat. Hier betreffen die Veränderungen praktisch alle Altersstufen. Was Sherry Turkle für amerikanische Unternehmen aller Art beschreibt, ist in Deutschland ebenfalls bereits Wirklichkeit: Die Distanzsuche zwischen den Kollegen schreitet fort. Mehr und mehr wollen Mitarbeiter Probleme per E-Mail lösen oder einer Telefonkonferenz lieber separat in ihren eigenen Büros bei-wohnen. Dann können sie per Telefon an der Konferenz teilneh-men und gleichzeitig weiter an ihren Bildschirmen an anderen Dingen arbeiten. Sie sehen ihre Kollegen nicht, sie können die Ka-meras nach Belieben an- oder abschalten, und sie können wäh-rend einer Webkonferenz nebenbei multitasken. Sie glauben fest daran, verschiedene Dinge gleichzeitig tun zu können, und be-gründen es damit, dass ihnen ein solches Verhalten Zeit spart.

Es gibt inzwischen zahlreiche Untersuchungen darüber, dass Multitasking die Konzentration und die Leistung herabsetzt und zu schlechteren Arbeitsergebnissen führt. Die Menschen tun es trotzdem und immer mehr. Ich kann es für meinen Arbeitsalltag selbst bezeugen: Ich sitze in analog geführten Meetings, in denen ein Drittel der Kollegen Bildschirme vor sich aufgebaut hat und E-Mails beantwortet oder online ist und auf dem Bildschirm die Zeitung liest oder etwas einkauft. Parallel liegt das Handy immer griffbereit auf dem Tisch, selbst Telefonate werden entgegenge-nommen, während eine Sitzung abgehalten wird. Man findet ein solches Verhalten inzwischen normal. Aber es ist nicht normal. Ich selbst habe es mir mühsam abgewöhnt, in Sitzungen mein Te-lefon auf den Tisch zu legen. Denn diese Praxis stört und demoti-viert nicht nur den Vortragenden, sie erzieht zur Herabsetzung der Konzentration und zu ständiger mentaler Abwesenheit, die irgendwann zur Gewohnheit wird, sobald man einen Meeting-raum betritt. »Meetings werden zur reinen Darstellung von dem, was Meetings einmal waren«, sagt Turkle.[12] Wir verlernen auf diese Weise, uns über Dinge zu verständigen, wir verlernen, uns auf eine Sache lange zu konzentrieren, wir vermeiden es, wirklich tief in etwas einzutauchen, weil wir ständig mental nicht ganz bei der Sache sind.

Studien weisen inzwischen nach, dass es in Unternehmen ei-nen messbaren Zusammenhang zwischen Kontaktfreudigkeit und Produktivität gibt, dass persönliche Kommunikation von Angesicht zu Angesicht effektiver ist, als E-Mails auszusenden, und dass zu viele E-Mails typischerweise zu Kommunikationsproblemen führen. Aber junge KollegInnen – nein, auch ältere, ich korrigiere mich – denken trotzdem, dass E-Mails Probleme lösen. Sie scheinen Gespräche inzwischen vermeiden zu wollen. Im Hin und Her immer längerer E-Mail-Konversationen werden die Missverständnisse größer, die Gefühle von Pikiertheit oder Gekränktsein verstärken sich, weil man keine mimische Reaktion mehr wahrnimmt und eine ganz wichtige Signalebene im Online-Kontakt fehlt. E-Mails sind ein reines Transaktionsmedium. Wenn es komplex wird oder konfliktär oder kreativ oder persönlich, wenn Dinge voranbewegt werden sollen, dann helfen E-Mails überhaupt nicht. E-Mails sind dann hilfreich, wenn es um klare, einfache Fragen geht. Wenn es sich dagegen um Verhandlungen handelt oder um Problemklärungen, dann kreieren sie nur Missverständnisse.

Auch Veränderungssituationen in Unternehmen verlangen deutlich mehr analoge als digitale Kommunikation. Management heißt Abschied vom Texting. In der täglichen Praxis geht es um persönliche Ansprache, um viele Situationen des Zweifelns und Abwägens, um jede Menge schwierige Gespräche. Dafür muss man untereinander im regelmäßigen analogen menschlichen Kontakt sein und bleiben. Sonst wird es immer schwieriger, gemeinsame Beschlüsse zu fassen, hinter der auch eine reale Gemeinsamkeit steht. All dies sagt uns eigentlich die menschliche Erfahrung, aber ihre Bedeutung geht in der Online-Welt immer mehr verloren.

In einem Gespräch machten mich Freunde, die über 16 Jahre eine private Flugschule in Naples in Florida führten, auf ein sonderbares Verhalten ihrer Mitarbeiter aufmerksam: Diese hatten in ihrem Großraumbüro einen Bildschirm aufgehängt, auf dem den ganzen Tag über der Weather Channel eingeschaltet war. Die Beurteilung von Wettersituation ist für den Flugunterricht eine wesentliche Größe. Doch jedes Mal, wenn die Hurrikan-Saison begann, mussten sie den Bildschirm ausschalten und die Kollegen bitten, ihre privaten Handys wegzulegen. Denn der Mitarbeiterraum verwandelte sich andernfalls in eine hysterische Versammlung. Meine Freunde sind vorsichtige Menschen, sie haben ein einziges Mal den Flughafen geräumt, weil ein realer Hurrikan drohte, ansonsten erlebten sie in 16 Jahren keine Sturmschäden. Durch die dauernde Berieselung mit Panikmeldungen auf Fernsehsendern oder in sozialen Medien hatte sich ihre ansonsten ruhige Belegschaft jedoch über die Jahre immer mehr in Unruhe versetzen lassen. Ihre Mitarbeiter hätten in Trauben vor den Bildschirmen gestanden und seien ohne eine reale Bedrohungslage in Sorge, Angst und einen Zustand hoher Nervosität geraten.

Sherry Turkle hat auf einen ganz elementaren Effekt verwiesen, der uns allen eingebrannt und wahrscheinlich einer der Gründe dafür ist, dass uns die Online-Welt in besondere Stresssituationen oder sogar Panik führt. Sie nennt es die »Katastrophenkultur«. Seit den ersten Tagen der mobilen Telekommunikation haben wir diese neue Art der Verständigung mit einer bestimmten Reaktion verknüpft: Wenn etwas klingelt, surrt oder blinkt, gehen wir davon aus, dass es sich um einen Notfall handeln könnte. Diese Reaktion hat auch die Regeln der Höflichkeit verschoben. Mittlerweile sind amerikanische Kinder leider in einer anderen Weise von Schießereien an Schulen heimgesucht und bedroht als deutsche oder europäische Kinder. In den USA ist praktisch kein Schüler mehr ohne Smartphone unterwegs – und auch dies wird meist mit der Furcht vor einer plötzlich eintretenden Katastrophe begründet. Der Preis dafür scheint zu sein, sich mental in einen ständigen Krisenmodus zu begeben.

Kinder und Jugendliche sprächen oft davon, dass ihr Handy sie vor Notfällen schützen könne und dass es lebensrettend sei, sagt Turkle. Viele Teenager scheinen auf einen Notfall oder eine Katastrophe geradezu zu warten: Es könnte doch jederzeit eine persönliche Katastrophe geschehen, es könnte ein neues »Katrina«, ein anderes »Columbine« oder ein zweiter »11. September« geschehen, das Netz könnte zusammenbrechen, das Zuhause abbrennen. »Die Geschichte über ein Leben als eine Folge von Notfällen ist eine Geschichte darüber, wie besonders junge Menschen ein unruhiges, sorgenvolles Selbst entwickeln. Wenn man das Leben als einen Strom von Notfällen sieht, dann formt sich ein anderes Lebensnarrativ.«[13]

Der Grund für ein Leben als Furcht vor Katastrophen liegt im Zusammenwirken von Presseberichterstattung, der hohen Bedeutung und dem großen Raum, den »soziale Medien« im Alltag einnehmen, und zunehmender Gesprächslosigkeit. Wenn ich über Twitter die stündlich eintrudelnden Polizeifunkmeldungen verfolge, habe ich den Eindruck, meine Stadt sei im kriminaltechnischen Ausnahmezustand. Zeitungen und »soziale Medien« wissen seit Langem, dass sie mit Notfallmeldungen ihre Bildschirmzeit nach oben boomen können. Und sie haben festgestellt, dass man fast alles als Naturkatastrophe, als etwas Überdimensionales, als Fall höherer Gewalt, als einen Akt Gottes darstellen kann – vom Massenauffahrunfall im Nebel über Stromausfälle über eine Grippe-Epidemie bis zur Havarie eines Öltankers.

Selbst wenn es sich um eine Sache handelt, die die Folge einer menschlichen Unachtsamkeit ist, selbst wenn es um Fälle geht, die durch eine Serie von politischem oder wirtschaftlichem Versagen begründet ist – so etwas wie Schiffsunfälle oder Überschwemmungen oder Klimawandel –, dann wird dies heute oft als Gottes Werk und Teufels Beitrag dargestellt. »Eine Katastrophe verlangt nicht nach Analysen, nicht nach neuen Gesetzen, sie verlangt nach Weihrauch und Gebeten.«[14] Wenn Terrorismus als Kalamität, als Unglück dargestellt wird, nicht als etwas, das man politisch, historisch oder diplomatisch adressieren kann, dann können wir nichts anderes tun, als die Terroristen zu erschießen. Dies erklärt auch die Reaktionen auf 9/11 oder andere Attentate. Es erscheint viel einfacher, sich einer Katastrophe gegenüberzusehen, als schwierige Gespräche zu führen.[15] Im Notfall kann ich mein Handy anschalten und mit meinen Freunden darüber texten. Mehr ist nicht zu tun, weil es sich doch um eine Katastrophe, also um höhere Gewalt handelt.

Man erwartet, dass die Jugendlichen so viel Zeit in ihren Online-Foren verbringen, weil es sie glücklich und zufrieden macht, weil sie sich aufgehoben fühlen. Die allermeisten wissenschaftlichen Studien stellen jedoch fest, dass dies nicht der Fall ist. Die Jugendforscherin Twenge verweist auf eine sehr große Langzeitstudie des Nationalen Drogeninstituts der Vereinigten Staaten, die seit 1975 stattfindet. Regelmäßig werden Jugendliche der achten bis zwölften Klasse detailliert mit tausend Fragen nach ihren Freizeitbeschäftigungen und nach ihrem Lebensgefühl befragt. Die Ergebnisse könnten nicht eindeutiger sein: »Je mehr Zeit ein Teenager am Bildschirm oder mit seinem Handy verbringt, desto höher ist die Gefahr, dass er unglücklich ist; je mehr Zeit ein Schüler ohne Bildschirm verbringt, desto glücklicher scheint er zu sein.«[16] In der Untersuchung gibt es keine Ausnahmen. Digitales Kontakten macht unglücklich, gemeinsame Gespräche und Unternehmungen nicht.

Damit erfüllen soziale Medien wie Facebook ihre selbst propagierte Kernfunktion des glücklich machenden Vernetzens nicht, denn die verzagten Jugendlichen sind gerade deshalb unglücklich, weil sie sich einsam fühlen. Warum ist das so? Das Smartphone schwächt die Fähigkeit, mit negativen Erlebnissen umzugehen. Denn auch das permanente Setzen des Gefällt-mir-Zeichens bleibt nicht ohne Folgen. Es erzeugt einen Raum der ständigen positiven Rückäußerung. Das Kritische oder das Negative bleibt dabei vollkommen ausgespart, damit aber auch das Weitblickende, das in einer Krise nachhaltige Erleichterung verschaffen könnte. Alles über den Moment Hinausgehende wird ausgeblendet und schließlich verlernt.

Multi-Lifing führt zur Vermeidung realer Kontakte, die Berührungen mit dem realen Leben werden zurückgefahren, das Reale wird als Widerstand registriert. So entstehen narzisstische Räume, eine Sphäre des imaginären Um-sich-selbst-Kreisens eröffnet sich, in die man sich einschließen kann. Wir werden unfähig, mit und in der Realität zu leben. Insofern ist es nicht verwunderlich, dass in den vergangenen Jahren der Begriff der »Resilienz« eine Renaissance erlebt hat. Kein Personalberater, der diesen Begriff nicht als Kernanforderung an eine Persönlichkeit wie eine Monstranz vor sich herträgt. Ganz im Gegensatz dazu ist bei jungen Mitarbeitern kein Wunsch stärker ausgeprägt als der nach regelmäßigem Feedback durch den Vorgesetzten – und keine Situation ist gefährlicher. Denn in der Regel wird kein Feedback, sondern Bestärkung und Lob erwartet. Noch die kleinste Kritik oder eine Diskussion über Verbesserungsmöglichkeiten ist für viele junge Menschen heute schwer zu verkraften. Der Grund dafür liegt aus meiner Sicht nicht nur in ihrem Gebrauch digitaler Medien, hat aber damit viel zu tun.

Facebook, Snapchat, Instagram, WhatsApp und Co. verschärfen das uralte soziale Problem, sich von einer Gruppe ausgeschlossen zu fühlen. Junge Mädchen sind stärker von Depressionen betroffen, die auf Social-Media-Nutzung zurückzuführen sind, als Jungen. Während die depressiven Symptome bei Jungen um etwas mehr als 20 Prozent gestiegen sind, liegen sie bei Mädchen bei plus 50 Prozent. Der Grund für eine überproportionale Beeinträchtigung der Psyche junger Mädchen könnte darin liegen, dass sie eher Gefahr laufen, ein Opfer von Cybermobbing zu werden. Firmen wie Facebook kennen diese Probleme. Dem wirtschaftlichen Erfolg des Facebook-Konzerns tun unglückliche oder selbstmordgefährdete Jugendliche allerdings keinen Abbruch: 2,8 Milliarden Menschen weltweit nutzen Facebook und seine Tochterunternehmen. Der Anzeigenumsatz des Konzerns stieg im dritten Quartal 2019 um 30 Prozent im Vergleich zum Vorjahr.

Auch in Deutschland sind Facebook und Co. weiter auf dem Vormarsch. Von 63 Millionen deutschen Online-Nutzern ab 14 Jahren nutzten 2019 täglich 58 Millionen Menschen WhatsApp – das mittlerweile zu Facebook gehört –, 32 Millionen waren täglich auf Facebook, 25 Millionen Menschen bei Instagram aktiv, und 20 Millionen nutzten Google Chat.

## Digitale Ohnmacht

Warum verhalte ich mich wehrlos gegenüber dem täglichen Daten- und Informationsstrom? Technologisch hätte ich alle Chancen, die Welt vom Sofa aus aus den Angeln zu heben. Aber es erscheint mir so, dass ich einfach nicht dazu komme. »Wir verbringen unsere Tage damit, auf dem Bildschirm Zeug zu lesen, das wir in einem Buch nie lesen würden, und wir schwadronieren darüber, wie geschäftig wir sind«, schreibt der Schriftsteller und Essayist Jonathan Franzen.[17] Diese Diagnose werden viele Menschen teilen. Warum ist das so? Warum sind erwachsene Menschen in diesem wehrlosen Zustand angelangt?

Als ich meinen Berufsweg startete, habe ich mir niemals vorstellen können, einmal ein Leben zu führen, in dem der Nachrichtenfluss, der mich täglich erreicht, nicht mehr aufhört – nicht in der Nacht, nicht am Wochenende, nicht im Urlaub, nicht an Weihnachten, nicht, wenn ich krank bin. Ich erinnere mich daran, dass ich ein Faxgerät mit in den Urlaub nahm, ein kleines Gerät, im Grunde ein modernes Morsegerät mit einer großen, schweren Papierrolle daran, über das ich die notwendigen Nachrichten »aus dem Büro« erhielt. Mein damaliger Partner und ich fühlten uns massiv gestört, wenn einmal am Tag plötzlich rund zehn Seiten Papier von dieser Rolle herunterratterten, welche die Ruhe und die Gespräche in unserer gemieteten Ferienwohnung unterbrachen. Ein einziges Mal am Tag beschäftigte ich mich damals mit aktuellen Dingen, und im

Urlaub war mir schon das zu viel. Ich las lieber Charles Dickens. Heute lasse ich meinen Denkapparat und mein berufliches wie soziales Leben zu oft von Nachrichten stören. Dabei bräuchte ich die Apparate nur abzustellen – aber ich tue es nicht. Den Fernseher stellte man noch aus, das Smartphone nicht mehr. Im Jahr 1985 eröffnete Neil Postman die Frankfurter Buchmesse. Er las aus seinem gerade erschienen Buch *Wir amüsieren uns zu Tode*. An zentraler Stelle zitiert er darin eine Passage aus Henry David Thoreaus Essay *Walden* von 1854: »Wir beeilen uns sehr, einen magnetischen Telegraphen zwischen Maine und Texas zu konstruieren, aber Maine und Texas haben möglicherweise gar nichts Wichtiges miteinander zu besprechen. (...) Wir beeilen uns, den Atlantischen Ozean zu durchkabeln, um die Alte Welt der Neuen ein paar Wochen näher zu rücken; aber vielleicht lautet die erste Nachricht, die in das gespitzte Ohr Amerikas dringt, dass Prinzessin Adelaide den Husten hat.«[18]

Die Einführung des Telegrafen war der Beginn von Nachrichtenströmen als Ware. Ihr neuer Warencharakter führte dazu, dass sich Nachrichten nicht mehr durch ihre Bedeutung auszeichnen mussten, sondern durch die Schnelligkeit ihrer Verbreitung. Die wesentliche Veränderung von Nachrichten als Ware war ihre Masse und ihre Irrelevanz. Unsere wesentliche Verhaltensänderung gegenüber einem Strom von überwiegend irrelevanten Nachrichten ist, dass wir davon nicht mehr berührt werden, sondern sie nur noch konsumieren: Sie dringen nicht mehr ein, wir vergessen sie sofort wieder, weil nichts davon zu einer tieferen Beschäftigung oder zu einem intensiveren sozialen Austausch führt. Dies hat an erster Stelle mit der Art ihrer Verbreitung zu tun, aber auch mit ihrem Inhalt, der sich durch die Art der Verbreitung verändert hat, und mit dem Medium, über das uns Nachrichten und Informationen heute erreichen.

Mehr und mehr Nachrichten erhellen nicht. Der Philosoph Byung-Chul Han spricht vom Orkan des Digitalen, in dem man nicht

»wohnen« kann, wie in der Wahrheit.[19] Digitale Informationen seien kumulativ und additiv, sie bildeten Haufen, denen das Narrative gänzlich fehle, die also keinen Zusammenhang mehr herstellen. Die Corona-Krise bedeutete einen Höhepunkt an Informationsorkanen über digitale Medien. Zur gleichen Zeit fand auch die Büroarbeit auf einen Schlag nur noch digital statt. In den ersten Wochen bemerkte ich an mir selbst, dass ich zwischen Telefonkonferenzen ständig nach Nachrichten über die Infiziertenzahlen in meiner Stadt und den Wohnorten meiner Nächsten im Internet suchte. Bei allen Daten blieb die Gefährdungssituation für mich diffus.

Ich registrierte, dass manche Freunde ihre eigenen Corona-Statistiken führten, weniger aus gesundheitlicher Besorgnis, eher um selbst »Corona-Experte« zu werden, so war mein Eindruck. Je weiter die Epidemie fortschritt, desto vehementer prasselten Informationsstände und Spekulationen über deren Fortgang auf uns ein. Der Wettbewerb zwischen den Ländern Europas in der Bekämpfung der Krise rückte allmählich in den Vordergrund, die Statistiken und Listen erreichten eine kaum mehr durchdringbare Dichte. Kein Gespräch blieb mehr ohne Corona-Bezug. Martialische Diskussionen darüber entbrannten, ob Covid-19 nicht nur eine Grippe war und unsere Selbsteinkerkerung blanker Unsinn. An Daten bestand kein Mangel, zugleich wusste immer noch niemand, ob das Tragen einer Maske nun schützte oder nicht. Eines Abends unterbrach ich eine Unterhaltung im privaten Kreis mit der Bitte, die Informationsstände zu Corona einmal beiseitezulegen. Ich bat darum, wieder in einen persönlicheren Austausch zu kommen. Das Unverständnis auf der anderen Seite war groß. Die Antwort lautete, dass sich doch gerade ein noch nie da gewesenes »historisches Spektakel« vor unseren Augen entfaltete, bei dem wir live dabei seien und das uns doch auch etwas anginge.

Von Lukrez stammt der Satz, dass uns der Blick auf die Katastrophe unseres eigenen Wohlergehens versichert. Am Wonnegefühl, das wir daraus ziehen, dem Leiden anderer zuzusehen, lernen wir, wie gut es uns tut, selbst vom Leiden befreit zu sein. Ein Wonnegefühl stellte sich meines Erachtens schon in den ersten Wochen von Covid-19 ein, als die Unterschiede zwischen den Infiziertenzahlen der Bundesländer immer stärker in den Vordergrund rückten. Als dann die internationalen Vergleiche starteten, bekam der Nachrichtenstrom endgültig das Gesicht des Katastrophenvoyeurismus. Bei den täglichen Zahlenvergleichen zwischen Italien, Spanien, Frankreich und Deutschland wurde den Toten kein Respekt gezollt. Nur die Summen zählten, und immer wieder hieß es nun, es seien so und so viel weniger Menschen gestorben als während der Grippe-Epidemie 2018/2019. In Deutschland kehrte neben der Angst eine große Wonne ein, denn schlugen wir uns nicht sensationell gut im Corona-Krisenwettlauf? Die digitalen Nachrichtenkanäle liefen buchstäblich heiß. Der Verkauf von digitaler Bandbreite erreichte neue Rekorde. Nachrichtenhaufen bringen Kapital. Jede große Krise bringt der digitalen Welt mehr Kapital.

Online-Medien sind Nachfahren des Telegrafen, aber der Stil von Nachrichten in der Online-Welt hat sich verändert. Wir treffen heute überall auf die Machart von CNN. Der amerikanische Nachrichtensender CNN zeichnet sich dadurch aus, dass er den Empfänger mitten ins Geschehen führt, möglichst den Eindruck unablässiger Katastrophen- und Krisenkommunikation bei ihm hervorruft und eine Reflexion des Geschehenen sich erübrigen lässt, weil jede Stunde über eine neue Krise zu berichten ist. Online-Redaktionen stützen sich heute überall auf das systematische Scannen der sozialen Medien, in denen sofort berichtet wird, sobald an einer noch so entlegenen Stelle der Welt etwas Erwähnenswertes geschieht.[20] Artikel werden von Mediennutzern nicht mehr gelesen, sondern Überschriften und Untertitel gescannt, also visuell abgetastet, ihr Erregungspotenzial kann in den digital ausgemessenen Klick-Reflexen genau abgemessen werden. Der

Konsum von Nachrichten in Form eines Katastrophenbreis aus Bildern, Überschriften und angefangenen Artikeln führt zu gelungener Ablenkung, zu Wonne, zu totaler Fremdbestimmung und dem sofortigen Vergessen aller übrigen Lebensverrichtungen. Bereits im Jahr 1854 sah Thoreau voraus, wie es einem Menschen mit den Nachrichtenorkanen ergehen könnte. Es sei so, als bemühe sich ein Mann darum, einer vornehmen tauben Dame vorgestellt zu werden, der dann, als er vor ihr stand und man ihm das Ende ihres Hörrohrs in die Hand drückte, nicht wusste, was er sagen sollte.[21] Nachrichtenorkane machen das Hirn stumm. Schon Thoreau verneinte die oft proklamierte Neutralität von Technologie. Technologien hätten schon immer das Leben entscheidend verändert, ohne den Konsequenzen für den Menschen dabei besonders Rechnung zu tragen. Eine Feststellung, die in den heutigen Technologiediskussionen meist entschieden in Abrede gestellt wird. Technologie sei doch ihrem Wesen nach »neutral«, wird immer wieder behauptet. Die Gefahr des Telegrafen sei, so stellten schon Thoreau und dann Postman heraus, dass jede Nachricht, die über diese Technologie vermittelt werde, allein dadurch entwertet sei. Telegrafen wie Smartphones machen Nachrichten irrelevant.

Warum also stellen wir unsere telegrafischen Instrumente nicht ab? Ein Teil der bewussten und willentlichen Aussetzung dem ständigen Datenstrom gegenüber liegt am Medium selbst. Ich erinnere mich daran, dass ich als Fünfjährige so fasziniert war von einer neuen aufwendigen Plastikkakaoverpackung mit portionsweiser Schüttung, die eine meiner Großmütter zu Hause zu bieten hatte – am liebsten hätte ich sie den ganzen Tag lang betätigt. Unsere Grundhaltung zu neuen Technologien, und seien sie noch so nebensächlich, ist zunächst instinktiv die der Bewunderung und der Berauschung. Neue Technologien berühren Neugierinstinkte. Allerdings nutzen sich diese ab, und deshalb sind die Digitalkonzerne längst viel weiter mit uns gekommen: Sie machen uns nicht nur neugierig, sie binden uns an. Man weiß heute, dass smarte Geräte zur ständigen Benutzung animieren, weil sie rationale Entscheidungsmuster unablässig unterlaufen (siehe »Hypernudging« in Kapitel 6). Algorithmen bauen systematisch Spannungsbögen auf, die mich dem Gerät nicht mehr entkommen lassen. Sie setzen Reaktionsmuster und Fallen ein, die ein suchtähnliches Verhalten provozieren. Es ist kein Wunder, dass im Silicon Valley zahlreiche Psychologen beschäftigt sind.

Neben medial verursachten Informationsströmen versorgt mich mein zentrales digitales Gerät, das Smartphone, auch mit anderen, direkt an mich gerichteten persönlichen Nachrichten. Es vereint also eine größere Zahl an Zugangskanälen auf einem Gerät, die zusammen eine hohe Schlagzahl an Impulsen produzieren. Alles, was mich erreichen soll, erreicht mich auf einem einzigen Apparat, den ich immer eng bei mir führe. Han spricht von einer neuen Art des Sklaventums, das die mobilen digitalen Wundermaschinchen hervorgebracht haben. Die Freiheit der mobilen Digitalität schlage in den fatalen Zwang um, überall »arbeiten« zu müssen. Jeder trage heute den Arbeitsplatz mit sich herum wie ein Arbeitslager. [22] Der Ausdruck »Arbeitslager« ist eine Zuspitzung, die mir zuerst unpassend erschien: War es adäquat, ein Smartphone mit einem Arbeitslager zu vergleichen? Hatte es ein Moment des Zwangs und der Gefangenschaft, wenn jemand auf Schritt und Tritt seine E-Mails checkt, dabei über einen Kopfhörer an Telefonkonferenzen teilnimmt und zugleich persönliche Nachrichten durchgeht? Ich bejahe das inzwischen: Es ist tatsächlich ein digitales Arbeitslager, das sich auftut. Das Smartphone führt in Verbindung mit dem Internet zu einer dramatischen Zunahme der Arbeit auf Abruf. Die Arbeitenden sind durch Internet und Smartphone »mit dem Nonstop-Betrieb der globalisierten Produktions-, Informations- und Zirkulationsprozesse« synchronisiert worden. Die erzwungene Synchronisierung eines Einzellebens mit dem Herzschlag der Weltökonomie und des

Weltgeschehens ist das Lebensgefühl jedes persönlichen digitalen Arbeitslagers.

Dem Telegrafen traute Thoreau zu, das Wissen selbst zu verändern. So ist es gekommen. Durch ständige Nachrichtenübermittlung sammelt der Mensch kein Wissen, sondern »Bescheidwissen«. »Für den Telegraphen bedeutet Intelligenz, von vielem gehört zu haben, und nicht, es zu verstehen.«[23] Bescheidwissen ist jedoch kein Wissen, das sich im Bewusstsein verankern kann. Dies erklärt das leere Gefühl nach einem Tag voller Nachrichtenverarbeitung über das Smartphone, auch die Handlungsunfähigkeit und den Gesprächsunwillen, die daraus folgen. Die Umwandlung von Wissen in Bescheidwissen ist einer der beträchtlichen Rückbildungsprozesse, die sich durch digitale Informiertheit entwickelt haben – mit beachtlichen Folgen.

Die ständige Nutzung von Online-Medien führt viel Oberflächenwissen herbei, da der »Leser« meist nur noch unzusammenhängende Bruchstücke konsumiert und sich dabei auch noch ständiger Ablenkungen wie Banner, Werbung, Videos oder Links erwehren muss. Dies wiederum hat nach einer Zeit sowohl eine dramatisch abfallende Konzentrationsfähigkeit zur Folge als auch die Unfähigkeit, einen subtilen Text überhaupt noch anzugehen oder zu verstehen. Kognitiv nimmt die Faktengläubigkeit durch oberflächlichen Nachrichtenkonsum zu, die Fähigkeit zur Unterscheidung von Meinungen jedoch ab. In Gesprächen bilden sich regelrechte Spiralen der Wiederholungen von Aufgeschnapptem heraus,[24] also Unterhaltungen, in denen nur noch Floskeln, Schlagzeilen, Meinungen und Ungefähres mitgeteilt werden. Der Bescheidwisser springt zwischen unverbundenen Themen hin und her, er sondert Nachrichten ab, die ohne Relevanz für den anderen sind. Keine Information hat bei ihm mit derjenigen, die ihr folgt, etwas zu tun, keine persönliche Wahrnehmung ist mehr beteiligt.

Bescheidwissen ist ein Zeichen dafür, dass sich die Kontextlosigkeit und Bruchstückhaftigkeit der Online-Welt auf das analoge

Leben übertragen haben und bereits heute zu kognitiven wie kommunikativen Rückbildungsprozessen der Menschen führen.

Ich höre Menschen von Bildung oder Intelligenz sprechen, weil jemand immer alle aktuellen Nachrichten oder Meinungen repetieren kann. Es ist eine unangenehme Parallele, die ich ziehe, aber das pausenlose Verschlingen von Informationsbruchstücken führt zu einer Zusammenhanglosigkeit, die beim Menschen Übelkeit auslöst. Wir müssen das Zeug, das wir so hastig verschlungen haben, irgendwie wieder auskotzen, sonst geht es uns schlecht. Vielleicht ist dies aber auch ein Abwehrmechanismus gegen den täglich konsumierten Katastrophenbrei, mithin ein letzter Versuch, dieser Informationspampe noch eine Art von Zusammenhang abzuringen.

Die Kurzform der Bescheidwisserei ist das Absetzen eines Posts oder Postings, die Weiterleitung eines Artikels, Fotos oder Textes an eine ganze Gruppe von Menschen. Der Ausdruck »Posting« kommt vom englischen Substantiv »post«, ein Wort, das begrifflich auch schon in den praktischen gelben Klebezetteln seinen Niederschlag fand. Der »Post« war ursprünglich eine Anschlagsäule für öffentliche oder teilöffentliche Nachrichten und stammt aus der Vorzeit des Internets. Postings waren analoge Bekanntmachungen, die eine ganz bestimmte Gruppe von Menschen wirklich in ihrem Leben betrafen. Wir sehen heute noch einige wenige »schwarze Bretter« oder »Anschlagkästen« in Schulen, Universitäten, Hausfluren oder Seniorenheimen, doch im Grunde sind analoge Anschlagkästen ausgestorben. Internet-Postings sind dagegen sehr populär, aber sie betreffen niemanden mehr. Ich bekomme inzwischen kommentarlos Artikel, Präsentationen oder Filme aus aller Welt weitergeleitet. Sie werden mir in meine digitalen Postfächer geschoben, die ich nicht zuschließen kann: Wie alles im Internet haben auch meine Postfächer immer geöffnet. Ich zerbreche mir manchmal noch den Kopf, warum mir jemand diesen oder jenen Artikel gesendet hat. Auch Postings sind oft Zeichen kommunikativer Rückbildung. Sie betreffen meist niemanden außer den Absender selbst.

Ein folgenreiches Vermächtnis der Digitalisierung ist, dass sie uns in Ohnmacht versetzt. Sie füllt unser Bewusstsein in so hohem Tempo mit Faktenbruchstücken, dass eine Überprüfung nicht erforderlich erscheint, da die Halbwertzeit der Bruchstücke ohnehin zu kurz geworden ist. Wir teilen keine Verwunderung mehr mit anderen über das, was wir sehen, lesen und hören. Wir machen uns die eigenen Sinneswahrnehmungen gar nicht mehr bewusst, sondern verarbeiten das Gesehene und Geschehene in Hast, im Vorübergehen und wie im Nebel, einsam, schweigsam, an irgendeinem Ort zu irgendeiner Zeit: Ein paar Zahlen, ein paar Begriffe bleiben hängen, die wir dann repetieren. Das Konsumieren von Online-Nachrichten über das eigene Smartphone geschieht oft in besorgniserregender Distanz zu meinen Sinnen und mir selbst, weil ich mich meist nicht mehr sammele, bevor ich meinen Apparat anschalte – wie früher vor dem Fernseher oder vor einem Buch, einem Brief, einem Film im Kino –, sondern irgendwann zwischendurch reflexartig meine PIN eingebe und dann sofort Nachrichten an mir vorbeiströmen, während ich oft noch an etwas anderes denke oder nebenbei mit anderen Dingen beschäftigt bin.

Während die Corona-Epidemie wütete, fragten wir nicht oder nicht besonders intensiv nach den Gründen für diese und vor allem nicht danach, wie sie sich zukünftig vermeiden ließe, was wir dafür tun könnten, was daraus folgt, sondern wir erschöpften uns in der Entgegennahme von Daten, Fakten und Ängsten über die Gegenwart. Neben den unaufhörlich vorgetragenen Statistiken und Ländervergleichen erreichten uns irgendwann Live-Reportagen. Als Kamerateams begannen, in gewissenloser Weise in italienische Krankenhäuser vorzudringen und dort totkranke künstlich beatmete Patienten auf Intensivstationen filmten, als sie in der Umgebung eines New Yorker Krankenhauses die Kameras auf eine Reihe von Kühllastern mit Leichen richteten, erwachten meine Sinne schockartig. Ich fühlte mich nicht mehr als Teil eines Nachrichtenstroms, sondern als Zuschauer einer Massenhinrichtung. Diese Übergriffe und Grenzübertritte werden im Modus des Katastrophenjournalismus kaum mehr bemerkt. Michel Houellebecq ließ verlesen, dass noch nie in einer solch »gelassenen Schamlosigkeit« zum Ausdruck gebracht wurde, dass das Leben aller Menschen nicht den gleichen Wert habe als während der Pandemie, in der über den Sinn einer Reanimierung oder Behandlung von Patienten mit 70, 75 oder 80 Jahren diskutiert wurde.

Es bieten sich mehrere Deutungsstränge für den Gewissensverfall durch digitale Medien an. Zunächst noch einmal Lukrez. Die bild-, ton-, und texttelegrafisch arbeitenden Medien wissen, dass uns der Blick auf die Katastrophe der anderen unseres eigenen Wohlergehens versichert. Sie wissen, dass uns die Hoffnung auf das Eintreten eines Wonnegefühls auf das Katastrophenereignis fixiert hält. Aber auch die Assoziation der Hinrichtung ist in dieser Hinsicht treffend, die schon im Mittelalter und bis weit in das 19. Jahrhundert hinein in ihrer Bedeutung zwischen der Bedienung von Schaulust und der symbolischen Wiederherstellung von Ordnung schwankte. Alle Online-Medien, aber auch einige traditionelle Zeitungen und Magazine, bedienen sich inzwischen in ihren Online-Versionen der Schaulust, weil sie damit das meiste Geld verdienen. Sie geiern von Spektakel zu Spektakel, um Zugriffe zu steigern, sie haben sich vollständig an die Algorithmen verkauft – so etwas wie Respekt haben sie nicht mehr im Repertoire. Sie töten durch diese Art der permanenten Berieselung mit vor unseren Augen flimmernden, unkommentierten Katastrophenclips unsere Sinne, unsere Vorstellungskraft und unsere Empathiefähigkeit.

Ein Freund machte mich darauf aufmerksam, dass ihn meine geschilderten Wahrnehmungen der »Konsumierung einer Pandemie« an Elias Canettis *Masse und Macht* erinnerten. Bot nicht das »Spektakel der Epidemie« wesentlich ein Erlebnis der Gleichheit in der Masse? Jeder Mensch kann von Covid-19 befallen werden, solange er keine Impfung hat. Jeder schaute in dieser Zeit viel mehr und dieselben Katastrophenclips an. Ungeheuer ist die Erleichterung darüber, sich in einer Masse gleich zu fühlen, in der keiner mehr und keiner weniger, keiner besser als der andere ist, sagt Canetti. Das Gefühl der Befreiung von Distanzlasten in der Masse, in der Trennendes abgeworfen wird, krankt jedoch an einer Grundillusion: Die Gleichheit besteht nur für einen Moment, die Menschen kehren nach dem Erlebnis des »Spektakels« in ihre Einsamkeit zurück. Entstand also die Lust an der Beschäftigung mit Virusstatistiken oder dem laienhaften Argumentieren über die richtigen Strategien der Bekämpfung, weil dies eine Möglichkeit bot, sich noch gleicher und noch intensiver im »großen Resonanzkörper der Masse« zu spüren? Canetti sagt, dass die Masse immer wachsen will, solange sie eine Richtung hat, dass sie »die Gleichheit stärkt, die sich an ihrer Dichte erwärmt«.[25] Stärkte nicht allein der massive Online-Konsum von Corona-Nachrichten die Richtung und bot damit gleichsam die ständige Versicherung, sich gemeinsam in einer lebensbedrohlichen Krise zu befinden, die nur »im Gleichschritt« und Schulter an Schulter zu bewältigen war?

Beide Deutungen – die des Spektakels und die des scheinbar oder nur für kurze Zeit wärmenden Erlebnisses im Resonanzkörper der Masse – ergänzen sich. Das Digitale führt als großes Versprechen die Vernetzung der Menschheit an. Dieses wird jedoch, wie im vorherigen Kapitel beschrieben, nie eingelöst, weil digitale Vernetzung nicht mit dem Gefühl von Nähe oder echter Empathie belohnt wird, sondern zu Vereinsamung führt. Online-Medien spielen uns vor, dass wir unserer Einzelexistenz durch Vernetzung »mit der wärmenden Masse« entrinnen können. Deshalb stellen wir unsere Apparate nie mehr aus, bleiben handlungslos und reduzieren nach und nach unsere echten, analogen menschlichen Kontakte. Das Konsumieren einer Krise ist ein »erfolgreicher« Teil dieses großen Ablenkungsmanövers von uns selbst und von der echten Berührung mit dem anderen. Dem Digitalen gelingt es dabei besonders gut, uns unser einsames Erlebnis vor dem Smartphone als soziales Gemeinschaftserlebnis zu verkaufen, und Pandemien sind ein erschütternd guter Vorwand, darin noch mehr aufzugehen.[26]

# 3 Hyperreichtum und Digitalisierung: Wie die großen Digitalkonzerne ihr Geld verdienen und welche Risiken daraus entstehen

## Monopole und Weltverkäufer

Am 24. Oktober 1929 ist es so weit: Eine weltweite Finanzkatastrophe nimmt ihren Lauf, in New York finden Aktien plötzlich keine Käufer mehr. Am Folgetag, einem Freitag, erreicht der Absturz von New York den europäischen Kontinent. Binnen Stunden kommt es zu einem Totalzusammenbruch der Börsen in aller Welt. Amerika und Deutschland sind zahlungsunfähig. In New York nehmen sich in einer Woche zwölf Banker das Leben. Meine Großmutter ist mit meinem Vater am Ende des achten Monats ihrer Schwangerschaft angelangt. Da ich sie nicht mehr kennengelernt habe, weiß ich nicht, wie sie diese Zeit empfunden hat, aber am Samstag, dem 26. Oktober 1929 – nur 24 Stunden waren nach dem Schwarzen Freitag vergangen –, kommt es zu einer ungewöhnlichen Begegnung in Berlin, die etwas Linderung verschafft.

Der deutsche Finanzminister Rudolf Hilferding, SPD, soll Deutschland helfen, der sofortigen Zahlungsunfähigkeit zu entgehen. Er muss rasch eine Summe von 500 Millionen Dollar auftreiben. Wenn das nicht gelingt, wird die deutsche Bundesregierung den Betrieb ihrer staatlichen Einrichtungen wie Schulen, Krankenhäuser oder den öffentlichen Verkehr nicht mehr aufrechterhalten können. Der Verhandlungspartner des Ministers ist keine

Bank, sondern ein wohlhabender Privatmann. Der Schwede Ivar Kreuger ist für den Termin mit dem deutschen Finanzminister im Hotel Adlon abgestiegen. Kreuger spricht Deutsch, er hat deutsche Vorfahren mit Namen Kröger. Er ist alleinstehend, was in dieser Zeit einer besonderen Erwähnung wert ist. Man munkelt, er sei mit Greta Garbo eng befreundet. Wichtiger ist jedoch: Kreuger besitzt in seiner schwedischen Heimat große Waldflächen, er ist Chef des Zündholzimperiums Svenska Tändsticks Holding. Mit seinen Streichhölzern beliefert er schon elf andere geldklamme europäische Länder.

Der Schwede verlangt 6 Prozent Zinsen auf die geliehene Summe von 500 Millionen Dollar und die Verhängung eines staatlichen deutschen Zündholzmonopols. Eine Laufzeit von 53 Jahren wird für das Monopol vereinbart, schneller werden die hochverschuldeten Deutschen den Vertrag ohnehin nicht ablösen können. Alle in Deutschland produzierten Streichhölzer sollen ab sofort über das neue Monopol des Schweden laufen. Er legt den Preis fest, stellt selbst 65 Prozent der Produktion aus seinen schwedischen Fabriken und nennt sie Welthölzer. Der Vertrag kommt zustande, Deutschland hat keine andere Wahl. Das Zündholzmonopol der Svenska Tändsticks Holding bleibt in Deutschland bis zum März 1983 bestehen. Wer in den sechziger Jahren geboren ist, kennt die schlichten blauen Schachteln mit Welthölzern noch.

Von seinem Wert und seiner volkswirtschaftlichen Funktion her betrachtet war das Streichholzmonopol des Schweden Ivar Kreuger ein winziges Monopol, verglichen mit dem Bahn-, dem Post- oder dem Elektrizitätsmonopol. Aber auch an diesem kleinen Monopol lassen sich wesentliche Eigenschaften einer Monopolsituation erkennen: Sie engten Deutschlands Wirtschaft, jedenfalls in einem bestimmten Bereich, über sehr lange Zeit ein. Die Streichhölzer sahen über 50 Jahre lang vollkommen gleich aus, und sie waren teuer. Als das Zündholzmonopol fiel, kollabierten die Preise. Monopol kommt von »monos«, für griechisch »allein«, und von »polein« für »verkaufen«. Monopolisten sind »Alleinverkäufer«. Man kann Monopolist auch mit »Alleingewinner« übersetzen, denn der Grundzug des Monopols liegt im Ausschluss aller anderen vom Verkauf einer Ware – und vom Gewinn. Die Vorherrschaft von Monopolisten wird schon lange als Zeichen einer dysfunktionalen Volkswirtschaft gesehen, deshalb hat man staatliche Monopole auf dem gesamten Globus weitgehend abgeschafft. Monopole gelten als innovationsfeindlich und entwicklungsschwach, da niemand ihre Leistungen und ihre Preise herausfordern kann. Eine gesunde wettbewerbliche Organisation der Wirtschaft, in der Preise etwas über den Wert oder die Qualität einer Ware aussagen, gilt dagegen als Garant für eine funktionierende, gerechte und insgesamt dem Fortschritt zugeneigte Gesellschaft.

Eine Nation, die schon immer besonders stark dem Wettbewerb zugeneigt war, sind die Vereinigten Staaten von Amerika. Die USA waren nicht ohne Grund die erste Nation, die im 19. Jahrhundert eine Kartellbehörde einrichtete, und die amerikanische Wirtschaft hat sich dem sportlichen Wettbewerb sehr früh und sehr rigoros, fast wie einer kulturellen Eigenart, verschrieben. Gerade vor diesem historischen Hintergrund ist eine Entwicklung des 21. Jahrhunderts überraschend. Ich spreche hier von der Entstehung ganz neuer Monopolunternehmen gerade in Amerika, die dabei sind, mit ihrer globalen Marktbearbeitung und rapide wachsenden Wirtschaftskraft alle historischen Monopole in den Schatten zu stellen. Diese neuen Monopole heißen Google, Apple, Facebook und Amazon (GAFA), und sie sind inzwischen eines der auffälligsten wirtschaftlichen Kennzeichen der sogenannten Digitalisierung. Die digitalen Monopole gelten heute als Wirtschaftselite der ganzen Welt. Sie stehen an der Spitze der Liste der größten Konzerne, wurden von ihren Eigentümer-Gründern in extrem kurzer Zeit aufgebaut und agieren auf ihren Feldern uneinholbar monopolistisch. In ihrer Geschäftsausdehnung befinden sie sich erst am Anfang ihrer Entwicklung. Zwei Logiken sind kennzeichnend für diese neuen Unternehmensformen: ihr Plattformcharakter und die Vermittlerfunktion, die sie einnehmen.

Neu ist auch ihr »Weltmonopol-Status«. Ivar Kreuger musste seine Streichholzmonopolverträge noch mit jedem Land Europas einzeln verhandeln. Diese Zeiten sind im digitalen Zeitalter vorbei, Verträge sind nicht mehr notwendig, Plattformen benötigen so etwas nicht. Reine Digitalkonzerne schließen auch keine Monopolverträge mehr mit Einzelstaaten ab, ihre Eintrittskarte für den Weltmarkt ist das Internet. Die politische Sphäre scheint bisher überrascht von diesem Vorgehen, Politik und Behörden schauen den digitalen Playern bisher weitgehend ratlos und tatenlos beim Wachsen zu. In meiner Kindheit gab es in unserem Dorf einen Supermarkt, fünf Bäcker, vier Metzger, zwei Obst- und Gemüseläden, zwei Rundfunk-/Fernsehgeschäfte, einen Buch- und einen Schreibwarenladen, einen Schuhladen, zwei Drogerien, zwei Uhrmacherläden, zwei Schuster und zwei Apotheken. Sie »verkauften« unterschiedliche Waren und machten sich untereinander Konkurrenz. Heute gibt es dort noch Rewe, Penny und eine Discountapotheke, gleich neben Penny. Morgen wird es nur noch Amazon geben.

233 Milliarden Dollar betrug der Umsatz von Amazon im Jahr 2018, das ist etwas mehr als der Umsatz des größten deutschen Konzerns, der 90 Jahre alten Volkswagen AG mit ihren elf Millionen verkauften Autos pro Jahr. Für 2019 wird für Amazon ein um 20 bis 25 Prozent höherer Umsatz erwartet, der Konzern wird sich auf die 300-Milliarden-Dollar-Marke zubewegen, während VW stagniert. Man kann davon ausgehen, dass Amazon seinen Umsatz in den nächsten 5 Jahren mindestens verdoppeln wird, auf dann 600 Milliarden Dollar, VW ihn dagegen bestenfalls halten kann. Die 1994 gegründete Handelsplattform Amazon dominiert den E-Commerce-Markt in der gesamten westlichen Welt.

Inzwischen weitet der Konzern seine Geschäfte vom reinen Handel auf eine Reihe anderer Geschäftszweige aus. Amazon Web-Services, die IT- und Server-Division von Amazon, wurde erst 2003 gegründet, sie hat heute einen Welt-Marktanteil von 52 Prozent und wächst rasant. Mit 54 Prozent aller reinen Produktsuchen ist Amazon inzwischen Welt-Marktführer noch vor Google. Amazon Prime Video & TV ist noch sehr jung, hat aber bereits 50 Millionen Abonnenten. Im internationalen Aufbau begriffen sind die Geschäfte Amazon Fresh (Lebensmittel), Amazon Shipping (Logistik), Amazon Smart Home (Echo, Alexa), Amazon Pay, Amazon Health (Online-Apotheke) und Amazon Protect (Versicherungen). Was sonst noch an neuen Geschäften hinter den Kulissen in Seattle ersonnen wird, weiß man nicht.

Allein die hohen Umsätze, umso mehr aber die Datenmassen, die sich hinter den gegenwärtigen und neuen Geschäften von Amazon verbergen, sind beunruhigend. Ein deutsches Wirtschaftsmagazin brachte Amazon zum Jahresbeginn 2019 als große schwarze Spinne auf das Cover. Das Netz der Spinne breitete sich über eine Vielzahl von Geschäften aus, die heute noch von anderen Firmen wahrgenommen werden. Mittlerweile werden die Rufe nach einer Zerschlagung immer lauter. Aber dafür gibt es bisher keinerlei Ansatzpunkte, denn Amazons Umsätze verteilen sich auf die unterschiedlichsten Branchen in unterschiedlichen Ländern auf unterschiedlichen Erdteilen. Wir haben noch nie Gesetze für solche Unternehmen geschrieben.

Die erste Frage, die sich stellt, ist die nach den Gründen. Wie konnte es überhaupt so weit kommen, dass sich eine solche »Konzernspinne« ohne Wettbewerber und ohne Eingriff des Staats in relativ kurzer Zeit in diese Größenordnung hineinentwickelt hat? Monopole entstanden früher vor allem durch besondere Schutzräume des Staats, die er für Grundversorgungsleistungen seiner Bürger schuf. So war es mit vielen Industrien um die sogenannte

Daseinsvorsorge – mit Strom, Telekommunikation, Bahn oder der Fliegerei und jenem Zündholzmonopol. In früheren Jahrhunderten waren Monopole aus einem anderen Grund sehr üblich. Sie dienten der »Versorgung« der Aristokratie. Im England des Jahres 1621 gab es über siebenhundert Monopole. Ein Bürger wohnte in einem mit Monopolziegeln erbauten Haus, mit Fenstern aus Monopolglas, er wusch sich mit Monopolseife, trug Monopolspitzen, Monopolleinen, Monopolleder, Monopolgoldfäden. Er aß Monopolbutter, Monopolheringe, Monopollachs und Monopolhummer. Sein Essen wurde mit Monopolsalz und Monopolpfeffer gewürzt. Er schrieb mit Monopolfedern auf Monopolpapier und las Monopoldruckwerke.[1]

Die Könige hatten alle diese Monopole selbst geschaffen: Nur noch einer einzigen Molkerei verliehen sie das Recht, Butter herzustellen, dafür musste diese die Gratisbelieferung des ganzen Hofs mit Butter und Milch zusichern. Genauso war es mit dem Seifen-, dem Honig-, und dem Leinenlieferanten. Die Monopolgeschichte des alten Königreichs England fand ein gewaltsames und blutiges Ende. Das Land verarmte, und im Jahr 1642 brach – angeführt von einem einfachen Parlamentarier namens Oliver Cromwell – ein Bürgerkrieg aus, ein zweiter folgte, bis Cromwell die Republik England ausrief.

Daneben entstanden begrenzte Produktmonopole auf Zeit durch Patente, die ausgegeben wurden, für besondere Technologien, die entwickelt, oder für Rezepturen, die von Unternehmen erfunden wurden und deren Entwicklung besonders kapitalintensiv war. Vor allem in der Pharmaindustrie war und ist dies eine bekannte Praxis. Auch Amazon hat Patente, zum Beispiel für Themen der Logistik: außergewöhnliche Drohnen, die auf Straßenlaternen landen können, um sich aufzuladen, oder ein Warenhaus im Himmel, untergebracht in einem Zeppelin. Auf Patenten beruht der besondere Monopolstatus jedoch nicht, den Konzerne wie Amazon, Google oder Facebook erreicht haben.

An erster Stelle ist der sogenannte Plattformeffekt des Internets zu nennen. Er provoziert mehrere, sich gegenseitig verstärkende Folge- oder Klebeeffekte, die zusammen eine massiv abschottende Wirkung entfalten. Der Plattformeffekt schützt ganz besonders denjenigen, der als erster seiner Art einen bestimmten Dienst auf einer sogenannten Plattform, also unter einer Adresse und mit einem attraktiv erscheinenden Serviceangebot im Internet erfolgreich anbietet. Die meisten Dienste, die durchschlagenden Erfolg als Plattform verzeichnen, begannen mit Übertragungen von elementaren Vorgängen aus der Analogwelt und erreichten damit sofort breite Zielgruppen. Bei Amazon war der erste Schritt in die Plattformökonomie ein elektronischer Buchversand. Bei Google waren es Suchfunktionen, die früher über analoge Nachschlagewerke, Telefonbücher oder Landkarten erledigt wurden. Bei Facebook, dem »Gesichtsbuch«, war es eine Mischung aus personalisierten elektronischen Poesiealben und einer Art schneller, persönlicher Postzustellung.

Alle bisher erfolgreichen Plattformen bieten ihre Leistungen scheinbar kostenlos an – das verschaffte ihnen eine immense Attraktion und einen hohen Zulauf vom Start an. Ihr Geld verdienen sie hauptsächlich mit dem Verkauf von Ranglistenplätzen auf ihren Plattformen, also einer Form der einfachen Werbung, für die sie die persönlichsten Daten ihrer Nutzer als Gegenleistung anbieten. Allein Amazon hat damit begonnen, zusätzliche andere Ertragsquellen aufzubauen.

Hinzukommend ist eine Sammel- oder Vermittlerfunktion zu nennen, die den riesigen Erfolg, aber auch den destruktiven Effekt der Plattformen ausmacht. Die Vermittlerlogik halte ich für besonders gefährlich für den Erhalt einer dem Wettbewerb zugewandten Wirtschaft, denn durch sie ergibt sich ein Vernichtungspotenzial für alle Dienstleister und Dienstleistungen dieser Erde. Diese Vernichtung hat bereits begonnen, man kann sie besichtigen. Je größer und bekannter eine Plattform, desto höher ist das

Vertrauen in ihre Zuverlässigkeit und desto mehr Vermittler- und Dienstleistungsaufträge werden ihr zugetraut. Zuerst kaufte man nur Bücher bei Amazon, heute auch Waschmaschinen, teure Fahrräder oder Bohrmaschinen, morgen dann Autos, Möbel, Kunst oder Häuser. Amazon ist in der Lage, alle Produkte und Dienstleistungen, die es auf der Welt gibt und die noch vorstellbar sind, in sein Sortiment aufzunehmen und zu verkaufen – und zwar ohne Verkaufspersonal, ohne Verkaufsflächen, ohne jede Art von Beratung. Man kann sich Amazon sofort als Allesverkäufer vorstellen. Die schlechten Arbeitsbedingungen in den Logistikzentren, die Knechterei der Kuriere, die Vernichtung von guten Arbeitsplätzen in den Städten, auch die ausbleibenden Gewerbesteuereinnahmen der Kommunen werden bei Konsumwünschen ausgeblendet. In einigen Jahren wird es wohl heißen: »Das ist meine Amazon-Waschmaschine«, auch wenn sie von Miele gebaut wurde.

Plattformen stehen für ein recht brutales Zerstörungsmodell des dezentralen Dienstleistungssektors, von dem unsere Städte bisher gelebt haben. Ihre blutige Spur zieht sich schon heute durch verödete Innenstädte und Ortskerne, die einmal vitale Handelsplätze und Geschäftsstraßen hatten und in denen vor einigen Jahren noch stolze Verlagshäuser standen. Auch Shopping-Malls tun sich inzwischen schwer und stehen teilweise leer. Wir können davon ausgehen, dass alle »Reste« einer dezentralen städtischen oder örtlichen Handelstätigkeit nach und nach durch Plattformen übernommen werden, inklusive angrenzender Sektoren. Bank-, Versicherungs-, Energie-, Telekommunikationsdienstleistungen und ohnehin jeder andere Produktsektor fallen darunter, aber auch alle Kultursektoren, Kinos oder die freie Eventszene. Plattformen entziehen den Waren und Dienstleistungen ihren eigenen Wert – alles wird irgendwie »Amazon«, damit austauschbar, rücksendbar, wegwerfbar. Produktmarken werden verloren gehen, Preise werden gedrückt werden, der Originalitätswert einer Ware wird zerstört werden. Da Plattformen dank ihrer erfolgreichen Steuervermeidung in den Ländern, in denen sie verkaufen, kaum Steuern zahlen, wird massiv Wertschöpfung aus den vormalig dezentral organisierten Handelsräumen abgezogen. Plattformen hinterlassen »Urban Wastelands« und bilden einen Teil des von Saskia Sassen »Extraktivismus« getauften »neuen digitalen Kapitalismus«.

Auf den ersten Blick bilden Plattformen jedoch die Weltmarktplätze des Internets. Sie signalisieren Fülle und Freiheit. Der zentrale Effekt, den das Signal der Fülle auslöst, ist eine deutliche und unwillkürliche Sogwirkung in zwei Richtungen: je größer die Zahl der Aussteller auf dem Marktplatz, desto höher die Zahl der Nutzer, die ihm zuströmen. Und umgekehrt, je größer die Zahl der Nutzer, desto höher wird auch die Zahl der »Aussteller« auf dem »Markt« sein. Ein sich selbst verstärkender Vergrößerungseffekt durch Herdentrieb ist hier am Werk, der in der Internetwelt eine unbegrenzte Ausdehnung erfahren kann. Das Warenhaus ist praktisch nie voll, seine Auslagen sind unendlich tief. Es ist jederzeit geöffnet und von jedem Ort der Erde aus und immer erreichbar.

Es kostet die Plattform auch nicht viel mehr, je mehr Kunden sie »bedient«. Dafür braucht sie weder mehr Personal noch mehr Überstunden noch mehr Ausstellungsfläche, allenfalls mehr Serverkapazitäten. Dies ist eines der grundlegenden Phänomene der Internetwirtschaft und trifft auf alle Plattformbetreiber, ob groß oder klein, gleichermaßen zu. Grenzkosten bleiben gleich, sind nahe null, auch wenn immer mehr Nutzer von einer Plattform Gebrauch machen. Wenn es gelingt, die Plattform schnell auf eine maßgebliche Größe zu bringen, wird der Herdentrieb von selbst immer stärker. Eine zweite Plattform mit dem gleichen thematischen Ansatz hat schon nach relativ kurzer Zeit keine Chance mehr. Bei einem Marktanteil, der die 10- oder 20-Prozent-Grenze überschritten hat, ist es für jeden Wettbewerber vorbei, denn ein ähnlich großer »Schatz« an Abfrage- und Konsumhistorien sowie

Markenbekanntheit ist nicht mehr aufzuholen. Ohnehin gehört es zu den Usancen der großen Digitalkonzerne, kleinere Wettbewerber schnell aufzukaufen.

Der Marktplatz ist ein schönes altes Bild, aber im Grunde trifft es den Charakter der Internetplattformen nicht: Sie sind nur scheinbar Marktplätze, denn Plattformen werden durch eine Vielzahl verdeckter Interaktionen manipuliert. Die Suche nach einem Föhn beispielsweise ergibt auf Amazon mehr als vierhundert Produktangebote. Meist schaut man sich nur die ersten zehn oder zwanzig davon an und dabei vor allem diejenigen, die mit besonderen Empfehlungen versehen sind. In dieser Logik ist Amazon kein Marktplatz, sondern eine Rangliste. Genauso verhält es sich bei den Ergebnissen, die ich bei einer Google-Suche erhalte: Diese Ranglisten sind nicht neutral, sondern von Amazon oder Google mit Absicht in eine bestimmte Reihenfolge gebracht. Ein vorderer Rangplatz kostet den Anbieter eines Produkts viel Geld – Google und Amazon haben dafür Systeme wie »AdWords« oder »Pay per Click« oder »Sponsored Products« oder »Sponsored Brands« eingeführt.

Die Ranglisten sind das Ergebnis komplexer Profitsysteme, die die Plattformanbieter sich ausgedacht haben und die mit Qualität oder auch Preis für das Produkt nichts zu tun haben. Dafür justieren Algorithmen ständig die sogenannte »Conversion-Rate«, also die Hit- oder Click-Rate, die erreicht werden muss, damit der Plattformbetreiber auch maximale Profite erreicht. Verkauft sich ein Produkt auf Seite 1 der Angebotslisten nicht, kann es innerhalb von Sekunden nach hinten geschoben werden. Das Prinzip der Rangliste suggeriert eine Ordnung nach Preis oder Qualität, aber es täuscht diese nur vor: Das Ordnungsprinzip der Rangliste ist intransparent und manipulativ.

Auf Datenplattformen wird eine Auswertungssoftware eingesetzt, die dazu dient, die privatesten, persönlichsten und intimsten Lebensbereiche eines Nutzers zu speichern und auszuspionieren, um sie zu kommerzialisieren. Das Internet ist ein in vielen Dimensionen vollkommen unregulierter und rechtsfreier Raum. Es ist wirtschaftlich unreguliert, und es ist praktisch frei in Beziehung auf die Verletzung der menschlichen Eigentums- und Privatsphäre. Wahrscheinlich könnten Amazon oder Google für mich meine Steuererklärung anfertigen, so viel Wissen hat ihre Auswertungssoftware über mich gesammelt. Die Algorithmen der Plattformbetreiber speichern jeden Klick, den ich je auf ihren Plattformen getätigt habe, sie sorgen damit unter anderem für eine auf die jeweilige Person zugeschnittene Rang- und Zeigefolge aller Recherchen und Einkäufe im Amazon-Warenhaus. Sie erfinden Wünsche, die ich über das gesuchte Produkt hinaus haben könnte. Und schließlich bringen sie mich dazu, etwas zu kaufen, von dem sie meinen, dass ich es kaufen sollte. Die Soziologin Shoshana Zuboff[2] hat die Manipulationsstrategien wie folgt zusammengefasst: Zunächst ging es den Plattformbetreibern um die Vorhersage von Verhalten, dann um das Steuern von Verhalten, und jetzt geht es ihnen darum, Verhalten zu produzieren, das zuverlässig und definitiv zu erwünschten Ergebnissen führt.

Viele Analysten haben sich über Jahre darüber gewundert, dass Amazon sein ganzes verdientes Geld immer wieder sofort in die Entwicklung des Unternehmens investiert hat. Gäbe es nicht so viele Beispiele für notorisch schlecht bezahlte Arbeiter bei Amazon und wüssten wir nichts über die stoische Ablehnung von Betriebsräten durch das Topmanagement in den europäischen Amazon-Betrieben oder über die Videoüberwachung der Arbeiter in den Amazon-Logistikzentren, dann könnte man diese stetigen Reinvestitionen in das Unternehmen loben. Jeff Bezos weiß jedoch, dass das Internet nicht für ewig ein rechtsfreier Raum bleiben kann, und er wusste schon immer, dass Plattformen nur dann lukrativ werden, wenn sie sehr schnell sehr groß und damit sehr kundenmächtig werden. Es wird kein zweites Amazon geben, genauso kein zweites Google, Apple oder Facebook, denn die Vorsprünge der genannten Konzerne in ihrer Markenbildung, ihrer Algorithmik und der Zahl an Konsumhistorien, die sie gesammelt haben, ist für jeden Wettbewerber unerreichbar geworden. Da es bei Plattformen keinen zweiten Sieger gibt, wird der Geschwindigkeit des Aufbaus alles untergeordnet – sogar der Gewinn in der ersten Phase. Auf diese Weise hat Amazon in den ersten 20 Jahren auch in den USA kaum Steuern zahlen müssen. Geschwindigkeit und Unerbittlichkeit in der Kundengewinnung ist das, was zählt beim Aufbau einer Plattform. Der sogenannte »First-Mover-Advantage« wird bei der Entwicklung von neuen Technologien oft bestraft, doch hier winkt ihm ein Machtaufbau, der unfassbare Gewinne garantiert, sollte das Monopol vom Staat unangegriffen bleiben.

Der Unterordnung unter die Kundengewinnung dienen auch die »Umsonst-Strategien« der Plattformen. Es gilt: freier Eintritt, freies Stöbern, freies Weitersenden, freies Kopieren, freier Transport der gekauften Ware für Abonnenten, freies Rückgaberecht et cetera. Bezahlt wird, wie wir heute alle wissen, mit der Auslieferung unserer Lebensspur an ein Unternehmen, das sie bis dato uneingeschränkt kommerzialisieren darf. Die Monopolbildung in der Internetwirtschaft fußt in erster Linie auf den Netzwerkeffekten sowie der Vermittlerfunktion der Plattform sowie dem Fehlen von Verhaltensregeln im ökonomischen Raum des Internets.

Da praktisch alle großen, international aktiven Plattformbetreiber keine besonders großen Betriebsstätten in Deutschland haben und ihre europäischen Geschäfte über Niedrigsteueroasen wie Irland oder Luxemburg abwickeln, haben sie einen deutlichen Vorteil vor Unternehmen, die Steuern dort begleichen, wo sie ihre Waren produzieren, oder vor solchen, die personalintensive Verkaufsstandorte betreiben. Die Vorteile, die allein durch die Umgehung der Steuern entstehen, sind immens. Und auch die Folgeeffekte der Steuerumgehung spielen in die Kassen der Plattformbetreiber. Schließlich nutzt vor allem Amazon für Verkauf und Distribution eine Reihe teurer Infrastrukturen, für die auf diese Weise im Vergleich zu regulär besteuerten Unternehmen praktisch nichts bezahlt wird. Seien es Mobilfunknetze, Stromnetze, Flughäfen oder Straßen – im Grunde hängen Amazons zentrale Vertriebs- und Distributionskanäle der Welt an diesen Infrastrukturen. Beglichen werden die Kosten für deren Betrieb von den ordentlichen örtlichen Steuerzahlern, zu denen Amazon und Co. nicht gehören.

Laut den EU-Finanzministern sind der europäischen Staatenunion durch solche Steuertricks bisher 50 bis 70 Milliarden Euro an Einnahmen entzogen worden. Man kann das geschickt nennen oder unfair oder auch kriminell. Dabei sind diese Praktiken nach den bestehenden Steuergesetzen der jeweiligen Länder völlig legal. Es ist an der Zeit, dass wir ein solches Verhalten wenigstens für Europa endlich verhindern. Wir müssen diese Steueroasen schließen und die Umgehungstatbestände durch Gesetzesänderungen strafbar machen.

Wenn man die Geschäftsmodelle der führenden Digitalkonzerne analysiert, stellt man fest, dass sie im Grunde weniger Technologie- als Werbekonzerne sind. Vor allem ihr schneller Aufbau und der virtuose – für alle Nutzer hochgefährliche – Umgang mit Algorithmen sichert ihre Monopolstellung. Sie haben Datenmonopole erschaffen, für die bisher jedes Regelwerk, jeder Rechtsrahmen und schon gar jede Rechtsgeschichte fehlt. Was ist der Schaden, den diese Monopole anrichten können? Die Leerstände in unseren Innenstädten sind längst sichtbar. Je überwältigender der Online-Vertriebskanal von Amazon, desto abhängiger werden wir als Nutzer von diesem einen Kanal werden. Wenn Amazon will, kann der Konzern uns irgendwann zu Produktbündelungen zwingen, er kann unsere Konten sperren, er kann auch Preise gestalten, wie er will, denn für Alles-Monopolisten gibt es keinerlei Konkurrenz mehr. Je mehr sich die Innenstädte ihrer Ladengeschäfte entledigen, desto mehr hat Amazon die Käufer in der

Hand. Leider ist im analogen Handel seit Jahren eine weitgehende Negativspirale eingetreten: Extrem teure Ladenmieten, nachfolgend Personaleinsparungen und Unterbesetzung sowie fehlende neue Ideen, die einer Geiz-ist-geil-Mentalität entgegenwirken könnten, haben den stationären Handel immer unattraktiver gemacht. Amazon treibt die Konzentrationseffekte als Vermittler immer weiter und wird sich zahlreicher weiterer Sektoren bemächtigen. Ähnliches wird durch die anderen großen Plattformen geschehen, auf den Feldern der Information, der Kommunikation, der Arbeit und des sozialen Umgangs miteinander.

Der Preis für den Kauf eines Produktes bei Amazon beinhaltet in keiner Weise den Ressourcenverbrauch, der durch Einzelverpackung und Einzelversand sowie die Lieferung frei Haus just-in-time inklusive einer Rücksendung entstehen. Einer Greenpeace-Umfrage aus dem Jahr 2019 zufolge geht jedes fünfte Kleidungsstück ungetragen zurück und wird vom Versender vernichtet, da eine neue Lagerung und Logistik zu teuer sind. Natürlich bildet sich daraus ein ganz anderer $CO_2$-Fußabdruck als aus einem Sammeleinkauf samt Anprobe in der Innenstadt. Hier würde es helfen, endlich ein Kreislaufwirtschaftsgesetz sowie ein Vernichtungsverbot zu erlassen. Alternativ könnte man den Weg der »ehrlichen Preise« gehen und alle Umweltschäden, die durch Produktion und Versand entstehen, in den jeweiligen Produktpreis einrechnen. Auf diese Weise könnten Verschmutzungstatbestände nach dem Verursacherprinzip geahndet werden. Beide Wege könnten helfen, unnötigen Konsum mehr und mehr einzuschränken. Dieses Prinzip sollte nicht nur für Amazon gelten, sondern in jedem Konsumbereich inklusive der Nahrungsmittelindustrie durchgesetzt werden. In unserem Nachbarland Frankreich hat man bereits im vergangenen Jahr ein Vernichtungsverbot von Nahrungsmitteln erlassen. Und es zeigt Wirkung: Das Aufkommen an Lebensmittelspenden hat sich in Frankreich um 22 Prozent erhöht. Auch gegen die Speicherung unserer gesamten Konsum- und Suchhistorien auf Plattformen kommt man meines Erachtens nur gesetzlich an. Die Eingriffe in die Privatsphäre werden durch die Datenschutzgrundverordnung bisher kaum verhindert und harren einer deutlich strengeren gesetzlichen Regelung.

Moderne Digitalkonzerne bringen mit ihren Plattformen eine Unternehmensform zurück, die seit mehr als 100 Jahren in der ökonomischen Mottenkiste verschwunden war. Monopole gehören nicht in eine moderne Wirtschaftswelt, sie sind zu Recht abgeschafft worden, und sie werden nicht zum »Wohlstand für alle« führen. Wie bereits die Geschichte gezeigt hat, konzentrieren Kartelle das Vermögen in wenigen Händen, schaffen immense Ungleichheiten und irgendwann innovativen Stillstand. Die neuen digitalen Monopole sollten nicht länger dafür angebetet werden, dass sie die Reste einer sozialen Marktwirtschaft unter sich begraben.

## Techniken der Plattformökonomie

Plattformen im Internet geben vor, auf einer alten Sozialtechnik zu beruhen – dem seit dem Altertum gepflegten Brauch von Märkten. Märkte waren wichtig für die Entwicklung der Städte. Auf ihnen sie wurden persönliche Netzwerke gepflegt, sie waren extrem interaktiv, und sie haben Menschen auf unterhaltsame, die Gemeinsamkeit fördernde Art und Weise mit den für ihr Leben wichtigen Waren versorgt. Es gab Städte mit Marktrecht und solche ohne. Maßeinheiten und Preise der Märkte wurden von Städten geprüft, und es wurden zentrale Plätze gebaut, um dort Märkte abzuhalten. Oft waren sie mit einem Brunnen oder einem Standbild verschönert. Man darf nicht unterschlagen, dass auf Marktplätzen auch Pranger standen oder Hinrichtungen abgehalten wurden, aber die Hauptaktivität dort war der freie Handel. Später wurden Markthallen in der Mitte der Städte errichtet, um Händler und Kunden vor Kälte, Sonne oder Regen zu schützen, sodann gab es die großen Warenhäuser, schließlich Einkaufspassagen, aber immer spielte sich der Handel in den Städten ab. Plattformen bieten einen »Ort« im Internet an, wo sich Käufer und Verkäufer treffen sollen. Wie schon festgestellt, sind Plattformen eher Ranglisten als Märkte. Sie nehmen sehr viel stärker steuernden Einfluss und erzielen deutlich höhere Profite für die Vermittlung, als dies früher auf traditionellen Märkten je denkbar war. Darüber hinaus sind Plattformen dabei, die Funktion von Städten als Gastgeber von Märkten einfach abzuschaffen. Damit entfällt aber auch der Faktor der Interaktion, der Kommunikation, des sozialen Austauschs, der beim Besuch von Märkten und Geschäften neben dem reinen Einkauf für soziales Leben wesentlich ist. Plattformen wandeln jeden Einkauf in ein sehr einsames Erlebnis um.

Als Gesellschaft haben wir uns über die Konsequenzen dieser Entwicklung bisher keine großen Gedanken gemacht, dabei bedeutet sie eine maßgebliche Lebensveränderung. Menschen reisen heute in weit entfernte Länder und schwärmen über die in Städten oder Dörfern noch stattfindenden bunten Märkte, selbst wenn sie dort inzwischen zu rein touristischen Veranstaltungen verkommen sind. Zu Hause empfinden sie jedoch keinen Mangel daran, über Amazon sogar ihren Kaffee oder Tee einzukaufen. Die wichtige soziale Funktion, welche die vielfältigen persönlichen Begegnungen übernehmen, die mit Einkäufen in Städten und Gemeinden verbunden sind, kann kaum überschätzt werden. Oft genug gehört der kurze Austausch mit der Kassiererin im Supermarkt oder der Plausch mit der Verkäuferin in der Bäckerei zum einzigen Sozialkontakt alleinstehender älterer Menschen. Und auch für die nicht Alleinstehenden ist dieser Kontakt gesund und wesentlich, da er eine Verbindung zum analogen normalen, vitalen menschlichen Leben darstellt.

Bei Sony zahlten wir Saturn einst für einen vorderen Regalplatz in Augenhöhe einen satten Werbekostenzuschuss; das war ganz üblich, jeder andere Anbieter im Warenhaus tat es auch. Aber der Regalplatz war dann fest gekauft und auch der Preis dafür fest eingeloggt. Ein besonders ausgeklügeltes Mittel der Intransparenz haben die großen Plattformbetreiber inzwischen unter dem sportlich klingenden Begriff »dynamisches Pricing« zum Laufen gebracht: Das ist eine besondere Preisbildungsmethode, die sich nur im Internet anwenden lässt. Es sind dabei Algorithmen am Werk, die erkennen, ob der Sucher eines Produkts auf der Plattform ein besonders teures Smartphone oder Tablet benutzt. Diese Geräte bekommen entsprechend teurere Preise angezeigt. Auch andere Verkaufsportale, beispielsweise Flugticket- oder Hotelbettenvermittler, arbeiten mit dieser Technik. Man könnte das für eine neue Form von Umverteilung halten, weil vermutete Vielverdiener, die sich teure oder ganz neue Geräte leisten können, durch höhere Einkaufspreise bestraft werden, ohne dass sie es bemerken. Hierbei ist es aber so, dass nicht etwa der Staat den Aufpreis einsteckt und vielleicht etwas Sinnvolles damit anfängt, sondern alleine der private Monopolunternehmer.

Ich habe es selbst mit meiner studierenden Nichte ausprobiert: Eine Buchung über ihr flammneues Laptop war teurer als über meinen alten Kasten. Nun könnte ich dazu übergehen, nur noch alte Geräte zu benutzen, wenn ich ins Internet gehe, aber der Algorithmus würde die Täuschung durch meine Buchauswahl oder irgendein anderes persönliches Detail sicherlich bald herausfinden. Der Algorithmus hat den Durchblick, auch bei dynamischem Pricing gibt es für mich kein Entkommen vor dem Plattformmonopol.

Ich erinnere mich noch gut daran, wie man früher Werbung betrieben hat: mit Plakaten in Städten, Anzeigen in Zeitungen oder kurzen Werbefilmen vor der *Tagesschau*. Diese Art von Werbung war Steinzeitkommunikation verglichen mit dem, was heute auf

Portalen stattfindet. Die Art der Beeinflussung hat sich extrem verschärft, sie ist viel genauer und so treffsicher geworden, als würde sie mit einem Zielfernrohr auf Konsumenten abgefeuert. Früher haben wir versucht, über auffallende Farben, lustige Geschichten oder einen sehr groß geschriebenen günstigen Preis die Aufmerksamkeit des Käufers zu erlangen – mit Botschaften, die überraschend, besonders originell oder emotional daherkommen sollten. Ein Wert wie »Originalität« ist für die Werbung auf der Plattform nicht gefragt und auch überhaupt nicht mehr notwendig. Die Überwindung der Aufmerksamkeitsschwelle wird heute vom Käufer selbst in einem bemerkenswerten psychologischen Zusammenspiel mit dem Algorithmus erledigt. Es ist, als würde der Nutzer wie beim Blinde-Kuh-Spiel an einem für ihn unsichtbaren Band in die »richtige« Ecke gezogen.

Die größte Pein althergebrachter Werbeversuche waren die sogenannten Streuverluste, also das Schießen mit der Schrotflinte auf die Aufmerksamkeit, die Emotion und das Bedürfnis des Käufers. Konnte er mit dem Werbefilm etwas anfangen oder nicht? Fand er das für ihn zurechtgemachte Bild lustig oder doof? Und vor allem: War es für ihn relevant, betraf es ihn emotional, oder behielt er nichts davon? All dies erledigt heute ein »einfacher« Algorithmus. Eine Einblendung wie »Ihre zuletzt angesehenen Artikel und Empfehlungen, inspiriert durch Ihren Browserverlauf« kombiniert mit Bildern vergangener Beinahe-Kauferlebnisse haben sofort meine volle Aufmerksamkeit. Die Bilder sind für mich auf jeden Fall relevant und auch gleich nah bei meinem Herzen, denn sie erzählen mir ja die Geschichte meiner eigenen Konsumwünsche und wirken wie ein Fototagebuch meiner vergangenen Begehrlichkeiten. Als Selfie-Katalog meiner Wünsche sind sie intim, höchst persönlich – und bekommen deshalb sofort meine ganze ungeteilte Sympathie und Konzentration.

Der Algorithmus, der die Abbilder meiner Konsumgeschichte sammelt und ergänzt, macht sich dabei eine einzigartige psychologische Wirkung zunutze. Er beutet die starke emotionale Kraft der »Erinnerung« aus, die eben aus meinem Inneren kommt und deshalb zutiefst mit mir selbst zu tun hat. Habe ich mich beim letzten Ansehen einer Bluse, eines Oberhemds, eines Buchs, einer kostbaren Flasche Wein noch beherrschen können, habe ich damit bestimmte Erlebnisse verbunden oder bestimmte Wünsche und Ideen die Zukunft betreffend, so löst das mir bekannte Bild beim zweiten oder dritten Mal eine noch größere Faszination und Begehrlichkeit in mir aus. Ich treffe darauf wie auf einen guten alten Freund und muss schon viel Kraft aufbringen, um seinem Lockruf zu widerstehen. Aber selbst, wenn ich ein zweites Mal Nein sage, verfolgen mich diese Bilder, tauchen an ganz unerwarteten Stellen wieder auf. Und irgendwann werde ich der Versuchung einfach nicht mehr widerstehen können. Diese Konsumpsychospiele, die Plattformen mit uns betreiben, sind ein erster Schritt in Richtung jener »Käufervergewaltigung«, die Jonathan Franzen als Verheißung der Digitalkonzerne vorausgesagt hat.[3] Die Vorstellung, dass Google, Amazon und Co. all diese Streifzüge meiner Begehrlichkeiten in ihren Datensammlungen vorhalten und weiter verkaufen, ist nicht nur unangenehm, sie ist obszön, sie verletzt mein Schamgefühl – aber nur, wenn ich mir bewusst mache, was hier im Gange ist.

Eine von den Behörden inzwischen aufgegriffene unlautere Praxis von Amazon ist die eigene Herstellung von Produkten in Konkurrenz zu den auf der Plattform angebotenen Waren. Es ist inzwischen vielfach beklagt worden, dass Amazon Kopien von Markenprodukten anfertigt, die sich gut verkaufen – trotzdem bestreitet der Konzern weiterhin, genau dies zu tun. Produkte, die sich gut verkaufen, werden wahrscheinlich einfach durch Amazon nachgebaut, mit einem besseren Preis versehen und weiter oben auf der eigenen Plattform platziert. Daraufhin gehen die Verkaufszahlen des teureren Originals schnell zurück. Bei den Kopien geht Amazon vermutlich so vor, dass haarscharf an etwaigen

Schutzrechten von Erfindern vorbeikonzipiert wird. Mit Erfolg: Rund ein Drittel aller online gekauften Batterien entfallen inzwischen auf die Marke »Amazon Basics«. Von Tierfutter über Medikamente, Werkzeuge, Gartenmöbel, Fahrräder bis zu Mode- und Kosmetikartikeln ist Amazon darüber hinaus mit Eigenmarken unterwegs, nicht immer, aber oft ziemlich erfolgreich. Hier zeigt sich ein unschlagbarer Vorteil gegenüber allen anderen Herstellern im Markt. Amazon sieht, was Kunden kaufen, hat über sein Portal die besten Marktforschungsdaten zur Hand und nutzt sie moralisch prohibitiv zum Schaden der Anbieter auf seiner eigenen Plattform. Das Angebot eigenproduzierter Waren widerspricht dem Prinzip eines Markts sowie einer Vermittlungsplattform, und es bedeutet für Kleinproduzenten, die ohnehin hohe Prämien an Amazon zahlen, ein hohes Risiko, von heute auf morgen existenzgefährdende Absatzeinbußen hinnehmen zu müssen.

Um den Konsumzwang auf der Plattform noch weiter zu erhöhen, hat Amazon das Prime-Konto erfunden. Amazon Prime kostet 7,99 Euro im Monat oder 69 Euro im Jahr. Der Hauptvorteil der Prime-Nutzer ist der kostenlose und unlimitierte Schnellversand innerhalb eines Werktags nach Bestellung, der inzwischen für einige Produkte sogar auf die Lieferung am Tag der Bestellung verkürzt wurde, sowie die Nutzung von Amazon Prime Video. Das Ziel von Amazon Prime sind mehr Spontankäufe im Netz, weil ihre Lieferung nichts kostet.

Wenn man weiß, welche Logistikschinderei hinter dieser Leistung steckt, wird das Prime-Konto von Amazon zu einem Angriff auf die Menschenwürde. Und wenn man auch nur für einen Moment darüber nachdenkt, was es klimaschutztechnisch bedeutet, wenn jede CD, jeder Parfumflakon, jedes Tablettenröhrchen, jeder Schraubenzieher und jeder Lippenstift einzeln zugestellt wird, müsste man daran verzweifeln, dass wir heute Menschen davon überzeugen wollen, mit der Straßenbahn zu fahren, um das Klima zu schützen. Für den Amazon-Konzern mindert das

Prime-Konto den bisherigen Nachteil von Online-Kaufhäusern, dass ihre Ware nicht sofort sicht- und anfassbar ist. Prime-Konten erziehen zu »All-you-can-buy-Verhalten«. Ich gehe durch Mietshäuser, in denen vor jeder Haustüre ein Berg von Amazon-Verpackungsmüll liegt. Auch der Prime-Service wäre dadurch zu begrenzen, dass man dem $CO_2$, das durch die extrem schnellen Lieferzeiten entsteht, weltweit einen Preis gibt.

Ich gebe zu, ich trauere den analogen Schaufensterdekorationen des alten Elektroladens in meiner Straße nach, wo schon einmal eine alte Perücke neben einem Föhn dekoriert war oder zu Ostern ein Plüschosterhase einen Lockenstab umklammerte. Das ist natürlich pure Nostalgie. Aber für mich läge tatsächlich ein Zugewinn an Freiheit darin, für den Kauf eines Föhns meinem alten Laden einen Besuch abzustatten. Seine Besitzerin hätte mir drei Produkte zur Auswahl gezeigt und mir dann ein zu meiner Haarqualität passendes Gerät ausgehändigt. Aber es muss sehr viele Menschen geben, die das Durchblättern von Listen lieben und für die es keine Verkürzung von Lebenszeit bedeutet, sich für den Kauf eines Föhns, einer Gießkanne, eines Schlagbohrers oder einer Glühbirne ein Wissen anzueignen, das früher eben nur Fachverkäufer hatten.

Wir können damit rechnen, dass wir bald die allermeisten Produkte unseres Alltags nur noch über Plattformen einkaufen können. Damit wird ein erheblicher Zeitraub einhergehen, eine empfindliche Verarmung von Sozialkontakten, eine erhebliche ökologische Belastung, und wir werden bei jedem Kauf Datenwolken hinterlassen. Unsere Profile werden immer glasklarer hinterlegt sein, und wir werden in noch erheblicherem Maße auf unser reines Konsumentendasein reduziert werden. Es wird uns an echter Kommunikation fehlen, an Zeit zum Lesen, zum Kochen, zum Musikhören, zum Ausgehen, zum Spazierengehen, zum In-die-Luft-Gucken. Haben wir Alternativen? Werden sich Gruppen bilden, die die digitale Form der Alltagsbewältigung unterlaufen?

Reicht es aus, sich eine Art privater Verweigerungsstrategie zurechtzulegen? Oder werden wir uns am Ende doch – allein auf dem Sofa – den Bequemlichkeiten der Umsonst-Strategien und der vielgelobten Serviceleistung der Amazon-Plattform ergeben, weil unser Alltag sonst noch aufreibender sein wird? Eine einfache Gießkanne bekomme ich heute in meinem Warenhaus in der Stadt nicht mehr, für eine gute Haushaltsschere muss ich lange nach einem Laden suchen, eine Schlagbohrmaschine gibt es vielleicht noch in einem der wenigen übrig gebliebenen alten Baumärkte weit vor den Toren der Stadt.

Ich habe hier noch nicht über den enormen Platz- und Landschaftsversiegelungsbedarf für neue Amazon-Logistikzentren gesprochen, auch nicht über die Emissionen und den Platzbedarf der neuen Airbus- und Sattelschlepperflotten der Firma Amazon in unseren Lüften und auf unseren Straßen. Die Techniken der Plattformbetreiber greifen massiv in unsere Lebensform ein, ihre Technologien führen zu bedeutenden Veränderungen in unserem Alltagsleben, ohne dass darüber bisher breit diskutiert worden wäre, und sie beuten unser Online-Verhalten in einer noch nie dagewesenen Intransparenz für ihre eigenen Profite aus. Auch verändern sie in empfindlicher Manier die Geldströme eines Staats und seiner Gesellschaft sowie ihre markt- und wettbewerbliche Organisation. In dieser Zusammenschau kann man nicht mehr behaupten, dass digitale Technologien politisch neutral wären.

## Umsonst-Strategien

Am 31. Mai 2009 eröffnete der damalige Google-Chef Eric Schmidt die bekannte D9-Digitalkonferenz in Los Angeles. Auf die Frage, was er als seine wichtigste Aufgabe für die nächsten Jahre betrachte, antwortete er, seine größte Sorge sei die »Balkanisierung des Internets«. Dieser Zustand müsse unbedingt verhindert werden. Mit »Balkanisierung« meinte Schmidt die Aufteilung des Netzes in verschiedene nationale oder regionale Zonen durch staatliche Regulierung. Ein im amerikanischen Senat damals diskutierter Vorschlag lautete, durch Installierung eines Filters zur Verhinderung von Urheberrechtsverletzungen bestimmte Zugriffe auf Google zu blockieren. »Bislang haben wir ein gemeinsames Internet bis auf China«, sagte Schmidt damals, »ich befürchte, dass wir irgendwann einen Zustand haben werden, bei dem jedes Land sein eigenes Internet hat.« Die von einem republikanischen Senator vorgeschlagene Initiative, Google zu regulieren und in regionale Zonen aufzuteilen, wurde nie realisiert, und doch taugt diese Begebenheit, um sich noch einmal vor Augen zu führen, zu welch drastischen Einhegungen ihrer eigenen Digitalwirtschaft amerikanische Senatoren noch vor gut 10 Jahren bereit waren. Heute kann auf Google nach wie vor aus allen Ländern der Welt außer China zugegriffen werden. Und in einem Geheimprojekt des Konzerns wurde kürzlich wieder einmal erwogen, selbst diese Grenze durch die Gründung eines eigenen, vom chinesischen Staat geduldeten »Google-China« aufzulösen. Der weltweite Zugriff auf alle Google-Anwendungen ist so etwas wie die Existenzbedingung für den Konzern.

Noch ein anderes Detail aus Eric Schmidts Ausführungen bei der D9-Konferenz überrascht: Selbstkritisch und ohne jede kartellrechtliche Scheu bedauerte Schmidt damals die verpasste Gelegenheit, mit dem sozialen Netzwerk Facebook zusammenzugehen. »Wir haben uns enorm bemüht, uns mit Facebook zusammenzutun«, sagte er, aber Facebook habe ein Zusammengehen stets abgelehnt. Man stelle sich heute vor, Google und Facebook wären damals *ein* Konzern geworden. Wir hätten es heute mit einem Koloss von bald 1,5 Billionen Dollar Marktkapitalisierung zu tun, einem Unternehmen, das über eine noch unvorstellbarere Masse an Daten verfügte, als es bei den beiden getrennt agierenden Unternehmen der Fall ist. Aber wer schließt einen solchen

Fall eigentlich für die Zukunft aus? Und wer kann überprüfen, ob die beiden Konzerne ihre Daten nicht ohnehin schon gemeinsam nutzen?

Weitere unsensible Äußerungen von Eric Schmidt zum Thema Datenschutz sind überliefert. In Europa sei man besonders empfindlich, was die Sphäre des Datenschutzes angehe, hat Schmidt oft bemerkt, dabei sei doch die Benutzung von Google Mail die beste Datenschutzmaßnahme, die man ergreifen könne.»Wenn es etwas gibt, von dem sie nicht wollen, dass es jemand erfährt, vielleicht sollten sie es dann einfach nicht tun,« sagte Schmidt in einem Fernsehinterview. Als junger Informatikstudent in Berkeley habe er keinen einzigen Gedanken an Datenmissbrauch verschwendet. Und noch im Herbst 2017 ließ er sich auf einer Konferenz mit dem unverfrorenen Satz zitieren:»Datensicherheit erzeuge ich nicht durch eine Firewall, Datensicherheit ist ein Lifestyle.« Zu dieser Behauptung, der Google-Nutzern eine Selbstverantwortung für den Schutz ihrer Daten zuweist, ist anzumerken: Jeder Nahrungsmittelproduzent ist für die Unschädlichkeit seiner Produkte verantwortlich, jeder Automobilhersteller für die Sicherheit seiner Fahrzeuge, nur Google und die anderen Firmen der amerikanischen Datenwirtschaft lehnen nach wie vor jede Verantwortung für die Sicherheit ihrer Angebote ab.

Zwar fielen Datenschutz- und Urheberrechtsverletzungen von Google schon früh auf, aber niemand schritt gegen die damaligen Start-ups ein. Man rechnete weder mit ihrem Wachstum noch mit ihrer wirtschaftlichen Potenz, schließlich boten sie doch alles umsonst an – eine solche Firma konnte sich niemals rechnen, glaubte man. Alles änderte sich bei Google, als Google Ads, also die als Werbung gekennzeichneten Anzeigen in den Ergebnislisten, im Jahr 2006 mit dem für den Konzern extrem lukrativen Pay-per-click-System kostenpflichtig gestellt wurden. Dass diese verdrehte Art eines Geschäftsmodells so erfolgreich werden konnte, hielt niemand für möglich. Im Grunde war es ein Mangel an Fantasie auf Seiten der Regulierer und der Politik, die diesem Prinzip schon früh einen Riegel hätten vorschieben müssen. Im Jahr 2012 führte Google das Pay-per-click-System auch für Youtube ein – womit der Angriff auf den Fernsehwerbemarkt auch für die Google-Tochter sehr erfolgreich gestartet wurde.

Standort des Hauptquartiers der Firma Google ist die Kleinstadt Mountain View im Herzen des Silicon Valley. Ihren Namen verdankt sie dem Blick auf die Santa Cruz Mountains, also einigen Hügeln, die kein besonderes Gebirge darstellen. In der Nähe hatte einst Alfred Hitchcock sein Haus, und die Gegend war in den sechziger und siebziger Jahren ein Ort der Gegenkultur, in der die Schriftsteller Allen Ginsberg, Tom Wolfe und Hunter S. Thompson berühmt-berüchtigte LSD-Partys feierten. Davon ist heute nichts mehr zu spüren. Die wichtigste Sehenswürdigkeit der Stadt Mountain View ist der Google-Campus, Googleplex genannt, am Rande der Stadt, in der Nähe der San Francisco Bay gelegen. Ursprünglich der Firmensitz des Computerherstellers Silicon Graphics, ist die Google-Residenz inzwischen massiv erweitert worden und erstreckt sich über eine Fläche von 185 806 Quadratmetern. Abgesehen von diesem riesigen Areal, in das 26 Fußballfelder hineinpassen, verzichtet Google auf die übliche Beeindruckungsarchitektur eines Großkonzerns. Der Campus verströmt eine unaufgeregte, von zahlreichen Flachbauten und vielen Grünflächen durchzogene Atmosphäre.

Nachdem ich dem Googleplex im Jahr 2016 einen Besuch abgestattet hatte, wusste ich einige Wochen lang nicht, was ich von diesem Unternehmen halten sollte. Einen Tag lang hatte ich den Managern zugehört, hatte das eiförmige Google-Car herumfahren sehen, aber nichts erfahren über das, was der Konzern technologisch oder unternehmerisch eigentlich vorhatte. Stattdessen wurde über die harte Auswahl von Bewerbern gesprochen, die bei Google nicht nur schwierige Mathematikaufgaben zu lösen hätten, sondern auch durch einen langen Gesprächsparcours mit einer Vielzahl von Beurteilenden geschickt würden. Nicht allein auf technologische Raffinesse käme es an, nicht nur die besten »Coder« wolle man einsammeln, jeder Kandidat müsse einfach in die spezifische Google-Kultur hineinpassen – das sei das Wichtigste, hieß es immer wieder.

Nun gibt es keine Firma der Welt, die nicht von sich behauptet, sie hätte eine ganz eigene Kultur, aber bei den Google-Protagonisten hatte diese »Kulturarie« schon ein auffallendes Gewicht. Die wichtigste Eigenschaft einer Google-Führungskraft sei »Smartness«, bekam ich von den Vertretern der Konzernspitze zu hören. Dies ist auch das einzige Wort, das ich über den ganzen Tag lang in meinem Notizbuch notiert habe: Smartness! Auch auf Nachfrage wurde mir nicht klar, was darunter bei Google zu verstehen war.

»Smartness« ist ein Begriff, der mich schon lange ärgert, weil er eines jener vagen, scheinbar vielsagenden und gleichzeitig nichtssagenden Unwörter der digital-rhetorischen Verseuchung ist, die uns seit einigen Jahren heimsuchen. Man könnte »smart« einfach mit »digital« übersetzen, aber es soll mehr mitschwingen, wenn dieses Wort benutzt wird. Wenn ich versuche, mir »Smartness« präzise zu übersetzen, dann fällt mir eine Kombination aus Intelligenz und Cleverness ein – eine Schläue, mit der man jemand gerne auch mal über den Tisch zieht. Auf jeden Fall schwingt ein Aspekt der Täuschung mit, eine ganz leicht zur Schädigung anderer neigende Schlitzohrigkeit. Inzwischen erkläre ich es mir so: Wo immer die Wörter »smart« oder »Smartness« auftaucht, sollte man es als freundliche Metapher für digitale Ausbeutung verstehen.

Der Duktus der Google-Repräsentanten in Mountain View blieb durchweg seltsam unklar. Auf eine geheimnisheischende Art und Weise kreisten ihre Vorträge um den Auftrag und das Verständnis von »Search« als Berufung und quasi missionarischer Auftrag der Google-Gründer. Alle Ausführungen zu Larry Page und Sergey

Brin hatten etwas sektenartig Unterwürfiges an sich. Was genau mit ihrem missionarischen Auftrag gemeint war, wurde nicht weiter erläutert. Überhaupt sprach niemand über konkrete Innovationen oder Projekte, also begann ich, darüber nachzudenken, welche weiteren Möglichkeiten für Google eigentlich auf dem Feld der »Suche« bestanden.

Für eine Geisteswissenschaftlerin ruft der Begriff sofort Assoziationen hervor, denn er ist ja durch die Schriften der Romantik tief und nachhaltig besetzt. Die Romantiker verstanden unter der Suche die ewige Erkundung von hinter der Vernunft liegenden Gefühlen, Leidenschaften und Ideen, die Hingebung an etwas ganz und gar Antirationales, das sie in Abkehr von den Zielen der Aufklärung als grundsätzliches Lebensziel betrachteten. Sie waren also auf einem ganz und gar anderen Pfad unterwegs, als es das Konzept einer Suchmaschine nahelegt, die in Millisekunden und auf Knopfdruck mit einer »Ergebnis«-Liste für einen bestimmten Begriff aufwartet. Genau dieser Sachverhalt und diese Diskrepanz lösen ja auch das Gefühl der kolossalen Enttäuschung aus, das einen immer dann befällt, wenn jemand während einer Unterhaltung, in der eine Frage auftaucht, sein Handy zur Hand nimmt und bei Google nachschaut.

Jede Google-Suche wirft eine Sammlung, eine Art Synonymklumpen aus, ein Sammelsurium von existierenden Überschriften, von willkürlichen Zusammenhängen, die wahrscheinlich durch einen Algorithmus entlang meiner früheren Klicksignale sortiert worden sind. Die Eingabe des Worts »Suche« beginnt auf meinem Handy beispielsweise mit dem Wikipedia-Eintrag für »Suche«, darunter folgen recht schnell Ebay- und Gebraucht-Pkw-Anzeigen und schließlich Angebote zur Ahnenforschung und zur »Partnersuche«. Die romantische Suche ist das genaue Gegenteil dieser Suchfunktion und schon gar dieser Ergebnisliste.

Vorstellbar ist für Google eine durch Quanten-Computing nach noch viel feineren Kriterien zusammengestellte persönliche

Ergebnisliste zu jeder Suchanfrage. Mit Quanten-Computing könnten noch deutlich mehr Daten in noch schnellerer Zeit ausgewertet werden und so meine Zugriffswahrscheinlichkeit auf die Suchergebnisse stärker erhöht und dementsprechend Werbegelder gesteigert werden. Kein Wort dazu auf dem Google-Campus, kein Gedanke über die Fortentwicklung der Google-Suchmaschine durch künstliche Intelligenz, keinen Satz über die Echtzeitanalyse meiner Tastenbetätigung durch Algorithmen, nichts über Deep Mind oder über all das, was bei Google mit fortgeschrittenen Anwendungen von Quanten-Computing möglich sein wird.

Mit einer philosophischen Suche wird Google natürlich auch in der Zukunft rein gar nichts zu tun haben. In geheimnisvoller Art und Weise über das Konzept von »Search« und eine Suchmaschine zu sprechen, ist ein schöner Marketing-Gag. Er mystifiziert das, was Google-Suchen erbringen: eine Liste von Texten, Bildern, Werbeanzeigen und Filmen, deren Einträge von Werbetreibenden für mich bezahlt worden sind. Mit den früheren Lexikonartikeln, die erst von Universalgelehrten, dann von Experten für bestimmte Themenbereiche geschrieben wurden, hat eine Google-Ergebnisliste nichts mehr zu tun. Die Google-Suchmaschine ist eine Schaufensterpuppe von Suche und Wissen, keine Sammlung derselben. Seit einem Vierteljahrhundert ist dies nun schon das Geschäftsprinzip und der Milliarden-Ergebnisbringer von Google – kein anderes größeres, vollständig neues Business ist seither dazu addiert worden. Man hat mehreres versucht, beispielsweise Google Glass oder Google TV, auch die Entwicklung eines Smartphones. Aber höchst erfolgreich war man vor allem mit Produkten, die auf dem Prinzip der Suchmaschine fußten, beispielsweise Google Maps oder Google Earth.

Die wichtigste Grundlage für den Gewinn von Google sind seit vielen Jahren die Umsonst-Funktionen des Google-Betriebssystems Android und des Webbrowsers Chrome. Mit diesen Instrumenten gelingt es Google, möglichst viele und immer mehr Werbefelder auf praktisch jedes elektronische Gerät zu bringen. Dazu kommen die Apps. Aufgrund dieser vermeintlich unentgeltlichen, für Nutzer unvermeidbaren Einfallstore sitzt Google auf der Schwelle aller Smartphone-Bewegungen und erntet dort Jahr für Jahr seine massiven Werbegewinne ab. Diese stellen weiterhin rund 90 Prozent der Erträge des Konzerns dar.

Fast jede Firma, die im Silicon Valley etwas auf sich hält, lädt einmal im Jahr zu einer großen Innovationsshow ein. Es sind Novitätenpräsentationen im Stil säkularer Gottesdienste, und sie wurden zuerst nur bei Apple abgehalten. Steve Jobs ist der Erfinder jener Feierlichkeiten, auf die ein großer Teil der Internetgemeinde jährlich hinfiebert. Wie in der Kirche geht es zu, es gibt einen Altar, einen Prediger sowie eine »tiefer gesetzte« und zu Lobgesängen aufgelegte Gemeinde, dazu ein paar Stückchen Brot vom Leib des Heilands. Die gesegneten Brotkrumen sind »Werbegeschenke«, die sich Google im Lauf eines Jahres zur Optimierung ihrer Smartphone-Software Android überlegt hat, um seine Nutzer bei Laune zu halten. Seit 10 Jahren, lädt Google jährlich im Mai zu seiner sogenannten »Entwicklerkonferenz« ein. In einem Freilufttheater in der Nähe des Firmensitzes empfängt der indischstämmige Google-Chef Sundar Pichai dafür genau fünftausend Gäste, vor allem IT-Entwickler.

Die Google-Konferenz im Mai 2019 eröffnete Pichai mit sanfter Stimme und einem Hinweis auf das schöne Wetter in Kalifornien. In sportlichem »Low-key-Outfit« trug er die Mission des Konzerns feierlich vor: »Wir organisieren die Informationen der Welt, damit sie für alle Menschen zugänglich und hilfreich werden.«[4] Während der Chef auf der Bühne hin- und herlief, zog ein kleines Propellerflugzeug mit entschiedenem Lärm über dem Veranstaltungsort seine Kreise. Ein Banner flatterte hinter dem Flugzeug her, auf dem zu lesen war: »Google-Kontrolle ist das Gegenteil von Privatsphäre.« Pichai versuchte, sich vom Fluglärm nicht beirren zu lassen, er bescherte seinem Publikum an diesem Tag so viele neue Smartphone-Geschenke wie niemals zuvor. Seine Rede war durchsetzt von feierlichen Modulationen der Konzernmission: »Google ist immer hilfreich für dich, für die kleinen und großen Momente deines Lebens, während deines gesamten Tagesablaufs; Google will versuchen, die Dinge immer noch ein bisschen besser für Dich zu machen, mit Produkten die auf Kundenvertrauen und dem Schutz der Privatsphäre aufgebaut sind, … mit Google als Partner, der seine tiefe Verantwortung für die Verbesserung des Lebens aller Menschen spürt und dafür jeden Tag seiner Arbeit nachgeht …«

Als normal gebildeter Westeuropäer kann man so viel Selbstbeweihräucherung und Pathos kaum ertragen. Das dauernde Selbstlob, die vollkommene Ignoranz gegenüber Googles offensichtlichen Problemen mit dem Datenschutz und der Wahrung der Privatsphäre, die vernebelnde, selbstgerechte und klischeehafte Sprache – all dies ist nicht nur übertrieben, sondern für ein Unternehmen von Googles Größe und Weltbedeutung einfach inadäquat. Den größten Teil von Googles Innovationskonferenz machen stets die Vorführungen der neuen Umsonst-Anwendungen aus, die von den Zuschauern mit tosendem Beifall quittiert werden. Im Mai 2019 ging es um die automatische Textvervollständigung ganzer E-Mails, um 3-D-Fotografie, um Sprach- und Gesichtserkennung durch das Handy und eine neue Multitasking-Funktion, bei der man auf mehreren Unterbildschirmen gleichzeitig Filme anschauen, ein Spiel spielen und eine Nachricht absenden kann.

Hört man den Präsentationen zu, geht es immer um Lebenshilfe, um Googles Unterstützung der Menschheit in ihrem »alltäglichen Lebenskampf«. Diese Heuchelei ist kaum zu ertragen. Denn selbstverständlich haben alle Umsonst-Zugaben nur ein Ziel: Sie sollen Google helfen, die Screen-Time zu verlängern und gleichzeitig an noch mehr Daten seiner Nutzer zu gelangen. Google ist kein Hersteller von Smartphones – auf diese Idee könnte man bei diesen Konferenzen jedoch kommen, bei denen über Stunden ein Smartphone im Großformat das »Altarbild« darstellt. Wohl aber liefert Google kostenlos das Betriebssystem Android, dessen Marktanteil inzwischen bei knapp 90 Prozent liegt. Um mehr Werbegeld zu erlösen muss die Suchmaschine mehr persönliche Nutzerdaten ausspucken. Dafür müssen die sogenannten »Engagement-Raten« der Smartphone-Benutzer durch immer neue technische Tricks gesteigert werden. Eine möglichst hohe Engagement-Rate oder Zugriffsrate ist das wichtigste Ziel eines hochbezahlten Algorithmikers bei Google, genau wie bei allen anderen Datenkonzernen. Danach wird er bezahlt, und danach richten sich auch seine Karrierechancen.[5] Die Steigerung von Engagement-Raten ist nichts anderes als die Steigerung des Suchtfaktors der Nutzer. Google und Co. werden heute als Spitze der Hightech-Unternehmen der Welt eingeordnet, nur deshalb erreichen sie so hohe Börsenbewertungen. Dabei besteht ihr Geschäftsmodell aus dem erfolgreichen Versuch, das Leben der Menschheit auf ein Reiz-Reaktionsschema zu reduzieren. Man kann sagen, dass jede Werbung das früher auch schon versucht hat. Ich bin geneigt, der Werbung früherer Zeiten noch einen Rest von Menschlichkeit zuzuschreiben, weil sie narrativ war, weil sie zuweilen Witz hatte. In jedem Fall war sie in ihrer Wirkung unspezifischer und ließ dem Konsumenten die Chance, sie einfach zu ignorieren. Das ist mit unseren Smartphones und dank Google und Co. nun nicht mehr möglich.

Die Preisfunktion ist eine der wesentlichen Grundlagen der Wirtschaft, seit es sie gibt. Ein Preis informiert über den Wert einer Ware, ihre Herstellungskosten, ihre Knappheit und die Nachfrage nach einem Gut oder einer Leistung. Der Preis erzieht sowohl die Produzenten als auch die Konsumenten, mit einem Gut sorgsam und sparsam umzugehen, sei es ein Rohstoff, der als Grundlage dient oder das fertige Produkt. Preiserhöhungen signalisieren, dass das Warenangebot zur Bedienung der herrschenden Nachfrage knapp ist, Preissenkungen signalisieren einen Überfluss an Ware. Die Preisfunktion ist eine grundlegende Garantie für einen funktionierenden Wettbewerb und einen sorgsamen Umgang mit Ressourcen. Eine Ware oder eine Leistung umsonst abzugeben, eine Ware, die noch dazu kein Limit hat, setzt ein wettbewerbliches Wirtschaftssystem im Grunde außer Kraft, denn eine Umsonst-Strategie bedeutet den Tod des Wettbewerbs um Kunden durch gute und preiswürdige Produkte und Dienstleistungen. Und nicht zuletzt sind Umsonst-Strategien das falsche Signal zum Schutz unserer Erde.

Ein erstes großes Opfer der Umsonst-Strategien der Plattformen bieten die Zeitungen und Verlage für Printmedien überall auf der Welt. Sie sind zum Teil selbst schuld an ihrem Untergang, der mit Macht begonnen hat und uns hoffentlich noch ein paar wenige wichtige Printmedien übrig lassen wird. Die Fehleinschätzung der Verlage lag in ihrer Hoffnung, sie würden sich über die Online-Werbung in ihren eigenen Medien weiter finanzieren können. Deshalb schenkten sie den Plattformen ihre gesamten Inhalte. Dass Online-Werbung ein ganz anderes, viel geringmargigeres Geschäft ist, dass es so etwas wie eine ganzseitige Werbeanzeige in der Online-Welt gar nicht gibt und auch nie geben wird, dass die Plattformen selbst den »Rahm« der Werbung auf ganz andere Weise abschöpfen würden, realisierten sie zu spät. Die Rechnung der Zeitungsverleger ist nicht aufgegangen. Mancher von ihnen versucht, im Plattformmarkt Fuß zu fassen, dem Burda-Verlag beispielsweise gehören ein Partnerportal und ein Portal für Kleintiernahrung. Ihre alten Zeitungen und Magazine haben sie der übrigen Online-Welt buchstäblich zum Fraß vorgeworfen, in ihren Inhalten wie auch in ihrem Präsentationsstil.

Hinter dem Vorhang der Umsonst-Angebote halten alle GAFA-Konzerne ein anderes lukratives Geschäftsmodell in Gang. Jeden meiner Klicks verkaufen sie hundertfach. Je mehr sie ihre Dienste ausweiten, je mehr Umsonst-Gimmicks sie erfinden, desto mehr Wettbewerb und damit gesunde Wirtschaft werden sie vernichten – solange, bis alles Wirtschaften von den GAFA-Monopolen übernommen worden und jeder alte und normal bezahlte Arbeitsplatz verschwunden ist. Wer jetzt denkt, dies sei eine übertriebene Vorhersage, weil doch nicht alle Waren der Welt umsonst zu haben sein werden, dem seien zwei Beispiele ans Herz gelegt.

Eine »intelligente« Gin-Flasche als Geschenk, in die ein billiger Sensor eingebaut ist, der seine Daten über den Leerstand der Flasche an Google, Amazon oder Facebook zurückspielt, könnte jedem Spirituosenhersteller etwas Wichtiges über das Verhalten der Gin-Trinker verraten. Die Informationen könnte der Spirituosenhersteller gleichzeitig an Arbeitgeber oder Sozialämter oder Arbeitsagenturen verkaufen, die ihre Personalarbeit und ihre Gehaltsbuchhaltung darauf einstellen könnten.[6] Eine smarte Zahnbürste, die in Zukunft sehr wahrscheinlich ebenfalls umsonst verteilt werden wird, kann direkt mit einer Krankenversicherung vernetzt werden, um Menschen mehr für ihre Zahnreparatur zahlen zu lassen, wenn es genug Belege für die Mangelhaftigkeit ihrer Zahnhygiene gibt.

Shoshana Zuboff spricht von einem Netzwerk von Nötigungen, das um uns herum aufgebaut wird, ich nenne es ein Umsonst-Paradies, das die Marktwirtschaft, so wie wir sie kennen, vollständig und mit einem freundlichen Gesicht vernichten wird. Durch die Ketten von Vermittlerdiensten, die solchen Systemen zugrunde liegen, durch die Querfinanzierung von allem mit allem werden am Ende keine sinnvollen Preisfunktionen mehr aufzustellen sein. Es wird ähnlich kommen, wie es sich schon in der Finanzwirtschaft vollzogen hat mit ihren unendlichen und undurchsichtigen Ketten von Derivaten auf ein einziges sogenanntes Asset. Den Digitalkonzernen kann das nur recht sein, denn sie sitzen wie die Spinne im Netz, und ihre Leistung wird durch die Abhängigkeit aller anderen von ihrer Vermittlerfunktion auf jeden Fall gezahlt.

# Die Convenience-Formel

Als Nomaden werden traditionell Menschen bezeichnet, die – zumeist aus ökonomischen Gründen – eine nichtsesshafte Lebensweise führen. Sie sind zu Wanderungsbewegungen aufgrund klimatischer Bedingungen oder infolge von Tierwanderungen gezwungen, um ihren Lebensunterhalt sicherzustellen. Nomaden leben gewöhnlich in Gegenden, die so trocken, kalt, heiß oder unfruchtbar sind, dass dauerhafter Ackerbau nicht möglich ist. Die Gebiete, in denen sie leben und umherziehen, sind Steppen, Prärien oder Wüsten. Das Leben der Nomaden – unter ihnen beispielsweise die Tuareg in der Sahara oder der Sahelzone, die Beduinen in den arabischen Wüsten, die Massai in Ostafrika oder die Berber in Nordafrika – ist äußerst entbehrungsreich. Von manchen wird es als »primitiv«, als nicht zivilisiert oder als ärmlich bezeichnet, was nicht zutrifft. Starke Sonnenexposition, Nahrungs- und Trinkwassermangel, heftige Temperaturschwankungen, extreme Lufttrockenheit, Wegelosigkeit und Einsamkeit sind einige der Lebensbedingungen, die Nomaden bewältigen müssen.

Menschen müssen ihre Körpertemperatur zwischen 36 und 37,5 Grad Celsius stabil halten. Zwischen 33 und 42 Grad Celsius ist eine Temperaturregulation des Körpers möglich, außerhalb dieser Grenzen gibt es keine normale Zellfunktion mehr – ein unbekleideter Mensch überlebt einen Tag in der Zentralsahara nicht. Nomaden verhüllen sich bis auf ihre Augen und verbringen große Teile des Tages unter einem dunklen, lichtundurchlässigen Zeltdach, das sie immer mit sich führen und mithilfe von ein paar Stöcken überall rasch aufschlagen können. Sie wissen, wo es sich lohnt, nach Wasser zu graben, sammeln die spärlichen Pflanzen der Wüste, pflegen ihre Tierherden und ziehen mit ihnen von Oase zu Oase.

In der Entwicklungsgeschichte der Menschen wird der Nomadismus als jene Existenz- und Wirtschaftsform eingeordnet, die als einzige in der Lage ist, auch in den kärgsten Teilen der Erde zu überleben. Ein wesentlicher Grundsatz des ursprünglichen nomadischen Lebens war und ist, dass die wandernd umherziehenden Hirten ihre vorübergehenden Aufenthaltsorte so verlassen, wie sie sie vorgefunden haben, also ohne Rückstände und ohne die Ausbeutung der Böden in einer Art, die eine Wiederkehr anderer Stämme oder desselben Trecks an denselben Lagerplatz unmöglich machen würde.

Inzwischen werden Leser bemerkt haben, dass ich über die ursprünglichen Nomaden hier erzähle, um sie von den modernen Lifestyle-Nomaden des 21. Jahrhunderts abzusetzen. Moderne Wanderer verlassen ihre »Weideplätze« nie so, wie sie sie vorgefunden haben. Ich wundere mich, wie raumgreifend man Zeitungen zerknüllen, leere Plastikflaschen kunstvoll verdrehen, alle Arten von Rastplätzen verlassen kann. Da ich viel Bahn fahre und häufig umsteige, finde ich davon reichlich um meine Zugsessel herum verteilt, dazu vergessene Mülltüten, schon lange ausgeleerte Kaffeebecher, leere Bierflaschen, benutzte Servietten oder Taschentücher, allerhand andere Nahrungscontainer, Apfelkitschen, diverse Zettel, Hefte, zerlesene Zeitschriften. Inzwischen schickt die Deutsche Bahn Niedriglohnbeschäftigte mit riesigen Müllbeuteln durch die Züge, um Sitzplätze, die auf einer langen Fahrt zwei- oder dreimal verkauft werden, zu säubern. Wir haben uns noch nicht wie in Japan üblich angewöhnt, kleine persönliche Mülltüten den ganzen Tag über mit uns herumzutragen.

Ganz im Gegenteil zum ursprünglichen Leben der Nomaden führt das moderne Reiseleben geradewegs zu einem Überschuss an Rückständen und Resten an Zurückgelassenem, an Ressourcenverbrauch und Konsummüll. Als Symbol eines modernen Lebenswandels ist der Nomade im globalen Norden schon seit einiger Zeit so beliebt wie niemals zuvor. Ein nomadisches Leben gilt heute als Lifestyle-Emblem.[7] Vertreter ganz unterschiedlicher Milieus beziehen sich auf den Nomadismus: Die Varianten gehen von Künstlern, die sich früh mit Nomaden identifizierten, über den Medienbereich bis zu Unternehmern, Managern oder den IT-Stars des Silicon Valley. Auch sogenannte »Aussteiger« bezeichnen sich gerne als moderne Nomaden. Schließlich ist das Nomadische ebenso im Design wie in der Mode populär geworden und inzwischen sogar im arbeitenden Mittelstand angekommen.[8] Bei vielen Europäern wecken die Ursprungsnomaden immer noch ziemlich romantische Vorstellungen. Der romantischen Verklärung lag jedoch von Anfang an eine Fehlannahme zugrunde, die man sich allenfalls mit dem literarischen Bild des verhältnismäßig begüterten Wanderer-Gentlemans des 19. Jahrhundert oder den Märchen aus *Tausendundeiner Nacht* erklären kann.

Entgegen prunkvollen Märchenbildern sind Hirtennomaden immer ein Vorbild an enthaltsamer, extrem flexibler Lebensweise sowie nachhaltiger Mobilität gewesen. Der Unterschied zum Leben moderner Jetset-Nomaden, die inzwischen die Illustrierten der ganzen Welt bevölkern, könnte nicht größer sein: Sie fliegen für eine Produktvorstellung, ein Konzert, eine Filmpremiere, ein Fußballspiel, eine Angebotspräsentation, ein Meeting, eine Konferenz, eine Party oder eine Modenschau um die halbe Welt, führen ein Leben ohne Mangel an irdischen Gütern. Während Rentnerinnen ihre Brottüten aufbewahren und mehrfach benutzen, gebrauchen Vielreisende oft kein Ding ihres Alltags ein zweites Mal. Mit der ursprünglichen Existenz umherziehender Hirten hat das Leben der postmodernen Lebens- und Arbeitsnomaden nichts mehr zu tun. Das Einzige, was sie mit den traditionellen Vorbildern teilen, ist allenfalls die Einsamkeit.

Auch der Mobilitätsaspekt stellt höchstens theoretisch eine Parallele dar. Für die ursprünglichen Nomaden war Mobilität weder eine touristische Angelegenheit, noch ging es um Wohlfühlaspekte oder um eine ständige Bewegung von A nach B. Nomadische Wanderungen geschahen langsam und bedacht, sie waren mit der genauen Erkundung der Gegebenheiten am neuen Ort verbunden. Und sie hatten einen existenziellen Sinn, denn sie erschlossen unmittelbar überlebenswichtige Nahrung und Ressourcen. Mit den Langstreckenflügen von heute, mit Senator-Karten oder mit dem Leben auf verschiedenen Kontinenten, haben sie nichts gemein, mit einem Unterwegssein als Selbstdarstellungsmedium ebenso wenig. Die Entwicklung der traditionellen und der sogenannten modernen Nomaden des Westens verlief denn auch in den letzten Jahrzehnten diametral unterschiedlich: »Während sich die Lebensbedingungen für Hirtennomaden infolge offener politischer Diskriminierung und struktureller Benachteiligung, von Landkonflikten, sich wandelnden ökonomischen Rahmenbedingungen und des Klimawandels verschlechtert haben, entwickelte sich der Nomadismus im globalen Norden – und insbesondere in (West-)Europa im selben Zeitraum zu einem wichtigen Referenzpunkt. Verkürzt dargestellt gehören letztere zu den Gewinnern, erstere zu den Verlierern der globalen Welt und ihrer Wirtschaft.«[9]

Als menschliches Modernitätsideal auserkoren wurde der Nomadismus übrigens vor einem ganz anderen Hintergrund. Seine Schöpfer sahen den Nomaden als Symbolfigur eines nationalstaatlich ungebundenen und deshalb potenziell subversiven und kulturkritisch eingestellten modernen Menschen. Es waren die beiden französischen Philosophen Gilles Deleuze und Félix Guattari, die den Nomaden in den achtziger Jahren als Ideal von Mobilität, Flexibilität, Grenzüberschreitung und vor allem von Nonkonformismus »erschaffen« haben. In ihrem prägenden Werk *Tausend Plateaus. Kapitalismus und Schizophrenie*[10] konstruierten sie ihn als neue Wunschfigur einer modernen Welt. Allein als statusunabhängiger Nomade kann der moderne Mensch ihrer Auffassung nach das Potenzial entwickeln, gegen hegemoniale und statisch aufgeladene gesellschaftliche Machtstrukturen zu agieren. Revolutionäre Potenz wurde dem Nomaden auch deshalb zugeschrieben, weil er die ständige Grenzüberschreitung gewohnt war und damit ein hohes Maß an Bewegungsfreiheit und Unabhängigkeit – räumlich wie geistig – zu seinen Persönlichkeitsmerkmalen zählte.

Die von Deleuze und Guattari entwickelte philosophische Lesart der nomadischen Existenz hat sich dem realen modernen Nomaden in keiner Weise eingeschrieben.[11] Sie war immer ein Ideal, eine theoretische Figur, eine Möglichkeit. Realexistierende mobile Menschen sind heute weder kritischer noch rebellischer, was die Strukturen unserer Gesellschaft angeht, als sesshafte Menschen es sind. Die Industrie hat sie allerdings als lukrative Kundengruppe und Trendsetter erkannt und versorgt sie mit sogenannten »Convenience-Produkten«, also scheinbar lebenserleichternden Dingen oder Diensten. Schärfer ausgedrückt will die versorgende Industrie, dass moderne Nomaden sich ohne Convenience-Produkte hilflos fühlen, und sie hat sie inzwischen so konditioniert, dass ihnen ihr Leben ohne diese Dinge und Dienste nicht mehr organisationsfähig erscheint.

Das Mobiltelefon und der Kaffeebecher sind zu zentralen Symbolen modernen Nomadentums geworden, aber es gibt inzwischen kein Nahrungsmittel und keinen Gegenstand des täglichen Lebens mehr, der noch nicht als »To-go-Artikel« verfügbar geworden ist – vom frischen Sushi-Tablett über die chinesische Nudelbox bis zur Einzelportion Zahnpasta oder Shampoo, dem Einmal-Schuhputzset, dem Kopfhörer, dem Reise-Organizer in Steingrau, der aufblasbaren Nackenstütze mit Fellimitat für unterwegs. Ich habe lange zu verstehen versucht, woher der Convenience-Wahn in unserem Warenangebot eigentlich kommt. Ich stehe vor Körben mit Einmalrasierschaum, Miniwegwerffeuchttüchern, einem Reiseset mit zehn Minibadedüften, einem Nageletui en miniature, das kein erwachsener Mensch benutzen kann, oder einem Eau de Toilette in Reisegröße für sagenhafte 60 Euro und frage mich: für wen? Wahrscheinlich hat diesen Produkten das moderne Nomadentum zum Durchbruch verholfen. Es könnte allerdings auch so sein, dass die Convenience-Strategien der Wirtschaft das moderne Nomadentum erst hervorgebracht haben. Und weiterhin könnte es sein, dass dies mit dem Reisen an sich gar nichts mehr zu tun hat.

Der zentrale Gegenstand, den moderne Nomaden benötigen, um ihr Leben an den verschiedensten Orten der Welt so zu führen, als seien sie gar nicht weggefahren, ist das Smartphone: die digitale Nabelschnur nach Hause oder ins Büro und das begehrteste Zerstreuungs- und Unterhaltungstool, das die Menschheit je hatte. Die Datenströme, die von internetfähigen Geräten ausgelöst werden, verbrauchen inzwischen jährlich rund 10 Prozent des weltweit erzeugten Stroms. Da sowohl die Zahl wie die Leistungsfähigkeit von Smartphones zunimmt, wird der Stromverbrauch für diese Geräte weiter steigen. Der $CO_2$-Ausstoß durch Internetnutzung hatte im Jahr 2015 bereits den des gesamten privaten Flugverkehrs eingeholt, 2019 war es dann schon doppelt so viel. Eine Google-Anfrage kostet 0,3 Wattstunden, zehn Google-Anfragen so viel wie eine Glühbirne, wenn sie eine Stunde brennt. Besonders ins Gewicht fällt das Videostreaming, das inzwischen für 60 Prozent des durch Internet verursachten Stromverbrauchs verantwortlich ist. Ein einziger gestreamter Film benötigt inklusive des Verbrauchs im Rechenzentrum, über das das Video aufgerufen wird, 2 Kilowattstunden Strom über Festnetz oder WLAN und mehr als doppelt so viel, nämlich 4,4 Kilowattstunden, wenn ich den Film über ein mobiles Endgerät von unterwegs anschaue.[12] Im Vergleich zum Stromverbrauch eines Drei-Personen-Haushalts kostet der Aufruf eines einzigen gestreamten Films von unterwegs etwa so viel wie ein halber Tag Strom für die ganze Familie.

Man muss konzedieren, dass das Leben vieler moderner Nomaden nicht ganz freiwillig gewählt ist. Urbanisierung, rezessive beziehungsweise volatile Zyklen von Arbeit haben dazu vehement beigetragen, die Globalisierung von wirtschaftlicher Tätigkeit und wirtschaftlichem Austausch ebenfalls. Rund 13 Millionen

Menschen, damit rund 40 Prozent aller deutschen Arbeitnehmer, also jeder Dritte von uns, pendelte 2019 regelmäßig zur Arbeit, Tendenz steigend. Die meisten modernen Nomaden der arbeitenden Mittelklasse ziehen besseren Jobs nach und pendeln täglich oder mindestens wöchentlich zum Teil mehrere hundert Kilometer zu ihren Arbeitsstätten. Im ICE zwischen Düsseldorf und Frankfurt oder weiter nach Mannheim und Stuttgart begegnet man ihnen täglich und fühlt sich am Morgen im ICE-Abteil ganz genauso wie am Abend. Es geht zu wie in einem Großraumbüro: Die meisten Mitreisenden haben ihre Laptops aufgeklappt, telefonieren, gestikulieren, sind in ihrem Büroelement oder streamen einen Film – um sie herum verteilt die Ausstattungsbestandteile eines To-go-Frühstücks oder -Abendbrots.

Grenzenlose Mobilität als Lebensbedingung oder sogar als Lebensanspruch ist im Grunde eine Illusion, aber sie findet dennoch unaufhaltsam statt und hat verschiedene neue Ansprüche begründet, die von Digitalkonzernen und der Konsumindustrie permanent ausgeweitet werden. Dazu kommt vermehrtes Reisen als prinzipielle Freizeitbeschäftigung, der heute lebenslang und vielfach im Jahr nachgekommen wird. Wir verbringen alle viel mehr Zeit unterwegs, doch Unterwegssein soll heute keinesfalls mehr mit Abstrichen verbunden sein, sondern ganz im Gegenteil eher mit einem höheren Maß an Bequemlichkeit. Ein neuer Megatrend ist geboren, der sich mittlerweile unter der Formel »Convenience-Philosophie« auch in zahlreichen Marktstrategien von Unternehmen findet. Sowohl jene Firmen, die Produkte des täglichen Bedarfs herstellen, wie auch alle Unternehmen, die Dienste für das tägliche Arbeiten oder Leben zur Verfügung stellen, haben sich auf »On-the-go-Nutzer« als Kunden eingestellt. Und sie haben Convenience-Leistungen als eine zentrale Kategorie ihrer Unternehmensangebote auserkoren.

Als Accessoire für die Begleitung von »echten« Reisenden hat sich Convenience mittlerweile längst aufgelöst und selbstständig gemacht. Denn auch als sesshafter Großstädter fühle ich mich irgendwie gern als Nomade. Ich esse im Gehen, ich trinke im Laufen, ich telefoniere auf dem Fahrrad. Täglich kann ich auf Einkaufsstraßen einer deutschen Großstadt zahlreiche Menschen erleben, die in Pizzastreifen beißen, die aus Pappschachteln herausragen, oder Gabeln voller heißer Nudeln aus würfelartigen Kartons herausziehen, während sie einkaufen gehen. Mittlerweile staune ich auch nicht mehr über voluminöse Plastikgehäuse, die eine Scheibe Fleischkäse samt Ketchup-Tütchen, eine in zwei Hälften geschnittenen Kiwi mit Plastiklöffel, ein Achtzehntel aufgeschnittene Ananas mit Plastikgabel, ein Schälchen mit Minigurken, Kokosnussstücken, Minimöhren oder Minikäsewürfeln beherbergen. Eine Nielsen-Studie von 2018 erklärt Convenience zum globalen und zentralen Megatrend in den Konsumbedürfnissen der Menschen und prophezeit allein der Nahrungsmittelindustrie eine Verzehnfachung ihres Umsatzes mit Convenience-Produkten innerhalb dreier Jahre – von 40 auf 400 Milliarden Dollar. »Think convenience in everything you do« soll der neue Leitspruch im Zeitalter der Convenience werden. Ziel müsse es sein, durch Convenience-Produkte Zeit für Wichtigeres zu gewinnen. Was für ein Versprechen!

Aber was meint eigentlich Convenience? Und wer hat uns diesen Trend angewöhnt? »Convenience« ist mit »Bequemlichkeit« eher mangelhaft und schönfärbend übersetzt. Wenn man sich anschaut, wie viele Unternehmen heute Convenience als Haupttreiber ihrer Geschäftsmodelle definiert haben, wie viele Tausende Produkte und Leistungen damit erklärt werden, dann muss etwas anderes dahinter liegen als Bequemlichkeitsangebote. Hinter Convenience-Strategien steht das bewusste oder auch nur teilweise bewusste Ziel, erwachsene Menschen in möglichst unselbstständige Wesen zurückzuentwickeln, denen man viel Ungeahntes an Trivialitäten andrehen kann. Was früher der Zeitungsaboverkäufer an der Haustüre war, ist heute die HelloFresh-Box mit den zusammengestellten Waren für die Zubereitung eines einzigen Abendessens, ausgeliefert von einem Fahrradkurier. Convenience ist im Grunde ein verheerendes, sich selbst verstärkendes, ungeheuer lukratives und relativ wenig kapitalintensives Geschäftsmodell. Der Begriff »Convenience« steht für immer mehr Dienste mit immer vageren Leistungsversprechen.

Sind Sie auch schon einmal danach gefragt worden, ob Sie beim Kauf ihres neuen Kühlschranks eine dreijährige Reparaturversicherung abschließen wollen, für die sie noch einmal ein Drittel so viel zahlen sollen, wie für ihren neuen Kühlschrank? »Für Ihre Sicherheit«, raunt mir der Verkäufer zu, als ich ihm die Frage stelle, ob er meint, dass der Kühlschrank nach drei Jahren den Geist aufgibt. »Ich habe meinen Kühlschrank noch nie versichert«, entgegne ich ihm. »Dann sollten Sie das aber jetzt mal tun,« versucht er es weiter. Wirtschaftsunternehmen, die heute mit Convenience-Strategien arbeiten, verstehen darunter das konsequente Outsourcing selbst der privatesten Erledigungen und der überflüssigsten Leistungen an eine Kette von Dienstleistern.

Gerade erst bin ich auf ein überaus erfolgreiches deutsches Start-up hingewiesen worden, Blinkist, das »die Kernaussagen« Tausender Sachbücher in je 15 Minuten zusammenfasst, sodass niemand mehr ein ganzes Buch lesen muss und trotzdem mitreden kann. Sicherlich kann man Blinkist bald auch abonnieren. Für 9,99 Euro im Monat bekommt man dann ungefragt jede Woche drei aktuelle Buchzusammenfassungen zugemailt. Um drei ganze Bücher zu lesen, braucht man dann nur noch 45 Minuten. Konsumenten können heute immer verrücktere Abonnements abschließen und ihre Ansprüche durch immer verwunderlichere Modelle der »Fremddienerschaft« bedienen lassen. Und wenn wir Nielsen glauben, dann ist das erst der Anfang der Geschichte: Von der Satzvervollständigung unserer Browser über das Hundesitting-Abo per Online-App, das Einschalten der Heizung von einem anderen Kontinent aus, das autonome Fahren für jeden und auf jedem seiner Wege bis hin zur Mietsexpuppe mit echter Wirbelsäule, dem Taschenmasturbator »Pocket-Muschi« oder der Pizza aus dem Pappkarton ist alles online zu bestellen oder zu abonnieren, selbstverständlich auch von unterwegs. Ich warte auf den Tag, an dem mir Amazon die Eiskugel mit dem Topping meiner Wahl an einem heißen Nachmittag direkt in den Zug liefert.

Auch die allermeisten hochmodernen Digitaldienstleister tragen Convenience als Teil ihrer Mission wie eine Monstranz vor sich her. Verstanden wird darunter die Definition ständig neuer unverzichtbarer Notwendigkeiten des täglichen Lebens überall, unterwegs, ohne Aufschub und ohne Anstrengung. Zugrunde liegt der Convenience eine Lebensvorstellung, die ohne jegliche Zurückhaltung oder Einschränkung auskommt, ein Gefühl des »Zuhause-sein-Könnens« überall auf der Welt, verstanden als Ausleben aller denkbaren Bedürfnisse überall und sofort, der Vernetzung mit allem und allen jederzeit, egal zu welcher Zeit, egal wo man ist. Genau dafür ist Digitalisierung Garant und Treiber. Die Amazon-Mission der »utmost convenience« ist die paradigmatische Verheißung dieser Zeit. Wir alle leben jetzt im »Convenience-Zeitalter.«

Wohin führen uns diese Ansprüche? Immer wieder muss ich an eine simple Frage meines Doktorvaters denken, der schon in den achtziger Jahren zwischen Wiesbaden und Köln mit dem Zug pendelte. Auf der damals noch zweistündigen Fahrt mit dem D-Zug beobachtete er die Menschen um sich herum. Handys waren noch lange nicht erfunden, aber Fastfood-Ketten breiteten sich langsam in Deutschland aus. Dem älteren Herrn fiel damals auf, dass er immer mehr junge Menschen mit riesigen Pappbechern um sich herumsitzen sah. Sie taten die Fahrt über nichts anderes, als über zwei Stunden lang die Limonade ganz langsam aus ihren riesigen Behältnissen zu saugen, ohne den Strohhalm auch nur für einen Moment lang aus dem Munde zu lassen, während sie die eimerartigen Pappgefäße in ihren Armen wiegten. Er stellte mir damals die Frage:»Was, glaubst du, macht ein solches Verhalten mit jungen Menschen? Welche Folgen hat das?« Für die Folgen eines solchen Verhaltens werden sich vielleicht Psychologen interessieren, dachte ich damals.

Direkte Bedürfnisbefriedigung produziert den Wunsch nach ständiger Wiederholung und steigert kontinuierlich die Bedürfnispyramide. Nichts anderes ist Convenience. Ein totsicheres künftiges Absatzparadies, das sich die Konsumwirtschaft selbst erschafft. Je kürzer die Strecke zwischen Bedürfnis und Befriedigung, desto größer der Wiederholungsdrang. Bedürfnisaufschub als eine der wichtigsten Entwicklungsaufgaben in der menschlichen Sozialisation wird durch Convenience wirksam aufgehoben. Die selbst gewählte Regulierung von Emotionen oder einer bewussten Steuerung der eigenen Entscheidungen als Grundvoraussetzung für das Erwachsenenleben wird einfach abgeschafft.

Die maßgeblichen Folgen eines geradezu absolut gesetzten Convenience-Anspruchs können wir heute in vielfältigster Form beobachten. Wir haben uns daran gewöhnt, wir thematisieren es gar nicht mehr. Weder fällt es uns besonders auf, noch skandalisieren wir, in was wir da hineingetrieben werden.

»Convenient« im Sinne von »bequem« klingt eigentlich harmlos, fast selbstverständlich und für unser hektisches Leben vollkommen nachvollziehbar. Der Anspruch, dass Bahnen pünktlich, in schnellem Takt, sauber und preiswert fahren, dass über das Internet bestellte Waren möglichst am selben Tag da zu sein haben, dass Waren kostenlos zurückgesandt werden können, dass das Essen auch nach der Lieferung noch heiß und appetitlich zu genießen ist, dass es in aufwendigen Verpackungen geliefert wird, die nach der durchschnittlich siebenminütigen Nahrungseinnahme im Mülleimer landen, dass es als zuträglich empfunden wird, in einem Drogerieladen einzukaufen, der Regale voller »bequemer« Plastikcontainer präsentiert bis hin zur einzelportionierten Zahnpastatube, dass die verpasste Sendung vom Vortag auf Knopfdruck und unter immensem Verbrauch von Strom ins Auto gestreamt wird – all das kümmert uns heute wenig. Im Gegenteil: Wir empfinden es vielmehr als »convenient«, also normal, dürfen es für uns als selbstverständlich betrachten.

Die unbekömmlichen Nebenwirkungen der Convenience sind zahlreich, aber auch diese sind weitgehend akzeptiert. Neben einem Ressourcenverbrauch und $CO_2$-Emissionen, die im weltweiten Vergleich doppelt so hoch sind, wie es unserer Einwohnerzahl in Deutschland entsprechen würde, kommt es auch zu zahlreichen gesundheitlichen Einschränkungen: Herz- und Kreislauferkrankungen, massenhafte Rückbildungen im Bewegungsapparat, die durch das ständige Durch-die-Gegend-gefahren-Werden entstehen, genauso wie unverhältnismäßige Gewichtszunahmen mit den entsprechenden körperlichen Folgen schon bei Kindern. Ärzte erzählen uns längst, dass wir die wenigen sich uns bietenden Bewegungsangebote des Alltags unter willentlicher Umgehung von Convenience-Angeboten nutzen sollten. Dagegen bietet uns die Industrie eine Fernbedienung für jedes Kleinstgerät und einen Minikühlschrank zur Platzierung direkt neben dem Sofa an. Das Navigationsgerät im Auto hat uns dazu gebracht, dass wir keine Karten mehr lesen können, die Satzvervollständigung unserer Browser wird dazu führen, dass unsere Kinder nicht mehr schreiben können. Wie lange wird es noch dauern, bis wir nicht mehr laufen können?

Natürlich entscheiden wir selbst, ob wir uns der Convenience ergeben oder nicht. Und natürlich ödet uns die Opferrhetorik an, die alles Böse in der Welt den Konzernen anlastet. Trotzdem appelliere ich an Hersteller, sich über den Sinn ihrer Produkte und Dienstleistungen wieder Gedanken zu machen. Neulich hörte ich von einem Smartphone-Halter für das Babyklo, den man bei Amazon bestellen kann. Dabei wissen wir längst, dass sich Screen-Time für Kleinkinder beunruhigend negativ auf ihre kognitive Entwicklung auswirkt.

Ich halte »Convenience« für die Verformelung aller Konsumgemeinheiten, die uns die Superideologie des Digitalisierungs- und Fortschrittsdiskurses unterjubeln möchte. Convenience führt zu Hollywood-Konsum. Mit der Convenience-Formel zieht die Wirtschaft noch dem Online-Hundesitting-Start-up eine innovative Jacke über, das selbstverständlich Milliarden an Wagniskapital anzieht. Ganz egal, aus welchem Winkel digitale Geschäftsmodelle an uns herangetragen werden, die Grundannahme ist fast immer, dass dies zu unserer Convenience geschieht. Zu noch mehr Convenience lädt uns das Internet täglich vielfach ein, genauso wie es der Köder der totalen Ausbeutung unseres Lebens und unserer Umwelt ist. Für Convenience akzeptieren wir bald Sensoren und Kameras in unseren Häusern und an jeder Straßenecke, ohne uns zu fragen, ob wir wirklich brauchen, was uns da ins Haus steht. Mit dem neuen Mobilfunkstandard 5 G können wir endlich autonom fahren, wird uns gesagt. Können wir nicht heute schon autonom fahren, gerade weil wir selbst entscheiden, wann und vor allem wie wir fahren? Damit es noch einmal festgehalten ist: Ich verdamme weder die Digitalisierung noch das Internet an sich. Sie bringen uns viel Gutes und Horizonterweiterndes in die Wohnungen. Was unter dem Label »Convenience« als Bequemlichkeitsfortschritt vermarktet wird, hat mit Fortschritt jedoch in den meisten Fällen gar nichts tun.

Der Psychologe Stephan Grünewald hat in seinem Buch *Wie tickt Deutschland* dargelegt, dass eine der Hauptquellen von Frustrationen, von Stress und Aggressivität in unserer Zeit das tägliche »Scheitern« in der analogen Welt geworden ist. Wir übertragen die Geschwindigkeit digitaler Befehlserfüllung auf das analoge Leben und spüren dann, dass in der analogen Welt alles viel langsamer vor sich geht als unter dem Click unseres Fingers. Auch dies hängt mit der Erwartung ständiger Convenience zusammen. Die Gewöhnung an digitale Convenience macht uns asozial. Jeder von uns kann das selbst an sich feststellen. Wir erwarten, dass der Zug auf die Minute pünktlich ist, dass darin Plätze für uns freigehalten sind, dass uns Menschen aus dem Weg springen, dass der Kaffee im Zug so heiß ist wie zu Hause, dass der Schaffner »spurt« und immer gut aufgelegt ist.

Hinter Convenience verbirgt sich ein Anspruch, der mit einer unendlichen Kette von reibungslos ineinandergreifenden analogen Prozessen verbunden ist, für deren Komplexität niemand mehr Verständnis aufbringt. Der Convenience-Anspruch ist eine euphemistische Formulierung für einen Machtanspruch an das Funktionieren von Welt und Leben, den sich früher Chefs, Könige, Fürsten oder Götter angemaßt haben. Und dieser harmlos klingende, aber kolossale Anspruch hat nicht nur gefährliche Folgen für den Ressourcenverbrauch, er wird auch zunehmend auf dem Rücken von Menschen ausgetragen, die im Niedriglohnsektor beschäftigt sind.

Convenience-Ansprüche sind zu einer neuen Form des Herrschaftsdenkens geworden. Sie werden uns durch digitalisierte Dienstleistungen immer mehr angewöhnt. Digital heißt »automatisch«, heißt »auf Knopfdruck«, heißt Befehle an andere zu geben, die in Nullkommanichts ausgeführt werden. Digitale Convenience erzieht uns zur Dauerempfindung von Dominanzansprüchen und Allmachtsfantasien, und das in vielerlei Hinsicht: in Beziehungen, in Beurteilungen von politischen, technischen oder organisatorischen Vorgängen, bei der Arbeit, im Privaten und im Alltag. Diese Ansprüche führen zu Wut und Verzweiflung, wenn etwas nicht so klappt, wie es geplant war. Sie führen zur Selbstüberschätzung und zur Geringschätzung der anderen. Sie führen zu immer hitzigeren Diskursen, erwecken immer maßlosere Ansprüche, für deren Erfüllung immer schwerer und dadurch umso weniger zu erfüllende Leistungspakete zusammengeschustert und versprochen werden. Gleichzeitig erwächst daraus ein immer unselbstständigerer, immer aggressiverer und auch immer isolierterer Mensch.

Wir müssen uns von der Convenience verabschieden.

# 4 Geldverbrennung im Silicon Valley: Warum Start-ups nicht mehr glänzen

## Erfinder-Männer

Als Elon Musk im Februar 2018 seine Falcon-Heavy-Rakete ins All schickte, war diese mit einem Tesla Cabriolet bestückt. In dem knallroten Sportwagen saß eine männliche Puppe im Astronautenanzug, die von Musk »Starman« getauft worden war. Starmans linker Arm lag lässig auf der Autotür, er »fuhr« also einhändig, so wie es sich für Männer in Cabrios gehört. In seinem roten Tesla ist Starman jetzt bald zwei Jahre im All unterwegs, er hat inzwischen die Sonne umrundet, sein Arm wird immer noch auf der Wagentür liegen, denn der Arm ist auf der Erde dort festgeschraubt worden. Es ist Musks Wunsch, dass der Tesla und sein Starman den Planeten Mars erreichen und den Himmelskörper dann umrunden – genau dafür war die Raumsonde programmiert worden. Kurzzeitig sah es allerdings so aus, als würde die Sonde mit dem roten Planeten zusammenstoßen und dabei zerschellen. Da der Wagen samt Puppe nicht im sterilen Raum produziert wurde und mit Erdbakterien verunreinigt ist, hätte ein Crash die Kontamination des Mars verursacht und so die Forschung der Planetologen beeinträchtigt. Elon Musk sieht diese Sache ganz entspannt, er betrachtet die ganze Aktion als reinen Spaß, wie er selbst mehrfach geäußert hat. Wem gehören schon die Planeten? Noch niemandem, soweit bekannt ist. Und hatte nicht der US-Kongress im Jahr 2015 ein Gesetz erlassen, das amerikanischen Firmen das

Recht zur Erschließung aller Rohstoffe im All einräumte?[1] Hatte also die Eroberung des Himmels nicht längst Sinn? Inzwischen sieht es so aus, als könnte die Sonde mit dem roten Tesla und Starman an Bord irgendwann auf die Erde krachen – aber das dauert noch. Wer weiß, wer dann überhaupt noch hier lebt.

Das geschilderte Beispiel beantwortet die Frage, warum Elon Musk der berühmteste Manager unserer Tage ist. Er verbindet Hollywood-Inszenierungen mit der für Außenstehende eher langweilig erscheinenden Aufgabe, ein Unternehmen zu führen. Nebenbei will er die nächste Phase der Plattformwirtschaft einleiten, indem er sich als früherer Physiker, Programmierer und Plattformmanager den traditionelleren Teilen der Industrie zuwendet.

Ich habe es ein paar Mal erlebt, dass Väter ihre Söhne mit in den Betrieb brachten, damit sie sich vorstellen konnten, was Papa den ganzen Tag lang macht. Und was tat er? Er schaute sich Zettel an, er unterhielt sich, er saß vor dem Computer, er telefonierte. Den Söhnen ging es nach dem Besuch nicht anders als vorher: Sie wussten immer noch nicht, womit ihr Vater den Tag verbrachte. Ganz anders, wenn der Vater Elon Musk heißt.

Der hyperaktive, cholerische und digital begabte Unternehmer Elon Musk führt mehrere Firmen gleichzeitig. Berühmt geworden ist er vor allem, weil er die Autofirma Tesla dirigiert. Für seine sechs jungen Söhne ist es nicht schwer, sich zu merken, was ihr Vater tut. Er baut schicke Sportwagen, er gräbt Tunnel, er lässt Raketen steigen. Mit seinem ersten elektrischen Rennwagen ist Musk 2003 angetreten, der etablierten Autoindustrie den Kampf anzusagen. Und »Kampf« ist das richtige Wort dafür, wie Musk seine Aufgabe versteht. Elon Musk kann enorm unhöflich werden – Kollegen sagen über ihn, er habe die Empathie eines Roboters. Er legt sich gerne mit Menschen an – mit Kollegen, mit Behörden und anderen Personen, die ihn kritisieren. Zuletzt mit einem Taucher, der eine Kinderfußballmannschaft aus einer Höhle in Thailand befreite, ohne auf seine ungebetene Hilfe zurückzugreifen: Musk beschimpfte den ihm gänzlich unbekannten Mann als Pädophilen. Man kann sich Musk in seinen zeitweise irren Phasen ein bisschen wie einen Donald Trump der Wirtschaft vorstellen. Mit Trump hat er auch die gefürchteten Nachrichtenorgien auf Twitter gemein. Zugleich hat ihn ein großer Teil der Medien zum Vorzeigemanager des Silicon Valley auserkoren und als »rechtmäßigen« Nachfolger auf den leeren Thron von Steve Jobs gehievt.

Elon Musks Geschichte, die ganze Stimmung, die ihn umgibt, erinnert mich an den Reportageroman *Die Helden der Nation* von Tom Wolfe. Darin bereiten sich die ersten sieben Astronauten der Apollo-Mission auf ihre Mondflüge vor. Nach lebensgefährlichen Übungsflügen rasen die ehemaligen Militärpiloten regelmäßig in ihren Sportwagen durch Cocoa Beach in Florida, um sich »ein bisschen locker zu machen«. Sie bringen verschiedene »Bräute« mit ins Motel und lassen es sich nach harten Trainingseinheiten in den Bars der Gegend gut gehen. Man erfährt, dass zunächst Schimpansen oder Zirkusartisten als Besatzung der Raumfähre vorgesehen waren, da man ihnen das Durchstehen der physischen und psychischen Anstrengungen eher zutraute als Menschen. Der US-Präsident entscheidet dann doch zugunsten einer menschlichen Besatzung; ein wesentlicher Teil des Astronautentrainings bestand darum aus Desensibilisierungsübungen. Am Ende der Mission realisieren die Männer, dass ihre Nation und ihr Präsident sie benutzt haben. Für einen politischen Erfolg sind sie auf eine fast unmenschliche Mission geschickt worden, in unfertigen, lausig gebauten Raketen, mit schlechtem Equipment und von ihren Familien entfremdet. Die Helden der Nation sind tragische Gestalten. Sie irrlichtern zwischen Großspurigkeit, Trivialitäten, gottgleichen Gefühlen und tiefer Melancholie. So weit der Roman.

Auch außerhalb der Investoren- und Analystengemeinde, also in der Masse der sogenannten »normalen Bevölkerung« hat Elon

Musk hat inzwischen eine hohe Zahl eingeschworener Fans. In einem Blog schreibt eine junge Frau, dass sich ihre Depression durch die antreibenden und hoffnungsvollen Worte von Musk gelindert habe. Sie liest seine Tweets, hört seine Reden und fühlt sich davon beflügelt. In Musks Ansprachen kommt oft das Wort »Zukunft« vor. Seine Anhänger aus dieser »anderen Welt« sind keine Käufer von Tesla-Autos, auch keine Menschen, die es sich leisten könnten, an einem seiner privaten Flüge zum Mond teilzunehmen. Es sind Anhänger seiner schrillen Persönlichkeit. Und Musk weiß, wie er sie bei Laune hält: Seine mehr als 30 Millionen Follower sind fasziniert von seiner einfachen Sprache, seinen grauen T-Shirts und seinen hochfliegenden Plänen. Sie lieben auch seine Impertinenz. Elon Musk lebt eine neue Form des Managerpopulismus. Er hat sich eine Art Wahlvolk geschaffen, das ihn gegen jede Kritik wortreich im Internet verteidigt. Vielleicht verhindert das auch, dass er längst abgesetzt wurde, nach allem, was passiert ist.

Rund 13 Milliarden Dollar Schulden sind bei Tesla bisher aufgehäuft worden. In den ersten 16 Jahren Tätigkeit wurde nur in zwei Jahren etwas Geld verdient. Einige Male war die Firma nur wenige Tage von der Insolvenz entfernt, zuletzt im Sommer 2019. Seither hat sich Tesla etwas erholt und die Produktionsprobleme besser unter Kontrolle bekommen. An dieser Stelle wird oft der Vergleich mit einem von Musks Kollegen angeführt: Der ebenfalls sehr berühmte Jeff Bezos Amazon habe doch ebenfalls jahrelang keinen Cent verdient und sei jetzt der reichste der reichsten Männer der Welt. Immer wieder wird argumentiert, dies sei das neue Wirtschaftsprinzip der digitalen Zeit, man starre heute einfach nicht mehr so penetrant auf ein Unternehmensergebnis. Der Unterschied ist: Jeff Bezos hat sich ein etwas einfacheres, weniger riskantes Geschäftsmodell ausgesucht, das er beherrscht und zu einem Monopol getrieben hat (siehe Kapitel 2). Als unerfahrener Autobauer geriet Elon Musk mit Tesla dagegen schnell in ein massives kräfte- und geldverzehrendes Fertigungschaos, das sich erst ganz langsam aufzulösen scheint. Autos bauen und Plattformen gründen sind offensichtlich zwei sehr unterschiedliche Dinge. Im Jahr 2019 wurden mit Mühe und Not 365 232 Teslas fertiggebaut und ausgeliefert. Musk wurde dafür von der Börse umjubelt, denn er hatte es im sechzehnten Tesla-Jahr zum zweiten Mal geschafft, etwas so umzusetzen, wie er es versprochen hatte. Gleichwohl ist Teslas jährliche Produktionskapazität weiterhin erstaunlich winzig: Neben den 8,4 Millionen ausgelieferten Fahrzeugen von GM, mehr als 11 Millionen Autos von VW und selbst verglichen mit den 2,5 Millionen BMWs wirken 0,35 Millionen Teslas zwergenhaft. Trotzdem überflügelt Tesla an der Börse die Unternehmenswerte aller anderen Automobilwerte. Manche erklären den erstaunlichen Börsenwert damit, dass die Firma inzwischen als Tech-Wert angesehen werde, andere damit, dass Tesla ein visionärer Wert sei, wieder andere mit sogenannten Short-Sellern am Aktienmarkt, die lange gegen Tesla gewettet haben und sich nun nach Verlusten wieder mit Aktien eindecken müssen. Eine plausible Erklärung gibt es für diese Bewertung eigentlich nicht.

Unter Aktionären und Finanziers weit verbreitet scheint die Annahme, dass Tesla zukünftiges Wachstum im Automobilsektor weitgehend auf sich bündeln wird. Elon Musk hat denn auch inzwischen mehrfach angekündigt, sein Unternehmen werde Apple einholen, dessen Unternehmenswert bei über 1,1 Billionen Dollar liegt. Ankündigungen können bei ihm nicht spektakulär genug sein, und man hat den Eindruck, sie sind in keiner Weise abgesichert oder aus Verbesserungen in der Organisation hergeleitet. Mit dieser Neigung entspricht Musk den aktuellen Präferenzen der Kapitalmärkte: Höher als Leistung wird an der Börse inzwischen Hoffnung bewertet. Heute werden CEOs, die sich anstrengen, ihre Planzahlen zu erreichen, und keine Fantasieausblicke präsentieren, dafür abgestraft, weil sie nicht genug »Hoffnung verkaufen«.

Es hat sich an der Börse eine Art Desensibilisierung gegen Fakten und Zuverlässigkeit eingestellt. Durch seine extrem riskanten Ankündigungen ist Elon Musk anscheinend genau der richtige Hoffnungsträger für diese Art von Verantwortungserosion. Vielfach hat er zudem bewiesen, dass er bereit ist, in eine Leistungskonfrontation zu seinen Mitarbeitern zu gehen. In einer schwierigen Phase der Produktion forderte er sie beispielsweise dazu auf, samstags und sonntags durchzuarbeiten und unter ihren Schreibtischen zu schlafen. Jemand meldete sich zu Wort: Man habe schon lange Zeit extrem hart gearbeitet, um die Autos fertig zu bekommen; es sei an der Zeit, eine Pause einzulegen und wieder einmal die eigene Familie zu sehen. Musk antwortete: »Ich würde dazu sagen, dass die Leute sehr viel Zeit für ihre Familien haben werden, wenn wir pleite sind.« Es ist abzusehen, dass eine solche Strategie nicht für sehr lange Zeit durchzuhalten und dass eine hohe Personalfluktuation meist Folge solcher Streitigkeiten ist.

Wenn etwas völlig schiefgeht oder ein Ziel trotz seines immensen Drucks nicht mehr zu erreichen ist, wird Elon Musk »kreativ«. Er schießt eine Rakete ins All, hält ein paar Designstudien von weltraumschiffsartig aussehenden, oft ziemlich hässlichen, aber extrem auffälligen Gefährten vor die Kameras, oder er dreht einen Film von sich selbst und twittert ihn durch die Gegend. Er kommt mit seiner Botschaft der Unerschütterlichkeit im Glauben an sich selbst bei dem größten Teil der Investoren an. Die Grenzen zwischen Leistung, Hoffnung, Gags und Gaga verwischen bei Musk und es scheint dabei kein Korrektiv für ihn zu geben. Sein Aufsichtsrat besteht aus Familie, Freunden und Fans. Die Börse kann nichts gegen sein Theater ausrichten, weil Hoffnung den Markt regiert. Als Manager wurde Elon Musk mehrfach totgesagt, doch er geht nicht in die Knie. Die Wahrheit dahinter könnte sein, dass Elon Musk gar kein Manager ist. Aber was ist er dann?

Musk sieht sich gern als »Mover of Mountains« und »Breaker of Chains«. Das, was er von sich gibt, ist keine Show, keine Inszenierung – er glaubt wirklich daran, und deshalb wirkt er so »authentisch«. Man kann Elon Musk zu einer neuen Gruppe von Managerpopulisten zählen, denn er ist mit dieser Art im Silicon Valley nicht allein. Jeff Bezos, der vom Weltraum genauso begeistert ist wie Elon Musk, sagte einmal: »Das Sonnensystem hat Platz für eine Billion Menschen. Dann hätten wir Platz für tausend Mozarts und tausend Einsteins. Es wäre ein viel interessanterer Ort zum Leben.« Mehr Menschen ergeben mehr Mozarts und Einsteins? Eine zwar komplett unsinnige, etwas infantile, aber doch auch irgendwie erfreulich klingende Gleichung. Mehr Mozarts könnten uns mit ihrer Musik aufheitern und mehr Einsteins die ganzen anderen Probleme lösen. Off we go – mit Jeff Bezos, Mozart und Einstein auf den Mond! Aber mit diesen Sätzen sind keine Scherze oder Albernheiten verbunden – sie sind ernst gemeint. Es schimmert Paternalismus und ein Anspruch von Welteroberung, fast Weltherrschaft durch solche Äußerungen; fast scheint es so, als hätten diese Manager alles Irdische schon abgehakt. Auch eine seltsame Unreife, ein beschränkter Fokus der Fantasie, die sich fast immer auf Science-Fiction stützt. Dazu die Abwesenheit jeden Zweifels.

Der neue Managerpopulismus entspricht den alten Stereotypen von Wirtschaft als Kampfplatz, als Ort, an dem vor allem Härte, Wagemut und Testosteron zu Hause sind. Dass diese Zeiten vorbei sind, dass Mitarbeiter nicht mehr befehligt werden, dass die Wirtschaftswelt komplexer und differenzierter geworden ist, dass nachhaltige Erfolge überhaupt nicht durch eine Einzelperson oder durch einen Überschuss an Testosteron zu erringen sind, gerät in den Hintergrund. Erfinder-Männer erwecken durch ihre finanzielle Macht und die Einflussnahme als Ankeraktionäre ihrer Unternehmen den Eindruck früherer Wirtschaftstycoone. Manager, die sich als Populisten gerieren, sind jedoch heute die »nützlichen Idioten« der Finanzmanager geworden, die an ihren aufgeblasenen Unternehmenswerten nur gewinnen können. Das Gefährlichste an dieser Art der Unternehmensführung sind die überholten Bilder, die damit revitalisiert werden, und soziale Schäden, die aus solchem Agieren folgen. Managerpopulisten tun Hedgefonds gut: Sie treiben Aktienkurse, und Finanzmanager leben von Volatilitäten. Ganz anders ergeht es jedoch den Mitarbeitern eines solchen Unternehmens.

Im besonders krisenhaften Tesla-Jahr 2018, als in rund zwei Jahren sechsunddreißig Topmanager und über siebenhundert Mitarbeiter die Firma entweder auf eigenen Wunsch verließen oder von Elon Musk gefeuert wurden, sagte eine ebenfalls entlassene Führungskraft: »Es fühlte sich so an, als würden die Erwachsenen das Haus verlassen.«[2] Die Krise entstand, weil Musk die Produktion des Model 3 über ein halbes Jahr vorgezogen und gegen den Willen der leitenden Ingenieure eine lückenlose Roboterisierung der Produktion angeordnet hatte. Die Vollautomatisierung wurde jedoch zum Fehlschlag, die Roboter taten nicht, wie ihnen geheißen, die Autos wurden nicht mehr fertig, alle Prozessketten mussten wieder auseinandergenommen, die Arbeiter an die Fließbänder zurückgeholt werden. Am Ende eines traumatischen Jahres konnte die Produktion mithilfe einer zusätzlichen Fertigungslinie in einem Zelt langsam wieder in halbwegs geordnete Bahnen gebracht werden. Ein Mitarbeiter berichtet: »Wir haben ein Auto konstruiert, dass so einfach ist, dass du es in einem Zelt zusammenbauen kannst, während dein CEO zerbröselt und jeder abhaut oder gefeuert wird.«[3] Durch eine solche Art der Wirtschaft, besser gesagt der Finanzwirtschaft, entstehen humane Schäden. Die Menschen, die in diesen Firmen arbeiten, sind einer Willkürherrschaft ausgesetzt, wie sie im Westen vielleicht vor 200 Jahren einmal üblich war, die aber nicht mehr in das 21. Jahrhundert gehört.

Die bekannte Innovationsforscherin Mariana Mazzucato[4] kritisiert das überholte Bild des einsamen Forschergenies, das durch den Persönlichkeitskult um Jobs, Bezos, Musk und andere genährt wird. Zahlreiche Wissenschaftsforscher hätten dieses Bild seit vielen Jahren widerlegt. Man wisse, dass Innovation und Wandel in der Technologie immer durch eine komplexe Mischung verschiedener Einflüsse vorangebracht werde und niemals durch die Leistungen einzelner Personen. Auch Jobs, Bezos, Musk und Kollegen stützten sich auf viele andere Erfindungen, auf staatliche Forschung, auf hohe staatliche Subventionen für all ihre Firmen. Es gäbe nicht eine einzige Technologie hinter dem iPhone, die nicht vom Staat finanziert worden sei. Elon Musk profitiere von einer langen Serie von Innovationen im Feld der Batterien, mit der er nichts zu tun habe. Die Heldenmythen über solch grandiose »Erfinder-Männer« erzeugten im öffentlichen Bewusstsein eine vollkommen falsche Vorstellung über Innovationen und die Entwicklung von Technologien. Mit dem falschen Bild der einsamen Helden, die angeblich für Fortschritt sorgten, unterminiere man die Strukturen, die eigentlich für das Entstehen von Innovationen der Zukunft notwendig seien. Auch sorge die Heldenverehrung eines Elon Musk dafür, dass seine absonderliche Idee der Marsbesiedlung für eine allgemeine Zukunftsbestimmung gehalten würde. Die Zukunft unserer Welt sei unbedingt freizuhalten von den schrägen Visionen der Tech-Prominenz.

Auch die *Technology Review* des MIT beschäftigte sich mit Elon Musks Status als Tech-Idol unserer Zeit. »Die Idee der ›großen‹ Männer‹ als Treiber des Wandels waren ein populäres Bild des 19. Jahrhunderts.« Musks Unternehmen hätten sicherlich das Potenzial, etwas in ihren Sektoren zu verändern, aber die Geschichten über seine Fortschritte, seine ganze Rolle im Silicon Valley und darüber hinaus, hätten etwas »merkwürdig Antiquiertes«.[5] Die Legendenbildung über die »großen Männer« seit Steve Jobs hätte die Kultur des Silicon Valleys »zerstört«. Das vollkommen inakzeptable und rücksichtslose Führungsverhalten in den Unternehmen sei durch den Status der Erfinder-Männer entschuldigt, gedeckt oder sogar erst ermöglicht worden.

Erfinder-Männer sind eine klassische Figur des Silicon Valley: Es sind Persönlichkeiten, in der Mehrzahl Männer, aber es sind auch einige wenige Frauen darunter, die mit einer einzigen Idee hohe Startfinanzierungen aus privatem Kapital für ein Start-up auftreiben. Meist sind es Unternehmensideen, die mit dem Internet zusammenhängen, denn auf diese Weise ist die Skalierung einfacher und weniger kapitalintensiv als in der Realwirtschaft. Musk hat einmal über sich gesagt, dass er von jedem Investor Geld bekomme, weil alle ihm glauben, dass er lieber sterben werde, als sein Projekt nicht zu Ende zu bringen. Erfinder-Männer bleiben meist die Chefs und auch die Haupt-Shareholder des Unternehmens, das sie gegründet haben. Sie dominieren in den USA meist sowohl ihr Managementteam als auch die Aufsichtsgremien, die sie nach ihrem Geschmack besetzen.

An Elon Musk kann man die Geschichte eines klassischen Unternehmers der Digitalzeit gut studieren. Als Junge spielte er exzessiv Videospiele und las ebenso exzessiv. Über das, was er in den Lexika seiner Eltern gefunden hatte, trug er gerne den anderen vor. Schon als Junge entwickelte und programmierte er ein Computerspiel. Direkt nach dem Studium der Physik zog er nach Kalifornien und gründete seine allererste Firma Zip2, ein digitales Anzeigenportal, so etwas wie digitale *Gelbe Seiten*. Er wohnte damals in einem Einraumbüro, das er sich mit seinem Bruder und ein paar Kollegen teilte; angeblich schlief er auf einem Knautschsack neben seinem Schreibtisch. Eine typische, finanziell enorm erfolgreiche Start-up-Karriere schloss sich an. Nach vier Jahren verkaufte Musk Zip2 für mehr als 300 Millionen Dollar an Compaq, gründete sofort sein nächstes Unternehmen, einen digitalen Bezahldienst namens X.com, fusionierte diesen schon ein Jahr nach Gründung mit PayPal, und gut zwei Jahre später verkaufte er PayPal wieder, zusammen mit seinem Geschäftspartner Peter Thiel, zu einem sagenhaften Preis von 1,5 Milliarden Dollar. Das Silicon Valley schätzt diese Geschichten, in denen Manager eine Firma nach der anderen durch Finanzierungsrunden und Exits peitschen.

Musk sagt selbst über seine Kindheit, sie sei dunkel gewesen. In der Schule in Pretoria wurde er zum weißen Mobbingopfer, zu Hause gingen die täglichen Schläge weiter. Die Ansprüche seines Vaters, eines Ingenieurs, an ihn und seinen Bruder waren nicht zu erfüllen, der Vater neigte zur Unbeherrschtheit und traktierte seine beiden Söhne heftig, war wohl auch gewalttätig. Schon Andeutungen darüber zu lesen, lassen einen den Atem anhalten. Jede Kindheit hat ihre Ängste und Schrecken, aber die von Elon Musk muss ein Übermaß davon enthalten haben. Wie kann man das verkraften? Wie wird man davon wieder heil?

Mit den beiden erfolgreichen Exits aus seinen ersten Unternehmen hatte Musk großes Glück. Er blieb unbeeinträchtigt vom Platzen der Dotcom-Blase. Schon in diesen beiden Firmen fielen jedoch seine Führungsprobleme auf: Er kommunizierte schlecht, sagte nicht immer die ganze Wahrheit, verhielt sich manches Mal unkollegial und trug immer wieder zu dick auf.[6] Sogenannte »Exits« sind indes typisch für Unternehmer der Internetwirtschaft: Sie meinen nicht den Tod einer Firma, sondern das Ausscheiden der Gründer nach einem lukrativen Verkauf an ein anderes Unternehmen oder die Börse. Als Haltezeit für ein Start-up haben sich inzwischen etwa vier bis sieben Jahre eingebürgert, dann folgt gewöhnlich ein Exit. Sowohl in der Start-up-Szene im Silicon Valley als auch in Europa arbeiten viele Gründertruppen von Anfang an darauf hin. Ich versuche mir immer wieder vorzustellen, wie ich ein Unternehmen führen würde, von dem ich weiß, dass ich es in ein paar Jahren verkaufen werde, zu einem Zeitpunkt, den nur ich kenne. Immer wieder frage ich mich, wie man dabei seinen Mitarbeitern gegenübertritt. Ob man sie wohl einfach belügt?

Elon Musk verkörpert die Exit-Strategie in perfekter Weise. Er ist ein Chef, der immer wieder und oft extrem kurzfristig Unmögliches verspricht. Im Mai 2018 vermeldete Tesla allein für die ersten vier Monate des Jahres einen Rekordverlust von fast einer Milliarde Dollar bei einer nur mageren Steigerung der Verkäufe. Um die Investoren zu beruhigen, verknüpfte Musk diese alarmierende Botschaft mit der Ankündigung, dass Tesla Produktionszahlen innerhalb von nur acht Wochen verdoppeln und gleichzeitig 9 Prozent aller Mitarbeiter entlassen werde. Elon Musks Besessenheit bei der Verfolgung unerreichbarer Ziele ist für einen Exit die entscheidende Voraussetzung.

Das Exit-Prinzip stammt wie so vieles, das wir heute aus dem Silicon Valley übernehmen, aus der Software-Entwicklung. Hier gelten andere, deutlich kürzere Zyklen als für ein Unternehmen, das Autos entwickelt. Für komplexe oder kapitalintensive Unternehmensaufgaben, für langfristige Kapitalbindung in Fabriken und Maschinen, für Unternehmen, die stark auf eingespieltes Personal angewiesen sind, scheinen Exits ungeeignet, das erfährt Elon Musk mit Tesla. Er wollte die Firma schon mindestens einmal verkaufen, ein anderes Mal einen Großinvestor hineinnehmen und das Unternehmen wieder von der Börse nehmen. Bei Tesla ist ihm ein Exit bisher jedoch nicht gelungen.

Der erfolgreiche Erfinder-Mann Marc Zuckerberg wiederholt oft den Satz:»Facebook wurde nicht als Unternehmen gegründet. Es wurde gemacht, um eine soziale Mission zu erfüllen – die Welt offener und verbundener zu machen.«[7] Angesichts des Missbrauchs von 87 Millionen Facebook-Konten für Wahlwerbung, in Anbetracht von Filterblasen, Aggressionsentladungen und sozialer Verrohung in den sozialen Medien mutet die zuckerbergsche Mission fast schon zynisch an. Dennoch funktionieren diese seltsamen Missionen der Silicon-Valley-Barone nach wie vor ganz hervorragend. Zuckerberg hat seine Mission mit Facebook in der Senatsanhörung im April 2018 immer wieder herausgestellt – und kam damit durch. Auch bei Tesla ist die Mission eine sehr wichtige Triebfeder für die Sympathie und den Goodwill, den man dem

Unternehmen entgegenbringt. Darüber hinaus bindet sie Führungskräfte und Mitarbeiter, die trotz extremer Belastungen und schlechter Behandlung lange bei der Stange bleiben. Und auch Kunden werden durch Teslas Mission zum Kauf bewegt nach dem Motto: Ich kaufe Tesla, weil ich der Welt damit »etwas Gutes« tue. Während meines Besuchs in der Tesla-Fabrik in Fremont traf ich Diarmuid O'Connell, Vizepräsident für Strategie, einen sehr sympathischen Mann. Den Deal mit der alten Toyota-Fabrik im kalifornischen Fremont, die lange Zeit die einzige Produktionsstätte für Tesla darstellte, hatte O'Connell eingefädelt. Als studierter Wirtschaftspolitiker ging er zunächst als Berater in die Wirtschaft. Das Jahr 2001 mit den Anschlägen auf das World Trade Center veränderte seinen Blick auf das, was er in seinem Leben noch tun wollte. Er habe seinem Land dienen wollen und übernahm eine Position als Sicherheitsberater im US State Department, die ihn im Nachhinein frustrierte. »Jeden Morgen um 6 Uhr kam auf meinen Schreibtisch als Erstes dieser Übernachtbericht darüber, wer getötet worden war und wodurch. Ich dachte die ganze Zeit: Das ist Wahnsinn. Warum sind wir dort?«[8] Er verließ das State Department nach fünf Jahren mit dem Ziel, für eine Firma zu arbeiten, die die Abhängigkeit Amerikas vom Öl reduzieren konnte.

Im Besprechungsraum legt O'Connell als Erstes das Chart mit der Mission von Tesla auf. »To Accelerate the World's Transition to Sustainable Mobility« ist darauf zu lesen; so steht es auch auf jeder freien Wand in der Fabrik geschrieben. Tesla habe inzwischen bewiesen, dass elektrisch betriebene Autos funktionieren können, sagt O'Connell. Aber es sei noch nicht der Beweis dafür erbracht, dass Tesla die Fertigung beherrsche, man benötige immer noch viel zu viele Menschen und brauche viel zu lange, um die Autos fertig zu bekommen. Er führt dies in ruhigem Ton, ohne Umschweife und in entwaffnender Offenheit aus. Das Model X sei ein »irres« Fahrzeug, es gebe jedoch einige technische Details, vor allem die Flügeltüren, die viel zu komplex und eigentlich viel zu teuer in der Fertigung seien. Elon habe darauf bestanden, sagt er, aber daran kranke inzwischen die gesamte Produktion. Auch bräuchten sie dringend eine zweite Fabrik. Elon habe gerade die Produktion des nächsten Fahrzeugmodells, des neuen Model 3, um ein halbes Jahr vorgezogen – das werde eine äußerst brutale Geschichte. Er arbeite daran, einen Fertigungsstandort in Europa zu finden, vielleicht Holland, vielleicht Deutschland, wo doch Opel in Schwierigkeiten sei. Einige Monate später lese ich, dass Diarmuid O'Connell Tesla auf eigenen Wunsch verlassen hat.

Pathetische Missionen sind ein wichtiger und wesentlicher Teil des digital orientierten Kapitalismus. »Die Welt verbinden« (Facebook), »Für die nachhaltige Mobilität der Menschheit sorgen« (Tesla) – die Missionen der heutigen Digital- und Tech-Unternehmer haben in ihrem Gestus etwas von Gebetbuchzetteln, jedes verkäuferische Moment ist ihnen abgestreift worden. Was für ein Unterschied zu Bill Gates, früher Mission für Microsoft aus den neunziger Jahren: »Ein Computer auf jedem Tisch in jedem Haus.« Und was für ein Widerspruch auch zu den Mahnungen der Silicon-Valley-Investoren, die unterhalb eines prospektiven Milliarden-Umsatzes nicht einen einzigen Dollar herausrücken. Die Mission von Uber lässt sich kaum sinnvoll übersetzen, sie lautet: »Transportation as reliable as running water, everywhere for everyone.« Diese Mission ist schamlos. Sie vergleicht Taxifahrten mit einem der höchsten, ja heiligsten öffentlichen Güter, dem Trinkwasser.

Diese salbungsvollen pathetischen Sätze einer Mission sind für Plattformierer so wesentlich, weil sie ein großes Manko ihrer digitalen Dienste ausgleichen: Sie können sie sinnhaft erscheinen lassen, ihnen einen lebenswichtigen, ja existenziellen Zweck einhauchen, den sie in der realen Welt nicht haben. Und sie können sie auch moralisch absichern. Einem Unternehmen, das sich um nachhaltige Mobilität kümmert, einer Firma wie Tesla, die doch im Grunde darum kämpft, die Welt zu retten, traut man keinen schnöden Kapitalismus zu.

Aber wie steht es wirklich um Teslas Mission, der Welt zu nachhaltiger Mobilität zu verhelfen? Ein E-Auto startet im Vergleich zu einem Auto mit Benzinantrieb schon bei seiner Herstellung mit einem deutlich schlechteren Emissionswert, weil Teile seiner Batterien aus seltenen Erden bestehen, deren Förderung extrem energieintensiv ist. Bei der Produktion von Autobatterien fallen im Durchschnitt 68 Prozent mehr Emissionen an als bei der Herstellung eines Benzinantriebs. Das ist bei allen E-Autos so, und dafür kann Tesla nichts. Das Gewicht und die PS-Stärke der Autos von Tesla erhöhen allerdings auch den Bedarf an seltenen Erden, die für die Batterie gefördert werden müssen. Je leistungsstärker ein Auto, desto höher der Startnachteil, der aufzuholen ist. Dieser hohe Wert sinkt im Betrieb, aber ein Tesla muss dafür erst einmal 50 000 bis 80 000, in manchen Berechnungen sogar mehr als 100 000 Kilometer gefahren sein.

Entgegen der Tesla-Mission sind die Nachhaltigkeitsbemühungen des Unternehmens wenig überzeugend. Normale Autos haben eine Recyclingquote von 80 Prozent, für Tesla liegen mit Stand Frühjahr 2020 keine Angaben dazu vor. Irreparable Teslas stehen am Straßenrand oder bei Abschleppfirmen herum, weil Tesla keinen funktionierenden Verwertungskreislauf aufgebaut hat.[9] Auch der 2019 erstmals von Tesla angefertigte Nachhaltigkeitsbericht enthält keine Angaben über Recyclingquoten. Dabei ist bekannt, dass Tesla einen hohen Materialausschuss produziert, der an schlecht funktionierenden Verarbeitungsprozessen liegen kann. Ford erreicht in allen Fabriken nachweislich »zero waste«, bei Tesla gibt es keinerlei Informationen über die Materialverwendungsquoten. Der amerikanische Elektrobauer misst seinen eigenen $CO_2$-Fußabdruck erst seit 2017. Bei dieser Gelegenheit fiel auch auf, dass bisher kein erneuerbarer Strom für die Liegenschaften und die Fabrik bezogen wird. Überraschenderweise hat Tesla bisher auch noch kein eigenes Recyclingsystem für die in den Autos befindlichen Batterien aufgebaut. Die Tesla-Fans scheinen solche Fakten jedoch nicht zu interessieren.

Kommen wir zu einem weiteren Punkt: Die Voraussetzungen für den sinnvollen Betrieb von E-Autos braucht es eine weltweite Ladeinfrastruktur, kombiniert mit einer vollständig emissionsfreien Stromversorgung, die es noch in kaum einem Land der Erde gibt. In den USA liegt der Strommix bei 22 Prozent erneuerbarer Produktion, das heißt, 78 Prozent des Stroms werden noch fossil erzeugt, in Europa liegt der fossile Anteil noch leicht darüber, in Deutschland ist die Stromerzeugung bei etwa 57 Prozent fossiler Brennstoffe angelangt. Große E-Flotten haben ökologisch erst dann Sinn, wenn auch der Strom, mit dem sie betrieben werden, vollständig nachhaltig erzeugt wird. Dafür brauchen wir in Deutschland noch 18 Jahre. Allerdings wird es in 10 Jahren, wenn mehr als die Hälfte der Kohlemeiler abgeschaltet sind, schon deutlich sinnvoller sein, ein E-Auto zu fahren. Da Autos durchaus 10 Jahre halten, ist ein E-Auto perspektivisch sinnvoll – allerdings kein großes und schweres Fahrzeug.

Allein ein großes neues E-Auto zu kaufen oder gar einen Hybridantrieb, macht das Fahren nicht zu einer ökologischen Tat. Auch in der Elektro-Autowelt gilt: je weniger PS, desto besser für die Umwelt. Dazu muss der Aufbau einer emissionsfreien Stromerzeugungslandschaft mit dem Ausbau der E-Mobilität Hand in Hand gehen. Zu einem sinnvollen Modell von ganzheitlich gedachter Elektromobilität gehören jedoch vor allem ein modernes elektrisch betriebenes Bus- und Bahnsystem, ein weit entwickeltes Car-Sharing-Modell, ein vollständiges Batterierecycling und höhere Kapazitäten für einen nachhaltiger betriebenen Lithiumabbau.

Für eine zukunftsfähige und nachhaltige Mobilität reicht ein E-Auto allein auch aus einem weiteren Grund nicht aus: Es bewegt Menschen immer noch weitgehend nach dem Modell »ein

Auto = ein Mensch« von Ort zu Ort. Ein E-Porsche verbraucht genauso viel Platz wie ein Benzin-Porsche und ändert nichts an der Autozentrierung der Städte, wovon sich vor allem die Jugend lösen will. Aus der Automobilindustrie kommen nach wie vor weltweit keine Impulse für ein wirklich umfassendes Mobilitätskonzept der Zukunft. In die Zukunft geht es aber auf jeden Fall nur mit deutlich weniger Autos. Darüber hinaus sind Mobilitätsanforderungen in den Ballungsräumen und auf dem Land grundsätzlich verschieden, es gibt also keine One-size-fits-all-Lösung für Stadt und Land.

Eine Alternative für die Großstädte wäre, möglichst viele Menschen für ihre täglich gleichen Wege zum Umstieg auf Fahrräder, Straßenbahnen oder Busse zu bewegen und dabei Platz wie auch Emissionen zu sparen. Menschen in den Städten in möglichst großen »Verkehrsgefäßen« und auf Schienen zu transportieren, wahlweise mit nur einem oder keinem Fahrer, ist die emissions- und energieärmste Art der Raumüberwindung neben Radfahren und Zufußgehen. Südostasiatische Megametropolen, beispielsweise Singapur oder Hongkong, bauen deshalb schon seit Jahren ihre Städte in dieser Weise um, mit den modernsten, futuristischsten und dichtesten Nahverkehrsnetzen auf Schienen, die es auf der Welt gibt. Daneben investieren diese Städte massiv in Fahrrad- und Fußgängerstraßen sowie in Grünflächen. Dafür wird sehr viel Geld benötigt, welches die Kommunen, die heute den öffentlichen Nahverkehr betreiben, vielfach nicht haben. Landgemeinden leiden unter den vor vielen Jahren massiv rückgebauten Schienennetzen in der Fläche, welche revitalisiert werden müssten.

In Bahnen vereinsamt man nicht – man kommt mit Menschen in Kontakt oder kann sich mit entspannenden Dingen beschäftigen. Nebenbei spart man jede Menge $CO_2$. Dazu Elon Musk: »Öffentlicher Nahverkehr ist beschissen. ... Es ist ein großartiger Ort, um Mörder zu treffen. Warum solltest du irgendwo einsteigen, dir deine Schultern an jemand anderem reiben, der vielleicht ein Serienmörder ist? Warum steigst du in etwas ein mit einer Menge anderer Leute, die nicht dort aussteigen wollen, wo du aussteigen willst, nicht dort starten, wo du startest, nicht dort ihre Fahrt beenden, wo du sie beenden willst?« Man kann wirklich nicht sagen, dass Elon Musk ein Fan umfassend nachhaltiger Mobilität ist.

Elon Musks Unternehmererfahrung hatte sich in schnell skalierenden Plattformunternehmen gebildet. Für die Zukunft scheint noch nicht entschieden zu sein, ob das Pkw-Geschäft auch ein Plattformgeschäft werden wird oder eher ein »analoges« Produktgeschäft bleibt. Für die Plattform sprechen Sharing-Konzepte, für das analoge Modell kleinere, vor allem leichtere, deshalb weniger PS-starke und auch preiswertere E-Fahrzeuge, die schneller aufzuladen sind. Auch Mischnutzungen könnten in Zukunft stärker gewünscht sein, bei denen komfortablere Fahrzeuge, die beispielsweise für längere Fahrten benötigt werden, mit anderen geteilt und im Alltag eigene kleine Elektro- oder Hybrid-Fahrzeuge genutzt werden. In keine dieser Visionen passt Musk mit seinen PS-fokussierten Tesla-Modellen so richtig hinein.

Seltsamerweise ist gerade Elon Musk zum Managervorbild unserer Zeit erhoben worden. Ein Zukunftsmodell für Mobilität hat kein Automanager der Welt bisher entwickelt, auch Musk nicht. Die komplexe Verantwortung, die daraus erwächst, ein Produktionsunternehmen mit Zehntausenden von Mitarbeitern zu führen und gleichzeitig den Fortschrittsgeist, die Sensibilität und Umsicht walten zu lassen, die heute für die Herstellung eines sicheren und ökologisch verantwortbaren Produkts erforderlich sind, wird im Hype um Start-ups und Disruptionen unterschätzt. Dass Musk bisher noch nicht verstanden hat, wie man Autos in Masse produziert, wird sich vielleicht noch ändern. Das Plappern von Nachhaltigkeitszielen ohne nachweislich nachhaltige Produktion, ohne vollständige Recyclingkreisläufe, mit einem reinen Denken vom Autoantrieb her, das ganze ausschließlich Technik- und PS-Getriebene, die Hybris und der Mangel an Sozialität und Demut haben für mich nichts Vorbildhaftes für das Management eines modernen Unternehmens.

Die Mobilität der Zukunft sollten wir uns keinesfalls von Elon Musk vorschreiben lassen. Womit ich nicht sagen möchte, dass einer der deutschen Automanager bisher ein besseres Zukunftsmodell entwickelt hat.

## Wagniskapital

Christoph Keese ist einer der Geschäftsführer des Axel-Springer-Verlags und Autor des Buches *Silicon Germany*.[10] Ich habe einmal neben ihm auf dem Podium gesessen, und er antwortete auf die an mich gestellte Frage nach der Situation von Frauen in der Wirtschaft: »Können wir nicht über etwas anderes sprechen? Dieses Thema hat sich doch nun wirklich erledigt.« In der Tat stand ein anderes Thema – das der Digitalisierung – auf der Tagesordnung des Nachmittags. Ich wollte ihm schon erwidern, dass mir seine Antwort auf die gestellte Frage Kopfzerbrechen bereitete, aber Christoph Keese redete einfach weiter.

In seinem Buch beklagt Keese einen verstörenden Aufholbedarf in der Finanzierung von Start-ups in Deutschland. Sein Vorbild ist natürlich das Silicon Valley, wo jährlich Summen von 30, 40, 50 Milliarden Dollar und mehr an Privatkapital – sogenanntes Wagniskapital – in junge Unternehmen fließen. Wenn man das Buch gelesen hat, kommt man sich als deutscher Bürger, Sparer, Krankenpfleger, Lehrer, Unternehmer oder Manager wie ein Idiot vor. Besonders ärgerlich finde ich die Seiten, auf denen Christoph Keese den Deutschen vorwirft, sie würden jährlich 7 Milliarden Euro für das Lottospielen ausgeben, obwohl damit doch nur eine jämmerliche Rendite zu erzielen sei.[11] Der Staat behielte die Hälfte der Lottoeinsätze ein, es würden lediglich hundert Menschen im Jahr zu Millionären gemacht. Das sei für diesen Einsatz viel zu wenig, und das Geld der Lottospieler sei besser bei den Disruptoren untergebracht. Allein der Facebook-Börsengang hätte doch rund tausend Millionäre hervorgebracht, und aus dem Lottogeld wäre ganz leicht ein viel höherer Ertrag zu erzielen, wenn man es in Start-ups anlegte. Einige Seiten vorher hatte Christoph Keese noch bemerkt, dass es natürlich riskant sei, auf nur ein Start-up zu setzen, da die Floprate dieser Jungunternehmen so enorm hoch sei. Dieses Dilemma könne man aber leicht umgehen, wenn man auf mehrere junge Firmen gleichzeitig setze.

Das Investieren in Start-ups ist für Menschen, die Lotto spielen, sicherlich kein praktikabler Weg, zu Reichtümern zu kommen. Drehen wir den Fall einmal weiter, gerade weil er einem so oft vorgehalten wird: Der Ausgabepreis für eine Uber-Aktie lag im Sommer 2019 bei 45 US-Dollar. Ein normaler Lottoschein kostet heute um die 10 Euro. Selbst wenn sich die Aktie des Taxi-Unternehmens über die Zeit im Wert verzehnfachen würde, was überhaupt nicht danach aussieht, hätte der Lottospieler für 100 000 Dollar Uber-Aktien kaufen müssen, um damit Millionär zu werden. Die Unwahrscheinlichkeit dieses Falls liegt auf der Hand. Menschen, die 100 000 Dollar übrig haben, spielen kein Lotto. Methoden von Wagniskapital oder Aktienbesitz auf Menschen mit normalen Gehältern oder gar kleinen Renten zu übertragen, ist eine zynische Methode, den sozialen Auftrag einer Gesellschaft zu negieren.

Aber auch aus einem anderen Grund hinken diese Beispiele. Der Autor geht im Kern davon aus, Unternehmen seien dazu da, möglichst viele Millionäre zu produzieren. Zu insinuieren, dass der Sinn eines Unternehmens in der Millionärsproduktion liegt, ist hochproblematisch. Es widerspricht jedem Gebot von Fairness, jeder Idee von »Wohlstand für alle« und beerdigt schon in der Prämisse jeden egalisierenden sozialen Aspekt, den blühende Unternehmen dem Grunde nach haben müssen. Für das Silicon Valley ist genau diese Annahme allerdings selbstverständlich. Die zahlreichen dort anwesenden Ratgeber für Unternehmensgründungen, die Leiter der sogenannten »Accelerator-Programme« oder erfahrene Investoren, die sich die Zeit damit vertreiben, den in der Millionärsproduktion noch recht unerfahrenen Europäern den besonderen »Geist« des Silicon Valley zu erklären: Sie alle sprechen von nichts anderem, als dass man mit der einen oder anderen Digitalanwendung neue Milliardenmärkte erschließen kann, aus denen junge Gründer bald mit Millionenerträgen ins Leben gehen. Eine aussichtsreiche Idee, ein paar Programmierer, die man in San Francisco an jeder Ecke anheuern kann – schon ist man zum verheißungsvollen Jungunternehmer geworden.

Die Geldfantasie, die beständig genährt wird, speist sich aus den Gründungslegenden von Amazon, Google und Facebook, die 25, 22 und 16 Jahre zurückliegen. Und seither haben sich die Verhältnisse gerade durch den ungeheuren Markterfolg dieser Unternehmen geändert. Man kann heute davon ausgehen, dass die Zeit, in der aus einfachsten Unternehmensideen neue Plattformen im Wert von Hunderten Milliarden Dollar wachsen, vorbei ist. Auch wenn man eine neue große Plattformidee niemals ausschließen darf, so scheint das Feld der grundstürzenden Unternehmensideen aus der ersten Phase der Digitalisierung relativ abgegrast.

Eine Zeit lang wird es vielleicht noch gelingen, für jeden denkbaren »smarten« Gimmick einen Haufen sogenanntes Wagniskapital aufzutreiben. Jedes Jahr steigt damit weiterhin die Zahl der neuen Millionäre und Milliardäre, die aus so etwas wie einem E-Scooter-Börsengang immer noch sehr viel Geld ziehen. Aber das Eis, auf dem diese Geschichten segeln, wird immer dünner, und die Kollapsgefahr steigt. Essenslieferdienste, Mikromobilitätsdienste oder Online-Marketing-Dienste, Online-Housekeeping- oder Online-Hundesitting-Angebote, künstliche Intelligenz als Zauberwort, die hundertste Powerbank, das tausendste Fin-Tech-Start-up oder der zigste Minispeicher für die Hosentasche – das ist, wofür heute jeweils Hunderte Millionen an Kapital auf Los gesetzt werden. Wie lange diese Firmen bestehen und was mit ihren Mitarbeitern geschieht, wenn die Firmen es nicht schaffen, interessiert im Grunde niemanden im Silicon Valley. Die Ankeraktionäre machen schließlich trotzdem ihr Geld und ziehen weiter. Für die Spur der Verwüstung, die sie hinterlassen, ist wiederum der Staat zuständig.

Die zentrale Idee des Buchs von Christoph Keese – viel mehr Wagniskapital für noch radikaleres Wachstum – zerstört meine Hoffnung darauf, dass heute noch etwas gesellschaftlich Transformatives aus dem Silicon Valley auf Europa zu übertragen ist. Die Proklamation möglichst zahlreicher Aktionärsmillionäre als unternehmerisches Ziel ist jedoch auch hierzulande inzwischen gang und gäbe. Bewundernd wird über die Samwer-Brüder und ihr Rocket-Internet-Imperium berichtet, und bei der Lektüre von Abiturzeitungen fällt mir schon seit Längerem auf, dass es mehr Schüler und Schülerinnen gibt, die als Berufswunsch VIP oder Millionär schreiben, was nicht als Scherz gemeint ist, wie man dann dem Rest ihrer Porträts entnehmen kann. Dies darf man nicht unbedingt den Schülern anlasten, sondern muss es der Tatsache zuschreiben, dass in ihrem Umfeld sehr viel über Geld gesprochen wird.

Voraussetzung für die Produktion von Aktionärsmillionären ist das forcierte Betreiben des Shareholder-Value-Ansatzes, für den das Hochscheuchen des Aktienkurses das erste Gebot ist. Geschickte CEOs mit erfolgreicher Präsenz auf allen Kommunikationskanälen sind für die schnelle Bewegung der Aktie heute wesentlich, und es scheint praktisch egal, womit sie in den Medien präsent sind. Dass es im Grunde einen Widerspruch darstellt, mit seriös entwickelten neuen Geschäften schnell und massiv in der Presse zu sein, gleichzeitig nachhaltig zu wachsen und als Chef für die Mitarbeiter da zu sein, hat für Investor-Relations-Experten und Spin-Doktoren noch nie ein Problem dargestellt. Egal, in welcher

Phase sich das Unternehmen gerade befindet, ganz gleich, wo die Produktentwicklung steht oder was das Unternehmen wirklich schon drauf hat, der Aktienkurs muss hoch. Die Ankerinvestoren wie auch die Bankanalysten haben gleichgerichtete Interessen: Beiden geht es maßgeblich um beständige Aktienbewegung. PR-Strategien werden damit wichtiger als Unternehmensstrategien. So abwegig dieses Verhalten erscheinen mag, so erfolgreich ist es vor allem seit dem Ende der Finanzkrise gewesen. Seither bekam der Finanzmarkt eher noch Rückenwind für diesen Kurs.

Eine besonders zugkräftige PR-Nummer zum Aufpeppen der Aktie ist die Erfindung einer Disruption. »Disruption« ist im letzten Jahrzehnt das bekannteste und erfolgreichste »Ein-Wort-Narrativ« der Börse und des Managements gewesen. Die Disruption, also die Zerstörung eines reifen Markts, um auf seinen Trümmern etwas Neues, Visionäres, Innovatives, Fortschrittliches aufzubauen, ist seit Jahren so etwas wie das Zauberwort des Silicon-Valley-Kapitalismus. Tesla soll die etablierten Autohersteller der Welt in Schutt und Asche legen, das erwarten Teile der Investoren inklusive Elon Musk selbst noch heute. »Disruptiv« wird jedoch inzwischen vieles genannt: vom Elektroantrieb über den digitalen Heizungsthermostat bis zum besonders schnell trocknenden Nagellack. Der Begriff schwirrt inflationär durch die gesamte Wirtschaftswelt. Bei jeder Konferenz, jedem Kongress fällt er vielfach, oft für kleine, sogar kleinste Neuerungen, deren Schöpfer von sich behaupten, in irgendeiner Form mit alten Gewohnheiten zu brechen. Disruptiv bedeutet in jedem Fall »schnell« und »aggressiv«, auf beides stehen Börse und Kapitalmarkt.

Beim »Management per Disruption« handelt es sich um die These des amerikanischen Wirtschaftsprofessors Clayton Christensen, nach der jedes Traditionsunternehmen, jeder Großkonzern durch eine neue Technologie, vorgebracht durch einen wendigen Angreifer, in Nullkommanichts in den wirtschaftlichen Ruin gestürzt werden kann.[12] Beispiele wie Kodak oder Nokia werden genannt, die nach Christensen für den raschen Niedergang von Industriekolossen gegen kleine wendige Digitalangreifer der neuen Welt stehen. Christensen hat da einen tollen Begriff erfunden, allerdings halte ich Veränderungen in der Wirtschaft für gar nicht unnormal, auch starke Veränderungen nicht.

Christensens Theorie der Disruption wird von einigen anderen Wissenschaftlern inzwischen ebenfalls in Zweifel gezogen. Die Harvard-Kollegin Jil Lepore[13] kritisiert den »Gospel der Disruption« als weit hergeholt, als atavistisch, als kulturell rückschrittlich, als Rückfall in ein Zeitalter der gegenseitigen Bedrohung und der ständigen Furcht vor Zerstörung. Auch Andrew King, Professor am Dartmouth College, mahnt,[14] dass die Beweise für Christensens Theorie fehlen, da viele seiner Beispiele für gescheiterte Unternehmen eher Fälle eklatanten Missmanagements sind. Und doch ist der Begriff nicht totzukriegen. »Disruption« ist eben die perfekte Börsenstory – schon das Wort klingt wie ein Roman.

Disruptionen und Exits gehören zusammen. Beide Begriffe sind vom Finanzsektor getriebene Konzepte. Wir wissen heute, dass neun von zehn Start-ups scheitern. Wir wissen, dass die hohe Erwartung, die sich mit einer Unternehmensgründung verbindet, in den allermeisten Fällen enttäuscht wird. Da es keine Jury gibt, die die Verleihung eines Labels wie »disruptiv« überwacht, bekommen Unternehmen, die vor Kameras oder Mikrofonen als »disruptiv« bezeichnet werden, in dieser Sekunde ein Milliarden-Preisschild aufgeklebt. Genauso geschah es bei Tesla, und auf diese Weise entstand der extrem hohe Börsenwert für ein Unternehmen, das auch nach mehr als eineinhalb Jahrzehnten immer noch eine ziemlich kleine Zahl an Fahrzeugen produziert und bisher sehr wenig Gewinn erzielt hat. Aber es hängen viele Spieler mit ihrem Kapital in diesem Unternehmen. Sie werden so lange von Disruption sprechen, wie es irgend geht.

Digitale Start-ups haben in den USA in ihrer Anfangsphase bisher kolossale Mengen an Wagniskapital verbraucht. Ein Konzern wie Amazon hat eine Zeit lang fast jährlich Anleihen im Milliardenwert emittiert und sich auf diese Weise äußerst günstig Geld beschafft. Es sind gigantische Investitionen, die vor allem die digitale Ökonomie seit Jahren wie ein Magnet anzieht, hortet, verbrennt. Und es herrscht die Vorstellung, dass diese Erfolgsgeschichte nicht nur immer weiter fortzuführen, sondern noch zu steigern ist. Die Folgen sind mittlerweile markant: Firmen werden gegründet, nur mit dem Ziel, sie zu Mondpreisen an die großen Digitalkonzerne weiterzuverkaufen oder sie an die Börse zu bringen. Die großen Konzerne wiederum sonnen sich im Hype des aufgenommenen Risikokapitals und in der Sonne ihrer hohen Bewertungen, die sie durch Zukäufe weiterer Start-ups immer mehr nach oben schrauben. Wenn Jeff Bezos ankündigt, sich für eine neue Branche zu interessieren, steigt seine Aktie – die Aktien der Unternehmen aus der »Opferbranche« fallen. Es ist, als seien Konzerne, Hedgefonds und Jungunternehmer mit den Massen an Wagniskapital, das in Zeiten von Null-Zinsen verzweifelt nach Anlagemöglichkeiten sucht, auf eine Goldader gestoßen.

Die Kehrseiten dieser Investitionspolitik sind inzwischen gut sichtbar, und auch dies besonders prägnant im Silicon Valley. Die Schere zwischen Arm und Reich ist dort die größte auf der Welt, wie nicht zuletzt Thomas Piketty[15] und andere Zweifler an dieser Form des Kapitalismus festgestellt haben. Auf meinen Reisen an die Westküste der Vereinigten Staaten übernachtete ich in San Francisco, der Stadt mit der global höchsten Milliardärsdichte. In dieser Stadt wie auch in Los Angeles ist die soziale Schere inzwischen so weit auseinandergegangen, dass ich das Gefühl bekam, die Stadtverwaltungen hätten aufgegeben: Straßenzüge voller opioidabhängiger Menschen, die am helllichten Tag in einem bedrohlichen Gesundheitszustand durch die Stadt taumeln – kein Rettungsdienst, keine Polizei in Sicht. Was sollten sie auch ausrichten ob der Massen an kranken, vernachlässigten, in dieser Gesellschaft chancenlosen Mitmenschen. Wenn ich abends mein

Hotel für einen Spaziergang verließ, sah ich mitten in der Stadt Hunderte Obdachlose, die sich ihre Nachtlager in langen Reihen Seit an Seit auf den breiten Bürgersteigen vor den teuren Geschäftshäusern einrichteten. In einem Sonderbericht des *Economist* heißt es dazu, dass inzwischen Zehntausende normale Bürger San Franciscos in ihren Autos übernachten, weil sie sich keine Wohnung mehr leisten können.

Schon Ulrich Beck sprach von der Refeudalisierung der Risikogesellschaft.[16] Durch die Internetwirtschaft wird immer weiter und stärker refeudalisiert, denn die bei Wagniskapitalgebern so beliebten Plattformmodelle treiben auf der einen Seite den Niedriglohnsektor an, auf der anderen Seite kumulieren sie die Kapitaleinkünfte in den Händen weniger Rentiers. Den Interessen anderer Stakeholder, beispielsweise der Mitarbeiter, des Staats, der Umwelt oder der Bürgerschaft einer Stadt, in der sich die Unternehmen niederlassen, wird in der Digitalgesellschaft kaum Beachtung geschenkt. Dies hat auch damit zu tun, dass internetbasierte Geschäftsmodelle weniger Personal benötigen, weniger Betriebsstätten haben und dazu weniger kapitalinvestive Anlagen betreiben. Die Abhängigkeiten dieser Unternehmen von ihren Arbeitnehmern, örtlichen Behörden oder anderen Stakeholdern sind dadurch deutlich geringer als in der analogen Wirtschaft. Dazu kommt, dass sich die sogenannten Wagniskapitalgeber inzwischen an geringinvestive Unternehmen mit hoher Skalierungsfähigkeit gewöhnt haben und analoge Wirtschaftsmodelle eher meiden.

Es kann jedoch nicht gut gehen, Unternehmen zu gründen und mit Kapital auszustatten, die unternehmerisch keinen Sinn ergeben. Wer räumt die Zehntausenden chinesischer Fahrräder oder E-Roller aus unseren engen europäischen Großstädten wieder weg, die hierhergebracht wurden, nur um an unsere persönlichen Daten zu gelangen, und schon nach einigen Wochen kaum mehr benutzt werden? Wenn ich lese, dass der E-Roller-Verleiher Tier soeben eine neue Finanzierungsrunde mit erneut einigen Hundert Millionen Dollar an Wagniskapital abgeschlossen hat, weil seine Investoren sich von dem Plan zur »aggressiven Expansion« in alle europäischen Städte begeistert zeigen, denke ich an einen Satz, den die Soziologin Saskia Sassen in einem Essay formuliert hat: »Eine der größten Herausforderungen in den Kämpfen für eine gerechtere Gesellschaft besteht in dem Aufstieg komplexer räuberischer Formationen.«[17]

Selbst im Silicon Valley merken die Venture-Capital-Fonds allmählich, dass es nicht mehr unendlich viele Gründer mit interessanten Geschäftsideen gibt. Trotzdem geben sie ihre kranke Formel nicht auf: Es werden nur Unternehmer gefördert, die sich zutrauen, mit ihrer Geschäftsidee in sehr kurzer Zeit ein Geschäftspotenzial von mindestens einer Milliarde Dollar zu erreichen.[18] Und immer noch fließt die Hälfte aller Investitionen in Start-ups nach Kalifornien – seit drei, vier Jahren sind junge KI-Firmen der neue Hype. Vor allem an den Massen des privaten Kapitalflusses wird heute bemessen, wie fortschrittlich eine Gesellschaft oder eine Nation ist. Deren Fehlen in Europa wird von Persönlichkeiten wie Christoph Keese regelmäßig bitterlich beklagt. Ob die riesigen Investitionsströme in sinnvolle Unternehmensideen fließen, wie lange sich diese Unternehmen halten oder wie viel Wertschöpfung sie für eine Gesellschaft erbringen, das steht auf einem ganz anderen Blatt. Je höher die jährlich gemessene und international verglichene Summe des privaten Risikokapitals, desto innovativer wird ein Kontinent oder ein Land eingeschätzt. Auch darüber müsste man sehr viel intensiver diskutieren.

Wagniskapital war einmal eine Finanzierungsmöglichkeit für besonders riskant geltende Unternehmungen, oft im technologischen Bereich, die sich über Banken nicht finanzieren konnten, weil sie keine Sicherheiten zu bieten hatten. Seit einigen Jahrzehnten nehmen verstärkt private Kapitalgeber die Rolle der Unternehmensfinanzierer wahr, vor allem in den Vereinigten Staaten ist dies eine geübte Praxis. Seit der Niedrigzinsphase werden sie mit Geld regelrecht überrannt. Hedgefonds vermischen inzwischen ihre Anlagestrategien, nur ein Bruchteil ist dabei noch regelrechtes Wagniskapital – sogar bei Investitionen in die Frühphase von Unternehmungen ist der Anteil des Wagniskapitals zurückgegangen. Mit der Zeit haben sich auf diese Weise die Anlagestrategien von Wagniskapitalfonds und Hedgefonds vermischt. Letztere sind besonders aktiv gemanagte Investmentfonds, die durch eine breite Palette von Anlagestrategien überdurchschnittliche Renditen erbringen müssen. Die Erwartungen der Geldvermehrung sind bei Hedgefonds nicht nur hoch, sie sind extrem. Dafür war Wagniskapital aber nie gedacht.

Zeiten, in denen Kapital im Überfluss Anlagemöglichkeit sucht, sollten eigentlich ideal für besonders innovative Unternehmungen sein, zum Beispiel im Medizin- oder Energiesektor. Allerdings hat sich eine ganz andere Entwicklung Bahn gebrochen: Wenn für einen sogenannten digitalen Taxibetrieb wie Uber, der seine in die Selbstständigkeit gezwungenen Fahrer schlecht bezahlt, der in vielen Städten verboten ist und der im Grunde lediglich die »alte« Dienstleistung des Taxifahrens »effizienter« machen will, schon vorbörslich ein Unternehmenswert von mehr als 62 Milliarden Dollar aufgerufen wird, dann wirft dies viele Fragen auf. Wenn eine solche Firma dann beim Börsengang eine Marktkapitalisierung von 82 Milliarden Dollar erreicht, obwohl sie in diverse rechtliche Auseinandersetzungen über die Sicherheit ihrer Fahrgäste und Fahrer rund um den Erdball verwickelt ist, fragt man sich: Warum sehen Bankiers und ihre Analysten den Wert eines Taxidienstes und dessen Zukunft derart rosig?

Moderne Start-up-Finanzierungen öffnen den Blick auf eine vollständig neue Programmierung von Chance und Risiko, bei der die Risikoseite kaum noch ins Gewicht zu fallen scheint. Start-ups verbrennen sehr viel Geld schon vom Start an, denn sie arbeiten lange mit unfertigen Ideen und durch das in Finanzierungsrunde um Finanzierungsrunde gewonnene Kapital lange ohne den Zwang zur Gewinnerzielung. Oft treiben sie die Kapitalaufnahme immer weiter, auch indem sie ihre Unternehmensideen größer machen, als sie sind, ohne sich intensiv um einen soliden Unternehmensaufbau zu kümmern. Denn sie bereiten ja schon die nächste Finanzierungsrunde vor.

Der Erzielung von Gewinnen wird für Start-ups kein besonderer Wert beigemessen. Solange die Finanzierungsrunden erfolgreich sind, fragt auch niemand danach, denn die in diesen Runden erzielten Investitionssummen nehmen schließlich später einen positiven Einfluss auf die Unternehmensbewertung. Die von Hedgefonds gepäppelten Jungunternehmen müssen nach ein paar Jahren, trotz aller möglicher operativer Schwierigkeiten, an die Börse gebracht werden, schon allein um die gewünschte Kapitalvermehrung für ihre Investoren endlich zu realisieren. Und nach dem Börsengang muss das Spiel weitergehen, denn das Unternehmen ist ja noch gar nicht lauffähig, es braucht weiterhin Kapital, und es gibt andere Millionäre, die ebenfalls an Kapitalvermehrung interessiert sind. Im Zentrum des Orkans um Geld steht jedoch nicht selten ein unfertiges, instabiles Unternehmen mit einem extrem selbstbewussten CEO und einer wackeligen, in letzter Zeit oft noch nicht einmal besonders innovativen Geschäftsidee.

Als Dank für sprunghafte Aktienbewegungen, fast egal mit welchen Mitteln, sorgt Shareholder-Value für hohe Gewinne bei Aktienverkäufen. Auch eine sehr hohe Bezahlung von Managern gehört zu diesem Spiel. Zur Kurspflege können sie auch gerne mal Tausende Mitarbeiter abbauen oder aber exzentrische Hobbys betreiben wie den Aufbau eines privaten Raumfahrtunternehmens. Generell gilt heute für die meisten Führungskräfte börsennotierter Unternehmen, dass ihre Gehaltssumme ganz wesentlich mit dem Steigen des Aktienkurses verknüpft ist. Dass dies massive Fehlanreize produzieren kann, irritiert nicht weiter. Honoriert wird auf diese Weise oft nicht das Erreichen unternehmerischer Stabilität oder bester Produktqualität, ganz abgesehen von der Sicherung von Arbeitsplätzen. Das Treiben der Aktie hat immer Vorfahrt, selbst wenn dazu ständige Zukäufe, Verkäufe, größere Merger oder Abspaltungen vorgenommen werden müssen.

Vertrauensrisiken in der Mitarbeiterschaft bleiben grundsätzlich untergewichtet, sie sind hinzunehmen. Stabilität ist langweilig, fast schon eine negative Eigenschaft, die Volatilität in Strategie und Unternehmensentwicklung sind für Aktionäre und Investoren heute oft das Salz in ihrer Kapitalsuppe. Dass dadurch alle anderen Stakeholder eines Unternehmens immer wieder in enorme Unruhe versetzt werden, dass Mitarbeiter zwangsläufig hinsichtlich ihrer Motivation und Loyalität für ihre Arbeit und ihr Unternehmen nachlassen, bleibt unberücksichtigt.

Weil Hedgefonds von Kapitalgebern getrieben sind, die im Grunde wenig Risiko eingehen wollen, wählen sie oft arg selbstbewusste und kaum achtsame Unternehmensgründer mit hohem Durchsetzungswillen aus, von denen sie annehmen, dass diese eine Firma sehr schnell am Markt versilbern können. Uber wurde 2009 von dem inzwischen dreifachen Dollar-Milliardär Travis Kalanick gegründet, der angesichts von wütenden Ausrastern gegen seine unterbezahlten Fahrer, wegen der Duldung von Drogenkonsum, Wettbewerbsspionage und vielfacher sexistischer Übergriffe in seinem Unternehmen als CEO abtreten musste. Allerdings saß er bis vor Kurzem weiterhin im Aufsichtsrat und hat am Börsengang von Uber mit seinem Unternehmensanteil von rund 9 Prozent am allermeisten verdient. Die Uber-Aktie rutschte direkt nach dem Listing stark ab und hatte sich auch fast ein Jahr danach nicht von ihrem Sturz erholt. Das Geschäftsmodell von Uber sind Taxifahrten mit nichtprofessionellen Fahrern in ihren eigenen Fahrzeugen, die mit einem Wisch auf dem Smartphone zu bestellen sind. Nichts anderes sind übrigens Lyft und FreeNow, wie der deutsche digitale Taxiverbund MyTaxi inzwischen heißt, nur ohne dunkle Limousinen. Uber-Fahrer verdienen am wenigsten von allen Fahrern, denn der Marktansatz ist, den Wettbewerb immer zu unterbieten. Mehr als 50 Prozent von Ubers Fahrern haben noch einen anderen Job. Bis zum Börsengang im Mai 2019 war das Unternehmen trotz Fahrverbots in vielen Ländern Europas dennoch das am höchsten bewertete nichtbörsennotierte Start-up der Welt.

Gute Börsennarrative erzählen heute schillernde Geschichten über das Morgen und Übermorgen, die auf jeden Fall mit dem Digitalen zu tun haben. Ein digital zu bestellendes Taxi unter einem neuen, schicken Namen, ein paar Versuche mit autonomen Fahrzeugen, eine wolkige Mission, massive Werbung und ein paar freche Sprüche reichen als Erzählung schon aus.»I have made breaking the law a lifestyle«, erzählt der Uber-Gründer Kalanick stolz über seine Arbeitsweise und macht mit diesem Spruch in den sozialen Medien Eindruck. Schamlosigkeit als Asset, auch das ist Teil des Erfolgs der neuen digitalen Gründer, genau so war es während der Dotcom-Zeit. Geld verdient hat das Unternehmen Uber jedoch noch nie, weder vor noch nach dem Börsengang. Das erste Börsenjahr wurde erneut mit einem Verlust von über einer Milliarde Dollar abgeschlossen.

Mit der Idee, dass Unternehmen Werte schaffen oder werthaltige Leistungen anbieten müssen, um damit Geld zu verdienen, fühlt man sich in der digitalen Welt hoffnungslos altmodisch. Das Aufblähen von Unternehmensbewertungen, das Hochtreiben von Börsenwerten und die absurd hohen Summen, die für Aktienrückkaufprogramme eingesetzt werden, hängen zusammen. Wir haben es dabei oft mit dem Anschein von Wertschaffung und Unternehmertum zu tun – es ist so, als würde das Unternehmerische immer mehr hinter die nach ganz anderen Mustern agierende Finanzwirtschaft zurücktreten. Unternehmen werden von den Finanziers nurmehr als Instrumente ihrer Kapitalvermehrung benutzt. Risiken sind unerwünscht, damit auch langsames, nachhaltiges organisches Wachstum oder echte Wagnisse und im Grunde auch echte Innovationen. Die Finanzwirtschaft außerhalb der Banken hat ihre dienende Funktion aufgegeben, und kurzfristige Gewinnvermehrung ist selbst im Bereich der sogenannten Wagniskapitalfinanzierung ihre feste Losung.

Immer mehr Fäden der Wirtschaft werden inzwischen von privaten Finanziers in den Händen gehalten, ihre Ziele haben jedoch mit Unternehmertum und seiner langfristigen Perspektive oft kaum mehr etwas zu tun. Vor allem digitale Unternehmen dienten dabei in den vergangenen Jahren mehr und mehr als »Rettungsanker« für vagabundierendes Kapital der Finanzwirtschaft. Es galt, über ein Unternehmen seinen Anlagebedarf zu befriedigen. Der Motor hinter dieser Entwicklung sind wahrscheinlich zu viele reiche Menschen auf der Welt, die nur noch durch Kapitaleinkünfte ihr Geld verdienen und die es vor allem immer schneller und immer stärker mehren wollen. Für den Renditeanspruch hinter diesem Mehrungswunsch reichen »normale« Unternehmen nicht mehr aus. Die Mengen an privatem Kapital, die im Silicon Valley untergebracht werden und die uns Europäern immer wieder als leuchtende Beispiele vorgehalten werden, sind dabei nicht mehr Zeichen einer gesunden vitalen Ökonomie.

Wenn Normalbürger einer westlichen Demokratie nach ein paar Jahren »Arbeit« ganze Stadtviertel, Flugzeugflotten, Jachten, Inseln, teuerste Kunstwerke, Fußballvereine und mehr erwerben und dazu als Hobby beispielsweise ein Raumfahrtunternehmen betreiben, während in den Städten, die sie bewohnen, Menschen in ihren Autos kampieren und die Obdachlosenzahl immer weiter steigt, dann ist dies für mich ein äußerst beunruhigendes Signal fehlender Steuerung. Die massiven Lebensunterschiede in einem Landstrich wie dem Silicon Valley zeigen im Brennglas die Schizophrenie, die der besondere Kapitalismus des Shareholder-Values gerade in der Kombination mit den bisher praktisch unregulierten digitalen Plattformmodellen hervorgebracht hat. Und immer noch preisen viele diese digitale Wirtschaftswelt als vorbildhaft, immer noch geht der amerikanische Traum weiter, zu dem ja die Verehrung außergewöhnlicher wirtschaftlicher Erfolge dazugehört. Und immer noch sind die Stimmen sehr laut vernehmbar, die davor warnen, das Internet oder seine Unternehmen in irgendeiner Weise zu regulieren.

Als bedauerliches und einfältiges Zeichen empfinde ich in diesem Zug die durch Buchautoren und Medien gespeiste Bewunderung und Überhöhung der Biografien von Silicon-Valley-Stars. Auch sie spielen eine Rolle bei der Anbetung der Digitalisierung als angeblich neuer goldener Wirtschaftsära und beflügeln eine gefährliche Verschönerung der Realität. Es ist fast wie im Märchen: Das Leben der neuen Digitalunternehmer erscheint voller Wagnisse statt durchdrungen von Routine, voller Abenteuer und Erfolge statt gespickt mit Durststrecken und Misserfolgen, voller Freude und guter Laune statt gekennzeichnet durch Stress und Übellaunigkeit. Walter Isaacson, der Biograf von Steve Jobs, bezeichnet den Apple-Gründer in seinem Buch als einen »Auserwählten«, einen »Künstler«, ein »Genie«, einen »Magier«. Steve Jobs war ein sehr erfolgreicher Manager, er hat ordentliche Computer gebaut, und er hatte die eine oder andere Idee genau zum richtigen Zeitpunkt, nicht mehr und nicht weniger. Viel Geld verdient kein Pathos.

Theodor W. Adorno hat immer wieder an die moralische Pflicht zur Triftigkeit des Ausdrucks erinnert. Pathos löst eine hohe Emotionalität aus, ein geradezu feierliches Ergriffensein. Pathos ist selten angebracht. Das Gefährliche am Pathos ist, dass es einen wehrlos macht. Die Hymnen, die auf Steve Jobs und inzwischen auch auf Jeff Bezos oder Elon Musk gesungen werden, lassen uns blind werden sowohl für die wirklichen Anforderungen eines Managerlebens als auch für die blamablen sozialen und ökologischen Negativentwicklungen, die das angebetete ökonomische Modell begleiten.

# Geisterrestaurants

Die Idee, ein Restaurant zu gründen, sei auf jeden Fall hoffnungslos, sagt der deutschstämmige amerikanische Milliardär und Hedgefonds-Manager Peter Thiel. Paradebeispiel für eine schlechte, dumme Unternehmensidee sei die Gründung einer neuen Gaststätte, eines Cafés oder einer Bar. Der Markt sei mit Lokalitäten dieser Art geradezu übersättigt, die Margen sehr gering, die Differenzierungsmöglichkeiten gleich null. Selbst ein Restaurant mit nepalesisch-französischer Fusions-Küche hätte in keiner Stadt der Erde mehr eine Chance, weder auf eine Rendite noch auf ein längeres Dasein. Gegen Restaurants schimpft Peter Thiel in Interviews und Vorträgen überraschend oft, als habe er inzwischen eine starke Antipathie gegen Restaurant- und Barbetreiber entwickelt. Es ist für ihn nicht nur dumm, sondern ein Akt gegen seine moralische Buchführung, ein Restaurant zu eröffnen, geschweige denn ein Café, einfach weil diese Läden viel zu wenig Kohle abwerfen. In Thiels festgefügtem Plan für die Zukunft bringen Wirte, Bäcker, Köche und Kellner die Erde nicht nach vorn. Ihr Geld könnte sehr viel besser angelegt sein, und wenig Geld zu verdienen, grenzt für Thiel an Lebensverweigerung, an Zukunftsvernichtung, ja fast an Kriminalität. Warum in eine so mühselige Sache investieren, wenn man Rekorde in der Vermögensansammlung brechen könnte?

Meine Reaktion auf Thiels Restaurantverachtung ist sehr parteiisch und emotional: Ganz sicher gehört es zu den besten Momenten des Alltags, einem Kellner, der seinen Job liebt, beim Arbeiten zuzusehen: wie er sich kümmert, wie er die Teller auf Hand und Arm in Treppenform übereinanderhält, mit seiner Tellerkaskade so um die Tische herumkurvt, dass kein Salatblatt herabsegelt, hier und dort ein Kompliment anbringt oder Gäste, die schon mehrfach mit dem Satz »Ich möchte jetzt zahlen« gedroht haben, mit einem »Ich bin gleich ganz bei Ihnen« beruhigt. Und was täten wir ohne die Sympathie der Köche, jener Realisten unter den Romantikern, die uns an Regentagen Blüten auf den Teller legen, an heißen Abenden eine pikant zitronige Würze hervorbringen und in der kalten Jahreszeit ein Lammcarré servieren, das nach Tanne duftet? Man kann es sich einfach nicht vorstellen, darauf irgendwann verzichten zu müssen. Und doch könnte es sein, dass Peter Thiel recht behält – nicht weil Köche vom Restaurantbetrieb nicht leben können, nicht weil Kellnerinnen und Kellner aussterben, sondern weil Betriebswirte Gasträume für ineffizient halten und weil man aus dem ganzen altmodischen Restaurantgeschäft, das es seit Hunderten von Jahren gibt, schon lange etwas Flotteres hätte machen können, etwas Zeitgemäßes, irgendwie digital, an dem ein paar Leute richtig was verdienen.

Sind Ihnen schon einmal die in auffallenden Farben wie Mintgrün, Pink oder Orange gekleideten Fahrrad- und Mopedfahrer aufgefallen, die seit einigen Jahren mit einer großen Thermobox auf dem Rücken meist in großer Eile auf den Straßen unserer Großstädte unterwegs sind? Mit Schriftzügen wie Foodora, Deliveroo, Vertical Food oder Delivery Hero auf dem Rücken? Wenn Sie diese Boten sehen, dann haben Sie es mit den aktuellen Hoffnungsträgern des Shareholder-Value zu tun. Denn Bankanalysten sagen den Lieferdiensten fürs Essen, der sogenannten »Gig-Industry«, ein rasantes Wachstum voraus. Einer der neuen Stars für »Food-Tech« ist Will Shu, der taiwanesischstämmige amerikanische Chef von Deliveroo, einem in London ansässigen Lieferdienst mit gleichnamiger App, mit der sich Nutzer Gerichte aus einem nahe gelegenen Restaurant oder gleich aus einer sogenannten Geisterküche ohne Gastraum nach Hause bestellen können. Lieferfahrer holen das Essen per Fahrrad, Moped oder Auto dort ab und liefern es gut verpackt und ungeschüttelt in Kunststoff- oder Styroporschalen nebst Plastikbesteck transportkostenlos direkt an die Haustür. Hygiene, Hitze und eine feine Verpackung sind bei Essenslieferdiensten Trumpf, so säuberlich bekämen wir den Kram zu Hause nie aus der Pfanne auf den Teller.

Will Shus Unternehmen Deliveroo ist offiziell mit 2,1 Milliarden Dollar bewertet, inoffiziell mit einem noch höheren Wert, weil es als Food-Tech-Unternehmen gilt, also etwas mit Hightech zu tun haben soll. Im Mai 2019 hat sich Deliveroo viel Geld von Amazon als Teil einer knapp 600 Millionen Dollar schweren Finanzierungsrunde gesichert, die im Moment noch von den britischen Behörden geprüft wird. Die Vision von Will Shu, einem ehemaligen Banker, ist recht simpel. Sie lautet: das Kochen der Menschen auf ein bloßes Hobby reduzieren. Shu schätzt die amerikanische Unternehmenskultur. Er sagt, er sei stolz, einer jener Unternehmer mit »Hunger nach Wachstum und Innovation« zu sein. Das Potenzial der Essenslieferungen sei immens, da die meisten Menschen auf der Welt dreimal am Tag essen müssten und keine Lust hätten, sich darum selbst zu kümmern.

Deliveroo gibt es seit 2013. Das Unternehmen mit Sitz in London beschäftigt heute 2500 feste Mitarbeiter und ein weltweites Netzwerk von rund 60 000 scheinselbstständigen Lieferfahrern. Shu hat bisher 1,5 Milliarden Dollar an Finanzierungen eingesammelt, sein Unternehmen ist bisher ohne Gewinn. Der Umsatz von Deliveroo wuchs zeitweise »raketenhaft«, sagt Shu und lag 2018 bei rund 300 Millionen Euro pro Jahr. Genauere Umsatzzahlen gibt Deliveroo allerdings nicht bekannt. Shu hat schon zwei Übernahmeangebote namhafter Konkurrenten ausgeschlagen – eines von Uber, ein anderes von Amazon. Man munkelt, die Absagen seien nicht erfolgt, weil Shu nicht verkaufen wolle, sondern weil ihm der Preis zu niedrig war.

Wie fast alle anderen digital angehauchten kulinarischen Lieferdienste mit scheinselbstständigen Vergütungssystemen hat auch Deliveroo die Kritik der staatlichen Behörden auf sich gezogen, da Shu seine Fahrer grundsätzlich unter Mindestlohn bezahlt. In London geistern Stundenlöhne von 2 bis 3 Pfund durch die Gazetten, in Deutschland sperrt sich die Firma gegen die Bildung eines Betriebsrats. Die Zusammenarbeit mit fünf Deliveroo-Fahrern in Köln ließ man auslaufen, da sie zuvor einen Betriebsrat aufgestellt hatten.

Ein ursprünglich deutsches Start-up für Essenslieferdienste, »Foodora«, zeigt, wie wechselvoll eine Firmengeschichte in dieser Branche sein kann und dass mit dem von Bankern so hochgelobten Geschäftsmodell etwas nicht stimmt. Die Firma wurde 2014 in München gegründet, zog ein Jahr später, im April 2015, nach Berlin, nachdem sie zu 100 Prozent von Rocket Internet übernommen worden war. Drei Monate darauf übernahm Foodora drei andere Lieferdienste in Kanada, Australien und Österreich, bevor das Unternehmen nur vier Monate später, im September 2015, zu 100 Prozent vom Lieferdienst Delivery Hero übernommen und mit zwei anderen Firmen fusioniert wurde. Im Dezember 2018 wurde Foodora schließlich von der niederländischen Takeaway-Gruppe gekauft und im Januar 2019 unter die Marke Lieferando eingruppiert. In vier Jahren wechselte das Unternehmen also viermal seine Besitzer. Die Löhne, die für deutsche Fahrer von Foodora bezahlt wurden – etwa 12 bis 14 Euro pro Stunde –, galten in der Delivery-Branche als prohibitiv hoch und schädlich für den Gewinn, deshalb wurden die Stundenlöhne nach der vierten Übernahme gekürzt. In Deutschland, Italien und Australien gab es anschließend Proteste gegen die miserable Bezahlung der immer noch pink gekleideten Foodora-Fahrer.

Ein Unternehmen, das in so kurzer Zeit viermal den Eigentümer wechselt, wird krank. Die schlechte Bezahlung der Fahrer interessiert die Investoren in diese Geschäfte allerdings nicht – sie lassen sich gerne von den weltumspannenden Visionen eines Fahrradkuriergeschäftes für täglich heißes Essen begeistern. In der Sprache der Betriebswirte und Banker steht der häufige Eigentümerwechsel für eine »gesunde Konsolidierungsphase des Markts«. In Wirklichkeit zeigt dieses Bäumchen-wechsle-dich-

Spiel, wie umkämpft das Geschäft ist und wie schwierig es ist, damit überhaupt Geld zu verdienen. Foodora ist unter die Räder gekommen, weil es in Deutschland einen Mindestlohn von 9,35 Euro die Stunde gibt. Vernünftige Mindestlöhne bringen kranke Geschäftsmodelle ans Tageslicht, sie fördern ehrliche Preise und erinnern daran, dass Wirtschaft nicht nur ihren Kunden, sondern auch ihren Arbeitnehmern gegenüber eine respektvolle, eine schließlich wert- und sinnschaffende Funktion einzunehmen hat.

Inzwischen haben die großen Food-Lieferdienste, die ursprünglich das Essen von klassischen Restaurants abholten und zum Kunden brachten, jedoch einen ganz neuen Weg eingeschlagen, mit dem noch mehr Geld aus der täglichen Essenszubereitung herauszupressen ist: Über eine wahre Gründungswelle von Geisterküchen in den verschiedenen Metropolen der Welt ist zu lesen. Geisterküchen sind »Scheinrestaurants«. Aus einer Großküche ohne Gastraum im Nirgendwo der Vorstädte werden zahlreiche Gerichte für die unterschiedlichsten Speisekarten hergestellt, die nur über das Internet zu bestellen sind. Über die Lieferdienste im Internet kann man über 24 Stunden und 7 Tage die Woche Speisen von diesen verschiedenen «virtuellen Restaurants« bestellen und bekommt dennoch immer den Eindruck, von einem Gasthaus »direkt um die Ecke« beliefert zu werden. Dabei stammt jedes Essen aus ein und derselben Groß- oder Geisterküche im Industriegebiet oder an der Peripherie einer Stadt.

Der Aufbau der Geistergroßküchen mit angehängten Multispeiseplänen hat einen einfachen Grund: Die Zusammenarbeit zwischen herkömmlichen Gaststätten und Lieferdiensten hat sich als »zu schwierig« herausgestellt, da die Gewinnmarge für die Gaststätten durch die zusätzliche Verpackung, die Provisionen und die Lieferkosten viel zu gering ausfiel. Auch wollten die Fahrer nicht mehr in den Restaurants auf ihre Ware warten müssen, während man vorranging die Kunden im Gastraum bediente. Geisterrestaurants können sich mit ihren Großküchen nun ausschließlich auf das Kochen und die Verpackung konzentrieren, heißt es. Die Zusatzkosten für Servicepersonal, Einrichtung und Miete eines Gastraums entfallen, und in der Geisterküche können problemlos Italiener, Thailänder, Inder und Deutsche Hunderte, ja Tausende von Gerichten unter einem einzigen Dach zubereiten.

Es gibt große Firmen hinter den Geisterküchen, beispielsweise Uber Eats, die über dieses Konzept stärker in den angeblich boomenden Markt für kulinarische Lieferdienste einsteigen wollen. Der neue Uber-Chef will seine Tochterfirma Uber Eats zum größten Essenslieferanten der Welt machen und hat dafür vor Kurzem den Großküchen- und Geisterrestaurantbetreiber Ando übernommen. Ando betreibt schon eine Reihe von Geisterrestaurants mit mehr als fünfzig Köchen pro Küche. Auch Ex-Uber-CEO Travis Kalanik hat gerade in San Francisco ein Start-up namens CloudKitchens gegründet, das Geisterrestaurants betreiben will. Und man hört, dass Starbucks sich ebenfalls darauf vorbereitet, in dieses Geschäft einzusteigen. In einigen chinesischen Großstädten wird das Unternehmen bald damit beginnen, Kaffee und Cappuccino nach Hause zu liefern. Vielleicht kommen Becher mit Hibiskusblütentee oder einem geeisten Chrysanthemen-Frappé direkt an die Haustür dazu.

Geisterrestaurants und kulinarische Lieferdienste sind aus den USA nach Europa herübergeschwappt. Wir erleben hier die Entstehung einer neuen Art von »Convenience-Gastronomie«, die mit Gästen gar nichts mehr zu tun haben will und die allein von den Lieferdiensten initiiert und entwickelt wurde. Man kann sich vorstellen, dass normale Restaurants es zumindest preislich schwerhaben werden, gegen die Geisterküchen anzukommen. Die digital vernetzten Lieferdienste könnten es darüber hinaus schaffen, eine der letzten Bastionen europäischer Alltagskultur, das Kochen und Aus-Essen-Gehen, zu schleifen und auch die starken regionalen Unterschiede sowie die Vielfalt unserer Essenskultur weiter einzuebnen. Und alles nur, damit der globale Lieferdienst mehr Marge hinbekommt.

Ein indisches Curry, das künftig vielleicht in einer Großküche in Brandenburg, Tschechien oder der Slowakei zubereitet, dann portioniert eingefroren und nach Berlin verschickt wird, hat wahrscheinlich nicht mehr viel mit dem Ursprungsgericht zu tun. Man könnte noch einwenden, dass es auch ökologisch fragwürdig ist, wenn Gerichte in Plastik- oder Styroporcontainern einzeln verpackt an Millionen Kunden individuell ausgeliefert werden, wir gleichzeitig gegen Wegwerfkaffeebecher Sturm laufen oder die Fußballfans zwingen, ihre Plastikbierbecher mehrfach zu verwenden, und sie deshalb mit einem teuren Pfand belegen. Wir könnten uns fragen, ob Großküchenessen uns jemals geschmeckt hat und ob eine globale digitale Organisation, Fahrräder, Handys, Verpackung, Provision und Lieferung zusammen eigentlich billiger sein können als ein Gastraum und ein Kellner in einem Lokal. Man könnte auch daran zweifeln, ob es Sinn ergibt, Fitnessbänder zu tragen und sich gleichzeitig aus Bequemlichkeit das Essen regelmäßig an die Haustüre im dritten Stock liefern zu lassen. Wir könnten uns sehr viele Fragen zu diesem Geschäftsmodell stellen. Die vielleicht wichtigste Frage aus wirtschaftlicher Sicht ist wohl die, warum Restaurants plötzlich ein Fall für Investoren aus dem Silicon Valley geworden sind.

Die modernen Gastronomiemedien sind euphorisch, und Investorenvertreter sowie Neugründer wie Paul Gebhardt, der die Geisterküche Keatz mit gleich sieben Scheinrestaurants (Green Gurus, Gringo Burritos, OnoOnoPoké, Tamaka Bowls, Moody-Monkey, Spoony Soups, Vegan Streets) in Berlin betreibt, halten munter gegen all diese Fragen. »Unsere These ist, dass in Zukunft ein Großteil des Lieferessens aus Delivery-only-Küchen kommt«, sagt Gebhardt.[19] Ein Grund dafür sei, dass die Automatisierung der Essenszubereitung in Großküchen viel einfacher umzusetzen sei. Außerdem seien die Margen der klassischen Restaurantküchen nicht hoch genug, um das Liefergeschäft zu stützen, und herkömmliche Restaurants hätten zudem keine Ahnung von Markenführung für gleich mehrere ganz unterschiedliche Trendregionalküchen – von Pizza über Maultaschen, Burger, Burritos, Bratwurst, Currys, Sushi bis zu veganer Küche.

Die Grundannahme all dieser Konzepte ist, dass Menschen in Zukunft weder gerne kochen noch gerne ins Restaurant gehen werden und ihre unterschiedlichsten Trendernährungswünsche über den Tag verteilt lieber zu Hause oder im Büro von Lieferdiensten in Pink oder Mintgrün in Empfang nehmen wollen. Um diese Lebensweise in ein lukratives Geschäft zu verwandeln, muss das Kochen ganz anders organisiert werden und vor allem total aus der Perspektive der Lieferfahrten gedacht und konzipiert sein. Das Essen und seine Zubereitung sollen in diesen Konzepten nur eine Nebenrolle spielen. Da die Automatisierung beispielsweise der Backwarenindustrie bereits weit vorangeschritten ist – warum sollte sich nicht auch die Zubereitung eines Mittag- und Abendessens vollständig automatisieren lassen?

Die Tatsache, dass jeder Mensch auf dieser Erde mindestens dreimal am Tag Essen zu sich nehmen muss, lässt sich ganz hervorragend in ein disruptives Narrativ für Investoren und Börse verwandeln – ich zweifle keine Sekunde daran. So wird ohne Zweifel viel Fremdkapital in die Taschen angeblicher Digitalunternehmer zu lotsen sein, die damit prekäre Fremdarbeit schaffen. Zeit ist doch heute ein so rares Gut, dass wir sie nicht mit der Besorgung von Zutaten und dem langwierigen Säubern und Garen verbringen wollen, nur um die zubereiteten Speisen schließlich in weniger als 10 Minuten zu vertilgen. Dazu kommt, dass angeblich immer weniger Menschen heute kochen können und wollen. Und für die Lieferdienste ließe sich leicht eine Ausweitung ihrer Wertschöpfungskette darstellen: Den allabendlich vom Sofa gestarteten virtuellen »Schaufensterbummel« bei Amazon müssen wir in Zukunft allerhöchstens durch die Einnahme eines von Deliveroo gelieferten pseudoitalienischen Essens in Großküchenqualität aus der Plastikschale unterbrechen und brauchen dabei noch nicht einmal unseren Laptop auszuschalten, sondern können während des Essens einfach weiterbestellen. Selbst die Plastikschalen für Deliveroo könnte am Ende die Firma Amazon liefern.

Zu diesen Thesen und Annahmen ist Folgendes zu bemerken. Kleinstlieferdienste können in einer alternden Gesellschaft sinnvoll sein. Aber sie sind viel besser lokal zu organisieren und damit von den örtlichen Restaurants mitzubesorgen. Die kulturelle Kluft zwischen amerikanischen Couch-Potatoes und europäischen Restaurant-, Café- oder Bargängern ist (noch) immens. Die These, dass eine vernünftige, wohlschmeckende, nährstoffreiche Essenszubereitung über die Fähigkeiten eines ausgebildeten Kochs einer klassischen Restaurantküche hinaus skalierbar und automatisierbar sei, würde ich gerne herausfordern. Denn die Margen im Geschäft mit dem Essen so stark auszuweiten, dass ein Lieferservice in Uniform, ausgestattet mit entsprechend gebrandeten Mobiltelefonen und Fahrgeräten, samt einer ständig an Algorithmen, Verpackung und Marketing arbeitenden global agierenden Hintergrundorganisation davon bezahlt werden kann, ist, wenn überhaupt, allein auf Kosten der Essensqualität und der Bezahlung des Personals darstellbar.

Aus der Kreuzung zwischen margenschwachen Kleinstlieferdiensten, die wahrscheinlich eine moderne Form der Sklavenhaltung darstellen, und einer qualitätlosen Food-Tech-Industrie kann nur ein hyperventilierendes und kaum überlebensfähiges Geschäft entstehen. Wenn man sich dieses neue Modell einer digital automatisierten Food-Industrie genau ansieht, könnte man eine gewisse Verzweiflung dahinter vermuten: die Verzweiflung von Investoren, die unbedingt ihre Milliarden in kürzest möglicher Zeit loswerden müssen und sie dann verdoppeln wollen und denen dafür kein anderer Markt mehr einfällt, der dies in halbwegs sinnvoller weltumspannender Weise ermöglicht. Warum? Weil alle anderen wenig kapitalintensiven Märkte bereits ausgelutscht sind. Vielleicht kommt ja als Nächstes die Kunst dran – da wäre sicherlich noch einiges an Automatisierungspotenzial herauszuholen. Habe ich nicht neulich von Gedichten gelesen, die ein auf »random generation« gestellter Computer hervorgebracht hat?

Vor einigen Monaten bin ich mit Lufthansa von Frankfurt nach Porto geflogen. Der Bordansage entnahm ich, dass der Bordservice nur eingeschränkt zur Verfügung stand, da es Personalengpässe bei den Sky Chefs, also dem Catering Service der Lufthansa, gab. Eine einfache Internetrecherche ergab, dass Lufthansa große Teile der eigenen Essenszubereitung an eine Tochterfirma in Tschechien ausgegliedert hat, um Kosten zu senken. »Unternehmenskenner vermuten hinter den Personalengpässen zumindest zum Teil auch eine Form des stillen Protests der Belegschaft«, sinnierte ein Journalist im *Handelsblatt*. Auch die neuen Geisterküchen werden sicher bald aus Kostengründen ins Ausland verlagert werden, vielleicht nach Süd- oder Osteuropa.

An dieser Stelle können wir nur noch auf die Eigensinnigen zählen, die sich ihrer Ess-, Koch- und Restaurantkultur noch deutlicher bewusst werden und dem Treiben von Gig-Industry und Food-Tech durch einen stillen Protest ein schnelles Ende bereiten. Restaurants sind zu erhalten, weil wir unser Essen gerne weiterhin in Gasträumen einnehmen, die immer auch eine kleine Bühne der Welt sind. Und weil wir bereit sind, dafür ehrliche Preise zu zahlen.

## Orwell und das 21. Jahrhundert

Jeder weiß noch, was er am Tag von 9/11 getan hat – jedenfalls jeder, der damals halbwegs erwachsen war. Und wir wissen auch noch sehr genau, wo wir waren, als uns die Nachricht des Attentats von New York erreichte. Ich saß in meinem Büro in München an der Nymphenburger Straße, das über einen alten Fernseher verfügte. Es war Nachmittag, und es sollte noch sechs Jahre dauern, bis das iPhone erfunden wurde. Ein Kollege stürmt herein und sagt:»Es gibt Krieg, mach den Fernseher an.« Ein weiterer Kollege kommt dazu, wir stehen vor dem Gerät, starren auf den Bildschirm, stoßen abwechselnd »Nein!« oder »Oh Gott!« aus. Auf dem Schirm ist immer wieder dieselbe Bildschleife zu sehen: Einer der Twin Towers brennt, ein Flugzeug fliegt in das zweite Hochhaus hinein, es scheint in dem Haus stecken zu bleiben, man sieht Flammen und Menschen, die ihre weißen Hemden aus den Fenstern schwenken. Manche von ihnen springen herunter. Und wir wissen sofort: Dies ist kein Film.

Das Attentat auf das World Trade Center und das Pentagon stellte die Welt, insbesondere die Vereinigten Staaten von Amerika vor eine gewaltige Herausforderung. Man musste zu diesen furchtbaren Anschlägen eine Haltung entwickeln. Der Schrecken saß tief, und er hatte die Menschen monatelang im Griff. Die amerikanische Regierung rief für das gesamte Land den Ausnahmezustand aus, der auch 19 Jahre später weiterhin in Kraft ist. Die Bush-Regierung reagierte damals rasch mit einem Krieg in Afghanistan und erklärte auch den Beginn des Irak-Kriegs 2003 mit den Anschlägen von 9/11. Mit allen Mitteln wurde versucht, die Schuld allein auf eine Horde gewissenloser Attentäter zu schieben, derer man habhaft werden wollte. Nach den tieferen Gründen für die Eskalation suchte man nicht, sondern erfand als erklärendes Bild den pathetischen Begriff der »Achse des Bösen«.

Können Sie sich vorstellen, dass aus dem schrecklichen Ereignis am Ground Zero ein großes digitales Geschäft ganz neu entstanden ist? Ich meine nicht die touristischen Führungen an der Unglücksstelle in Downtown Manhattan, auch nicht den »Souvenir-Shop des Todes«, als Teil des »9/11 Memorial Museums«. Ich meine ein Big-Data-Geschäft, also ein deutlich größeres und potenziell viel lukrativeres Geschäft, ein Geschäft im Lichte von Digitalisierung und massiver Datensammlung im Zusammenhang mit der »Achse des Bösen«. Schauten wir uns nicht alle furchtsam um, während wir ein Flugzeug bestiegen, in diesen Wochen und Monaten nach dem Attentat? Viele Menschen nahmen in dieser Zeit auch für sehr weite Strecken lieber das Auto – und wählten damit ein deutlich unsichereres Verkehrsmittel, als es das Flugzeug ist. »Die Angst beflügelt den eilenden Fuß«, hat Friedrich Schiller gesagt, und mit der Furcht konnte man schon immer ein Geschäft machen.

Es war ein Kollege aus der IT, der mir die Augen dafür öffnete, dass der libertäre Milliardär und Monopolverfechter Peter Thiel sein aktuell heißestes Start-up, die private Datenanalysefirma Palantir mit Sitz in Palo Alto im Silicon Valley, relativ kurz nach dem schrecklichen Attentat gegründet hatte. Aus der Motivation der Verbrecherjagd nach den Hintermännern der Al-Quaida-Terroristen begann er damals mit dem Aufbau eines ganz neuen Big-Data-Geschäfts, mit staatlicher Hilfe. Eine Firma im Milliardenwert und ein Geschäft, das manche US-Bürger mittlerweile als abträglich für ihre persönliche Freiheit und den Schutz ihrer Privatsphäre betrachten. 2020 soll das nach 9/11 gegründete Start-up namens Palantir endlich an die Börse gebracht werden. »We save lives. We tell people you can help save the world at Palantir«, so erklärt Alex Karp, der CEO von Palantir, immer wieder das, was der Auftrag seiner Firma ist. Das klingt gut, sogar sehr gut. Man kann schließlich nichts dagegen haben, Leben zu retten. Es klingt fast, als wäre Palantir ein wohltätiger Verein. Das ist die Firma allerdings nicht.

Alex Karp führt ein Unternehmen, das so etwas wie der erste private digitale Geheimdienst der Welt geworden ist. Gegen Geld helfen seine Mitarbeiter dem Staat oder den Polizeibehörden, private Daten von vermuteten Verdächtigen auszuspionieren. Seit 2003 sind so über das ganze Land verteilte Suchmaschinen mit sogenannten Verdächtigendateien entstanden, die zusammen eine Art Google für Verbrecher bilden. Sie sind in der Lage, auf Knopfdruck, auf einen Vornamen oder ein Stichwort hin, Aufenthaltsorte, Handydaten, Fotos oder Profile von Verdächtigen aufzulisten sowie von Personen, zu denen diese in irgendeiner Beziehung stehen. Das Wichtigste an Palantir ist, dass die intelligente Software des Unternehmens Beziehungen zwischen den verschiedensten Datenquellen herstellen kann. Aus einer Masse von unsortierten Daten werden algorithmisch erstellte Netzwerkmatrizen von Verdächtigen gebastelt, mit deren Hilfe staatliche Behörden ihre Kriminalitätsbekämpfung neu organisieren.

Dienste, die persönliche Daten von Personen verarbeiten, bedürfen eigentlich der besonderen Kontrolle von außen. Palantir arbeitet zwar für viele staatliche Behörden, unterliegt jedoch allein der Aufsicht seiner Investoren und bald, nach dem geplanten Börsengang, der Obacht seiner Aktionäre. Man reibt sich die Augen: Sind persönliche, private Daten nicht schutzwürdig? Im Prinzip schon, trotzdem wurde mit Palantir die Strafverfolgung durch private Dienstleister hoffähig gemacht.

Wie so oft wurde die Welt einfach mit diesem digitalen Dienst überrascht. Palantirs Software wertet seit Jahren private Daten von Menschen aus und verdient damit Geld. Die Firma ist dabei längst nicht mehr allein auf dem Markt. Erst kürzlich machte die New Yorker Firma Clearview mit einem ganz neuen Angebot für Behörden Furore: Clearview hat eine App mit Gesichtserkennungssoftware entwickelt. Mit ein paar Klicks können Fotos von Personen mit den drei Milliarden Fotos der Firmensoftware abgeglichen und sofort persönliche Daten den Fotos zugeordnet werden. Etwa sechshundert Behörden sollen Clearview schon zur Identifikation von kriminellen Personen nutzen. Im westlichen Teil der Erdhalbkugel sind Gesellschaften dabei, eine grundlegende staatliche Aufgabe mithilfe intelligenter Software von privaten Unternehmern erledigen zu lassen.

Aber bleiben wir bei dem ersten Fall, der Firma Palantir. Die wesentlichen Kunden von Palantir sind bisher staatliche Geheimdienste oder Polizeibehörden. In Vorbereitung auf seinen Börsengang versucht Palantir seit einigen Jahren aber auch, private Großkunden an Bord zu nehmen. Die wenigen bekannt gewordenen Beispiele für die detektivische Arbeit durch Palantir in Unternehmen haben Fehlurteile der firmeneigenen Software zutage gebracht. Beispielsweise wurde die Untersuchung der Betrugsanfälligkeit von Mitarbeitern einer amerikanischen Bank abgebrochen, weil Kollegen auf eine Verdächtigenliste gerieten, nur weil sie sich morgens später in die Stechuhr eingeloggt hatten. Genau dies ist eine typische »Krankheit« algorithmischer Systeme: Sie benötigen sehr viele Daten, um zu lernen, und kleinste Fehler im Entwicklungsprozess können sich später in der Anwendung verheerend auswirken. CEO Alex Karp führt an, dass die Software inzwischen deutlich verbessert worden sei.

Genau diese Beispiele zeigen aber auch, wie schwierig es grundsätzlich ist, dekontextualisierte Daten nur durch eine Software bewerten zu lassen. Auf staatliche Aufgaben übertragen, auf die Sorgfalt, die bei der Verfolgung Verdächtiger vonnöten ist, kann man sich dazu sehr viele Fragen stellen. Palantir wird nach seinem Börsengang noch stärker unter dem Zwang stehen, aus seinen Deals mit der Staatssicherheit ein noch größeres Geschäft zu machen.

Peter Thiel war kurz vor der Gründung von Palantir eigentlich etwas besonders Glückliches passiert: Er hatte sein erst vier Jahre zuvor gestartetes Start-up für digitale Bezahlsysteme mit dem Namen PayPal zu einem sagenhaften Preis von 1,5 Milliarden Dollar an Ebay verkauft und daran, wie sein Partner Elon Musk, ein paar Hundert Millionen Dollar verdient. Thiel war 33 Jahre alt, saß mitten im Silicon Valley und dachte darüber nach, was er mit seinem Geld aus dem Verkauf anfangen wollte. Noch als Chef von PayPal hatte er eine Software entwickeln lassen, die Hacker und

Kriminelle daran hinderte, die Kundenkonten des Bezahldiensts zu missbrauchen. Der gute Ruf von PayPal hing auch mit dieser Software zusammen, die jede Geldtransaktion in Sekunden auf ihre sichere Herkunft überprüfen konnte. Thiel war schon immer ein entschiedener Republikaner, der fest an jene »Achse des Bösen« glaubte, von der Präsident Bush in den Monaten nach den Attentaten immer wieder sprach. Und er kam schon sehr bald nach 9/11 auf die Idee, die PayPal-Software als Grundlage für ein neues Unternehmen mit dem Schwerpunkt der Terroristenverfolgung zu verwenden.

Die Idee von Palantir bestand zunächst darin, mithilfe jener Software von PayPal verdächtige Finanztransaktionen zu verfolgen, die auf die Spur weiterer Terroristen führen sollten, die in die 9/11-Attentate verstrickt waren. In jenen Jahren lag es nahe, eine solche Software auch für das Aufspüren von Bösewichten in der Terrorszene einzusetzen. Denn konnte Thiel dem amerikanischen Staat nicht auf diese Weise dabei helfen, die Terroristen für das zu jagen und zu bestrafen, was sie getan hatten, genau wie es Präsident Bush versprochen hatte? Die Vereinigten Staaten waren plötzlich ein sehr unsicheres Land geworden. Amerika lebte auf einer Grenze: Das Land stand vor Verhaftungen größeren Stils und einer um sich greifenden Überwachung von Privatpersonen. Und Peter Thiel hatte es sich in den Kopf gesetzt, hierbei behilflich zu sein. Mit der Idee, eine Suchmaschinen-Software für die Verbrechensbekämpfung zu entwickeln, sie mit möglichst vielen Daten zu füttern, die später für sehr viele Dinge nutzbar sein könnten, machte sich Thiel auf den Weg, wenngleich er nicht sicher war, ob diese Vorgehensweise einmal als legal eingestuft werden würde. Wieder einmal sollte sich beweisen, dass das Internet ein rechtlich enorm freier Raum ist.

Palantir Technologies Inc. wurde im Mai 2003, also etwa anderthalb Jahre nach den Attentaten von New York und Washington, gegründet. Das Start-up wurde schnell der Liebling der amerikanischen Sicherheitsbehörden. Zu den ersten Kunden von Palantir gehörten die amerikanischen Drei-Buchstaben-Geheimdienste CIA, FBI und NSA sowie eine Reihe antiterroristischer und militärischer Einheiten zusammen mit dem Verteidigungsministerium, dem Marine Corps und der Air Force. Der CIA war der erste Investor in Palantir, und schon während dieser frühen Phase der Entwicklung fütterte er die Gotham-Software von Palantir mit seinen Daten. Peter Thiel bezeichnete Palantir vom Start weg als »missionsorientierte Firma« mit dem Ziel der Terrorismusbekämpfung zur Sicherung der zivilen Freiheit unter Einsatz von künstlicher Intelligenz und mathematisch-statistischer menschlicher Analytik.

Nach einigen Monaten berief Thiel den Juristen und Doktor der Philosophie Alex Karp an die Spitze seines Unternehmens, einen intellektuellen, rasch gekränkt wirkenden Finanzmanager, den er aus Stanford kannte. Auf Basis des PayPal-Musters entwickelte die Palantir-Truppe in der Folgezeit die alte PayPal-Software weiter. Die neue Software von Palantir war dann in der Lage, einen riesigen Heuhaufen von Rohdaten, derer man im Netz, in sozialen Medien, auf den Servern diverser anderer Firmen oder Behörden, aus Polizeiprotokollen, aus Aufzeichnungen von Verhören et cetera habhaft werden konnte, auszuwerten und zusammenzuführen. Die Gotham-Software fabrizierte daraus Persönlichkeitsprofile, Kontaktradien sowie Bewegungsmuster von Verdächtigen, die jeweils in Form eines Spinnennetzes, welches zugleich das Umfeld der Verdächtigen erfasste, dargestellt wurden. Im »besten« Fall konnten daraus in Echtzeit die Aufenthaltsorte von verdächtigen Personen herausgelesen werden; man konnte diese aufspüren, noch bevor sie eine Straftat begingen, so die Idee. All dies geschah und geschieht bei Palantir, ohne dass jemand, der in diesen Spinnennetzen erscheint, um Erlaubnis nach der Verwendung seiner Daten gefragt wird und auch ohne dass jemand Dritter die für das Spinnennetz genutzten Daten im Einzelnen überprüft.

Den Unternehmensnamen »Palantir« entlehnten die Gründer dem Fantasyroman *Herr der Ringe* von John Ronald Reuel Tolkien. In Tolkiens Märchenwelt sind Palantire sogenannte »Sehende Steine«, ausgestattet mit seherischen Fähigkeiten, die von Mächtigen im Kampf für das Gute eingesetzt werden. Mit Palantiren kann man nach Tolkien beispielsweise Feinde abhören, die sich an weit entfernten Orten befinden – sicherlich ein passender Name für einen privaten Geheimdienst.

Die Auslegung für die Nutzung personenbezogener Daten durch staatliche Stellen ist im deutschen Bundesdatenschutzgesetz recht eng gefasst. Sie erlaubt den Zugriff nur für den Fall, dass Gefahren für die öffentliche Sicherheit bestehen. Auch darf aus Sicherheitsgründen von deutschen Polizeinetzen aus nicht direkt auf das Internet und damit auch nicht auf personenbezogene Daten aus den sozialen Netzwerken zugegriffen werden. Dieses »Manko« in den Ermittlungen beispielsweise der hessischen Polizei überbrückt inzwischen die Gotham-Software, wie der Zeugenaussage in einem Untersuchungsausschuss des hessischen Landtags zum Einsatz von Palantir zu entnehmen ist. Mithilfe dieses Programms ist eine gemeinsam aus polizeilichen und öffentlichen Datenquellen wie Facebook gefütterte Suchmaschine auf den Rechnern von Palantir entstanden, die in eine Polizeidatenbank überführt wurde. Alle Dokumente, die dort eingelesen sind, werden automatisch zu Datenbankobjekten. Selbst wenn ich nur einen Vornamen eingebe, erschließt sich sofort ein ganzes »Biotop« an Daten um diesen Namen herum. Und auch andersherum ergibt sich aus der Kooperation zwischen Palantir und der Polizei ein Lückenschluss: Denn auch für nichtöffentliche Stellen, also eine Firma wie Palantir, ist die Nutzung personenbezogener Daten normalerweise stark beschränkt.

Vielleicht liegt es an meiner Erziehung, dass mir eine Strafverfolgung, die nicht von einer speziell dafür ausgebildeten und hoheitlich dafür befugten Einheit – also von Staatsanwaltschaft oder Polizei vorgenommen wird – als unredlich und als ethisch grenzüberschreitend erscheint. Aber auch wenn man in dieser Hinsicht nicht so empfindlich ist, stellt die Arbeit von Palantir eine datenschutzrechtlich hochproblematische Ermächtigung eines privaten Dienstleisters dar. Früher gab es in Köln in einer etwas abgelegenen Nebenstraße eine Detektei, die einmal ein alter Hutladen gewesen war. Undurchlässige Vorhänge verwehrten den Einblick in das, was hinter der ehemaligen Schaufensterauslage vor sich ging, in der jahrelang zwei alte Weihnachtskakteen vor sich hin verstaubten. Palantir erinnert mich in dem, was sie tun, trotz modernster digitaler Praktiken immer an diese schummerige Detektei: Sogenannte Detektive haben für die Erledigung ihrer Ermittlungsdienste keine eigens zugeschnittene Ausbildung erhalten – und Programmierer haben dies auch nicht. Weder Programmierer noch Detektive sind einem Staat verpflichtet. Je mehr Daten und Verdächtigungen sie herausbringen, desto mehr Geld können sie verdienen. Strafverfolgung als Privatgeschäft ist etwas Neues, denn bisher haben auch Detektive keine schwerwiegende Ermittlungsarbeit übernommen. Sie ermitteln im Auftrag von Kunden in harmlosen Fällen von Schwarzarbeit bis zu Erb- oder sonstigen Familienstreitigkeiten.

Die IT-Freaks von Palantir haben es mit deutlich schwerwiegenderen kriminellen Taten zu tun. Jedoch geht es in einer Detektei wie auch bei Palantir im Kern darum, möglichst vielen Menschen hinterherzuschnüffeln, ohne dass diese etwas davon wissen und bemerken sollen. Gegen meine Voreingenommenheit kann man einwenden, dass die Software von Palantir der amerikanischen Marine dabei geholfen haben soll, Attentate auf Soldaten in Afghanistan zu verhindern oder mexikanische Drogenkartelle zu lokalisieren. Daten aus der Palantir-Suchmaschine sollen die hessische Polizei dabei unterstützt haben, einen siebzehnjährigen mutmaßlichen Attentäter von seiner Tat abzuhalten. Mir ist vorzuhalten, dass man gegen solche Fahndungserfolge im Dienst der

Staatssicherheit nun wirklich nichts haben kann. Palantir soll auch die Jäger von Osama bin Laden dabei unterstützt haben, sein Versteck ausfindig zu machen. Allein diese Geschichte hat den Ruhm der Firma in bestimmten Kreisen beflügelt. Ob sie der Wahrheit entspricht, ist bisher nicht bestätigt. Nichts ausrichten konnte die Suchmaschine offenbar im Fall des Mordes am hessischen Regierungspräsidenten Walter Lübcke durch einen Mann aus dem rechten Milieu in Kassel – und dies, obwohl Lübcke durch seine migrationsfreundlichen Äußerungen während der Flüchtlingsaufnahme im Jahr 2015 als gefährdet galt und der Mörder einschlägig aktenkundig war.

Eine Gesellschaft muss wehrhaft sein und bleiben, das steht außer Frage. In der neuen Überwachungsindustrie kann jedoch jeder Mensch irgendwann auf eine Verdächtigenliste geraten. Es wird also ganz selbstverständlich ein jeder zum Verdächtigen erklärt werden können, im Namen der Jagd nach einigen wenigen Verbrechern in dieser Welt. Mit dem Verkauf der Palantir-Dienste an immer mehr Polizeistationen in den USA, in Großbritannien und auch in Deutschland wird ein besonders empfindlicher staatlicher und gemeinwohlpflichtiger Bereich berührt, nämlich der Schutz der Bürger und ihrer Rechte. Was könnte eigentlich eine noch hoheitlichere Staatsaufgabe sein als geheimdienstliche und polizeiliche Arbeit? Vollzieht diese ein privater Dienstleister, wird die grundrechtliche Sphäre der informationellen Selbstbestimmung, wie ihn die Datenschutzgrundverordnung in den Mittelpunkt stellt, davon berührt.

Ein weiteres Detail empfinde ich als grenzüberschreitend: Die Einbeziehung der Gotham-Software in die Arbeit der Polizeibehörden bedeutet die Nutzung einer ursprünglich für das Militär erfundenen Überwachungstechnologie zur Terrorismusbekämpfung für die Arbeit städtischer Polizeistationen. Die Grenzen zwischen nationaler Verteidigung, den Aufgaben einer staatlichen Polizei und einem Software-Geschäft verwischen auf diese Weise immer mehr, und auch die Grenzziehung zwischen Überwachung und Strafverfolgung wird damit zunehmend schwierig. Eine Verbrechensbekämpfung auf Basis künstlicher Intelligenz gehört jedoch mittlerweile in modernen Polizeistationen der Vereinigten Staaten und auch in mehreren Ländern Europas zum Alltag, ohne dass die Bevölkerung darüber informiert ist.

In einem langen Artikel über Palantir hat *Bloomberg Businessweek*[20] eine Auswahl möglicher persönlicher Datenquellen aufgelistet, die durch Palantirs Software zugänglich und nutzbar gemacht werden können: »deine Adresse, deine Online-Beziehungen, deine Sexualpartner, dein Lebenslauf, deine Kinder, deine Geschwister, dein Computergebrauch, deine geschäftlichen E-Mails, deine Social-Media-Posts, deine nationalen Reisen, deine Hobbys, deine Tagesroutine, deine internationalen Flüge, deine Tastatureingaben, deine Ausgaben, deine Kredite, deine Geschäftspartner, deine Freunde, deine Interessen, deine Autos, deine Autofahrten (jederzeit und in Echtzeit), deine Ratenpläne, deine persönlichen Telefonate, deine Stimme, dein Gesicht, die Gesichter deiner Familie und deiner Freunde, deine Nutzung von Geldautomaten, dein Sparkonto, deine Spenden, deine geschäftlichen Telefonate, deine Fotos, deine Gerichtsverhandlungen, deine politische Meinung, dein Druckergebrauch, deine Haustiere, dein Lebenspartner, deine Internethistorie, deine medizinischen Diagnosen, deine Apothekenrezepte, deine Krankheiten, deine Eltern« et cetera.

»Es ist 16.07 Uhr am 14. November 2009. Michael Katz parkt seinen roten Toyota Prius in der Einfahrt seines Hauses in einem Vorort von San Leandro, als ein Polizeiauto vorbeifährt. Eine Nummernschildkamera, die auf dem Wagen montiert ist, nimmt die ganze Szene auf: das weiß gestrichene Holzhaus von Michael Katz, seinen Rasen mit den Rosenbüschen vor dem Haus, seine beiden fünf- und achtjährigen Töchter, die aus dem Auto springen.«[21] Michael Katz selbst, Mitglied des lokalen Schulkomitees,

Blogger und Aktivist für Bürgerrechte, sah dieses Foto von sich und seinen Kindern erst ein Jahr später, als er herausfand, dass die Polizei im kalifornischen San Leandro Bewegungen aller Autos in der Stadt mit ihren Nummernschildkameras festhält. Auf Nachfrage erhielt Katz 112 Fotos, die von ihm mit einem seiner beiden Autos gemacht worden waren. Die Fotos, auf denen auch seine Kinder zu sehen waren, störten Katz am meisten.

Die Fotos der Familie Katz wanderten von der Polizei zum regionalen Geheimdienstzentrum von Nordkalifornien, wie Katz herausfand, eines von 72 Zentren, die nach 9/11 über das ganze Land verteilt aufgebaut wurden. Alle Fotos werden dort in Datenbanken eingelesen und können von Dritten ausgewertet werden. Die Software für diese Auswertungen liefert Palantir. Der von Palantir entwickelte Algorithmus kann 500 Millionen Nummernschilder in weniger als 5 Sekunden erfassen und gegen andere verdächtige Daten abgleichen.[22] Dabei entscheidet ein Computer, wer auf eine Verdächtigenliste kommt und wer nicht. Die Skaleneffekte automatisierter Analyse machen jeden Fehler und jede Unzulänglichkeit jedoch folgenreich. Auf die Überwachungstatbestände angesprochen, die mit dem permanenten Abfotografieren von Privatpersonen verbunden sind, gab Alex Karp seine übliche Antwort:»We save lives.« Und er ergänzte:»In der Realwelt, in der wir arbeiten, gibt es immer Zielkonflikte.«

Palantir nutzt alles an künstlicher Intelligenz und an Algorithmen, dessen sich auch die anderen großen Datenkonzerne für die Ausforschung ihrer Kunden bedienen. Es werden Humandaten gesammelt, um sie digital in eine nach intransparenten Kriterien kategorisierte Verbrecher- oder Verdächtigenkartei einzuordnen, und es werden mathematische Modelle für die Bewertung von menschlichem Verhalten in der Zukunft angewandt. Angeregt durch die vielzitierten Prognosefähigkeiten moderner Software-Angebote sind Polizeistationen in den USA und auch in Großbritannien inzwischen dazu übergegangen, sogenanntes»Predictive

Policing«, also vorausschauende Polizeiarbeit, zu betreiben. Dazu erstellen Informatiker »Heat-Maps« von Städten, das heißt, sie tragen Daten über Stadtviertel zusammen, in denen in der Vergangenheit Straftaten begangen, in denen Drogen gehandelt wurden oder Ähnliches. Ebenso erstellen sie »Heat-Lists« zu verdächtigen Personen. Wer einmal auf einer derartigen Liste gelandet ist, hat es schwer, den Verdacht wieder loszuwerden – er ist sozial beschädigt.

Daten über die Art der Bevölkerung in verdächtigen Vierteln werden mit Daten von Bewegungsprofilen anderer verdächtiger Personen synchronisiert. Sie ergeben eine Heat-Map, nach der Polizisten ihre Streifenfahrten organisieren. Wie lange dauert es, bis man in einer Großstadt in ein solches Radarsystem gerät? Reicht ein Spaziergang aus? Oder der Besuch einer bestimmten Kneipe? Sollte ein Vorbestrafter beispielsweise in einen Verkehrsunfall verwickelt sein, können auch andere Personen, die zufällig am Unfall beteiligt waren, als seinem Netzwerk zugehörig angezeigt werden. Was passiert mit Besuchern eines Rockkonzerts, was mit Menschen, die in der Fankurve eines Fußballstadions zufällig neben jemandem stehen, der auf einer Verdächtigenliste gelandet ist? In der Schweiz hat man bei Überprüfungen von Polizei-Software massive Fehlzuordnungen festgestellt: Das System verdächtigte zwei von drei Personen falsch. In Deutschland wird diese Art von vorausschauender Polizeiarbeit bisher nur bei Fankriminalität und im Bundesland Hessen angewendet.

»Potentiell gefährlich ist die Verschränkung von Datenanalyse mit Techniken und Praktiken der Überwachung, wie wir sie heute bereits in den angelsächsischen und einigen asiatischen Ländern sehen«, heißt es in einer Studie der Bertelsmann-Stiftung über vorausschauende Polizeiarbeit.[23] Alex Karp, der Chef von Palantir, tut so, als könne er Kriminalität bekämpfen oder sogar beherrschen. Gerade die Erkenntnis, dass es letztlich keine »sehenden Steine« in Form einer technischen Wunderwaffe gibt, sollte davor bewahren, ihm zu glauben und mit solcherlei Technologien die Grundlage der Bürgerrechte zu verlassen. Die ersten US-Städte, beispielsweise New Orleans, haben sich zur Wahrung von Bürgerrechten und zur Vermeidung von Diskriminierung aufgrund sich verstärkender Vorurteile durch Palantirs Software schon wieder aus der Zusammenarbeit zurückgezogen.[24] Laut der gemeinnützigen Organisation Algorithm Watch hat sich auch die New Yorker Polizei im Jahr 2017 aus einem Vertrag mit Palantir zu lösen versucht: Man entschloss sich, die Geschäftsbeziehung zu beenden, weil die Software die in sie gesetzten Erwartungen nicht erfüllte und als zu kostspielig angesehen wurde. Palantir weigerte sich daraufhin, die Polizeidaten in einem offenen Dateiformat wieder herauszugeben.[25]

Wenn man sich vor Augen führt, unter welchen Bedingungen Menschen auf eine Verdächtigenliste gelangen können, wenn man sich klarmacht, dass Daten aus einer Maschine entscheiden, wer auf eine solche Liste kommt, dann wird man nicht mehr an ein ganz freies Land, von dem gerade Peter Thiel so oft spricht, glauben können. Soziologen haben darauf hingewiesen, dass jeder, der einen Algorithmus schreibt oder künstliche Intelligenz nutzt, die auf Menschen abzielt, dafür Klassifizierungen vornehmen muss. Er wird zum Beispiel unterscheiden müssen in Kriterien für einen guten und einen schlechten Bürger, einen Verdächtigen oder einen Nichtverdächtigen, einen Abhängigen und einen Nichtabhängigen et cetera. Ist man durch Arbeitslosigkeit verdächtig? Was sagt mein Wohnviertel über mich aus? Die Klassifizierung ist eine Standardaufgabe der künstlichen Intelligenz, und die Klassifizierung von Menschen beruht immer auf sehr persönlichen Kriterien und Urteilen der jeweiligen Programmierer sowie auf Annahmen, die aus ihrer persönlichen Vergangenheit abgeleitet sind.

Als Standardbeispiel für ein zweifelhaftes algorithmisches Selektionsergebnis wird in der Literatur immer wieder folgender

Fehlschluss genannt: Wenn ein Mann auf Facebook Britney Spears »liked«, ist er nach dem Facebook-Algorithmus zu 67 Prozent homosexuell. Für Ergebnisse algorithmischer Klassifizierung gilt ganz grundsätzlich, dass ihnen Fehler immanent sind. Fehler bei einer Musikvorliebe oder einer Buchempfehlung wiegen weniger schwer als Fehler in der Zuschreibung einer Verdächtigung im Zusammenhang mit einer kriminellen Tat. Wer programmiert, besitzt Vorurteile, wie alle anderen Menschen sie auch haben – aber er wird diese Vorurteile in die Algorithmen einprogrammieren. Erwiesen ist, dass rassistische Vorurteile durch KI-Einsatz in der vorausschauenden Polizeiarbeit verstärkt werden. Erwiesen ist auch, dass in Vierteln, in denen viele Polizeistreifen unterwegs sind, viele Straftaten gemeldet werden. Und diese Viertel erscheinen dann wieder besonders oft auf Heat-Maps. Es ist ein teuflischer Kreislauf, der da entsteht. Die Informatikerin und Juristin Yvonne Hochstetter hat künstliche Intelligenz, die im Humanbereich verwendet wird, deshalb als »Risikotechnologie« bezeichnet.

Im Moment versucht Peter Thiel, der Aufsichtsratsvorsitzende von Palantir, sein Unternehmen auf einen Börsengang vorzubereiten. An die Börse gehen wollte die nun bald 16 Jahre alte Palantir Technologies Inc. allerdings schon öfter. Bisher ist dies jedes Mal verschoben worden, und Palantir ist mittlerweile so etwas wie ein Ladenhüter unter den großen, wertvollen Start-ups des Tals. An die Börse zu gehen, würde bestimmte Veröffentlichungspflichten mit sich bringen, die für ein so geheim arbeitendes Unternehmen wie Palantir ungünstig sind. Doch die den Börsengang begleitende Investmentbank Morgan Stanley ist für Palantir zu einem Unternehmenswert von 41 Milliarden Dollar gekommen. Für ein Unternehmen mit begrenzter Kundenzahl, mit zweitausend Mitarbeitern, das in 16 Jahren noch nie einen Dollar Gewinn ausgewiesen hat und das es mittlerweile vielleicht auf rund eine Milliarde Dollar Jahresumsatz geschafft hat, ist das ein sehr stattlicher Wert.

Man wird bei dieser Operation das Gefühl nicht los, dass die frühen privaten Investoren langsam Kasse machen wollen. Warum ist ein Börsengang von Palantir jedoch überhaupt keine gute Idee? Jemand, der mit Aufgaben für einen »intimen« Bereich eines Staats betraut wird, gehört nicht an die Börse – Gemeinwohlorientierung und Aktienhandel sind ein eklatanter Widerspruch. Diese Aufgaben sollten auch weiterhin peinlich genau getrennt werden. Ein Unternehmen, das derart sensible Datenbanken für den Staat entwickelt und gleichzeitig Ausforschungen für private Unternehmen startet, darf es nicht geben. Das gilt für das Unternehmen Palantir in seinem jetzigen Status, das gilt allerdings besonders nach seinem Börsengang.

Wenn man Palantir nicht verstaatlichen möchte, muss wenigstens ein Ordnungsrahmen entwickelt werden, der den staatlichen Teil seriös und strikt von anderen Geschäften abtrennt. Ansonsten könnte die Palantir-Konstruktion eines Tages das staatliche Gewaltmonopol und damit die staatliche Souveränität aufweichen. Denn in Verbindung mit Aufträgen für einen Pharmakonzern, eine Versicherung, eine Bank oder eine Partei könnte bei Palantir schnell eine ganz besondere Suchmaschine entstehen. Eine sehr heikle Datenmischung würde dann in einem einzigen Unternehmen zusammenkommen, wie man sie sich in einer Hand nicht wünschen kann.

Schon einmal haben Mitarbeiter von Palantir mit der wegen Wahlmanipulation verurteilten Firma Cambridge Analytica zusammengearbeitet und entscheidende Hinweise zum Missbrauch von 50 Millionen Facebook-Konten gegeben. Sie sollen dabei geholfen haben, die von Facebook abgezogenen Daten zu verarbeiten. Das Palantir-Management hat sich damit verteidigen können, dass es sich nur um einen einzigen Mitarbeiter gehandelt haben soll, der den Aufgaben für Cambridge Analytica in seiner Freizeit nachgekommen sei. Schon heute gilt: Wenn es jemals gelingen sollte, die Software von Palantir zu knacken, wäre dies der größte anzunehmende Unfall für den Schutz der Privatsphäre in den Vereinigten Staaten von Amerika. Darüber hinaus gilt, was Edward Snowden kürzlich gesagt hat: »Wir müssen die massenhafte Datensammlung stoppen. Wenn jeder Mensch jederzeit überwacht wird, nur für den Fall, dass er einmal gefährlich werden könnte, verändert das den Charakter einer Gesellschaft.«[26]

# 5 Die digitale Welt von innen: Über die innere Verfasstheit digitaler Unternehmen im amerikanischen Westen

## Echokammern

Einen Ruf wie Google wünschte sich noch vor ein paar Jahren jeder Personalchef, den ich kenne. Das Unternehmen gilt schon lange als besonders begehrter Arbeitgeber, was an der Modernität der Branche, der guten Bezahlung und den besonders luxuriösen Nebenleistungen liegt, die Google-Mitarbeiter genießen – von einer kostenlosen Gourmeternährung bis zu Hol- und Bring-Diensten zur Arbeit, einem großzügigen Sportangebot nebst firmeneigener Bowlingbahn. Die Firma zog schon immer die besten Absolventen an, galt lange Zeit auch als kulturell enorm freigeistig und progressiv. Es war die Firma Google, die ihren Mitarbeitern 20 Prozent der Arbeitszeit für die Verfolgung von Hobbyprojekten »schenkte« – in der Hoffnung, daraus könnte einmal eine unternehmerisch wertvolle Idee herausspringen. Und die Sympathie galt vice versa: Google-Mitarbeiter empfanden ihr Unternehmen lange Zeit als geradezu »gutherzig«. Das Fimenmotto hieß denn auch viele Jahre lang »Don't be evil« und wurde erst 2015 durch die Wendung »Do the right thing« ersetzt. Ein Standardspruch auf den Google-Fluren lautete einmal: »Facebook ist feige, Amazon ist aggro, Apple ist verschlossen, Microsoft ist bieder, aber Google ist frei und will das Gute.«[1]

Diese Selbsteinschätzung hat sich inzwischen verändert. Auf eine markante Art und Weise ist der Google-Konzern seit einigen

Jahren zum Spiegelbild des gesamten Internets geworden, in dem ungefilterte Meinungsblasen und Echokammern die Hoheit über einen ausgewogenen, konstruktiven und inhaltlich offenen Diskurs gewonnen haben. Einer der maßgeblichen Wendepunkte in der Google-Kultur war dabei ein schlecht gemanagtes und schließlich gescheitertes Diversity-Programm. Gerade dieses Thema wirft ein Schlaglicht auf die Probleme kultureller Art, die mittlerweile in den Unternehmen an der amerikanischen Westküste sichtbar werden. Sie haben mit den Geschäftsinhalten der Häuser zu tun, mit ihrem Recruiting, vor allem aber mit der indifferenten, in Teilen teilnahmslosen und desinteressierten Art ihrer Führung.

Schon seit Jahren müssen sich Google-CEOs beständig gegen die besonders niedrigen Zahlen weiblicher Tekkies in ihren Unternehmen verteidigen und gleichermaßen gegen den auffallend niedrigen Anteil an farbigen Ingenieuren, der nachhaltig bei lediglich einem Prozent liegt. Die CEOs wähnten sich durch die Arbeit ihrer sogenannten Diversity-Manager lange auf einem sicheren Pfad: Niemand schaute offenbar genau hin, mit welcher Geisteshaltung die Pflichtseminare zum Thema Diversität durchgeführt wurden, und niemand kam ins Nachdenken, wenn man Jahr um Jahr feststellte, dass sich in absoluten Zahlen gemessen auch nach vielen Trainings in der Belegschaft einfach nichts tat und auch weiterhin nichts tut. Dass schlechte Diversity-Projekte das Gegenteil ihrer proklamierten Ziele bewirken, zeigt sich besonders anschaulich im Fall von Google.

Die Probleme um das in Unternehmen immer noch notorisch unterschätzte Thema kulminierten bei Google in den Jahren 2017/2018. Im Zentrum stand zunächst ein begabter und schweigsamer junger Programmierer mit Namen James Damore. Schon mit 11 Jahren hatte er eigene Videospiele programmiert und sich selbst das Schachspielen beigebracht, mit 14 ging er aus einem Turnier als zweitbester Schachspieler Amerikas hervor, kurze Zeit später wurde er der weltbeste Spieler des Computer-Strategiespiels *Rise of Nations*. James Damore aus Romeoville, Chicago, schrieb sich für die Fächer Bioinformatik und Systemchemie an den besten Universitäten der amerikanischen Ostküste ein, in Princeton und am MIT. Nach seinem Abschluss wechselte er mit 24 Jahren für ein Promotionsstudium in Bioinformatik nach Harvard.

James Damore war ein exzellenter Bioinformatiker, und er war schon damals jemand, der die Arbeit am Computer dem menschlichen Kontakt vorzog. 2013 schrieb er einen sarkastischen Facebook-Kommentar mit dem Titel »Ein effizienter Führer zu mehr Effizienz«. Darin riet er seinen Followern: »Renne, wann und wo immer du kannst. Beginne alle Smartphone-Gespräche mit dem Satz ›Sprich zu mir, jetzt‹, und beende alle persönlichen Gespräche, indem du einfach wegsprintest, ohne zeitverschwenderische Höflichkeitsfloskeln wie ›bye‹ oder die geistlose Verwendung einer zusätzlichen Silbe wie in ›good-bye‹.« Auch sagte er über sich selbst: »Ich versuche, nicht mit anderen Menschen zu interagieren, aber wenn ich muss, dann führe ich mindestens drei Konversationen gleichzeitig, zwei in normaler Sprache und eine in Zeichensprache.«

Schon im ersten Harvard-Jahr nahm James an einer zweitägigen Klausur für Doktoranden teil, in der die Studenten traditionell auch selbst erfundene Sketche vorführen und sich dabei über ihre Professoren lustig machen. Damores Vorführung bestand im Wesentlichen aus einer Art Masturbationsszene. Der Vorfall muss recht seltsam gewesen sein, sein Professor entschuldigte sich dafür. Angesprochen auf die Begebenheit, sagte Damore, er könne die Aufregung nicht verstehen, allerdings entsprächen seine Meinungen ohnehin nie dem Durchschnitt. Zu Beginn seines Studiums in Harvard hatte ein Arzt bei ihm eine Form des Autismus festgestellt.

Nach wenigen Monaten in Harvard brach James Damore sein Promotionsstudium wieder ab und zog quer über den amerikanischen Kontinent Richtung Pazifik – 5000 Kilometer Richtung Westen in das Silicon Valley. Er begann dort, als Praktikant für Google zu arbeiten, und nahm an einem der zahlreichen Programmierwettbewerbe teil. Dabei schnitt er so gut ab, dass man ihn sofort engagierte. Mit einem Anfangsgehalt von 100 000 Dollar pro Jahr stieg Damore als 23 Jahre junger Programmierer bei Google ein. Auf fast märchenhafte Art und Weise setzte er seinen Weg fort. Sein Autismus fiel nicht weiter auf oder trat in den Hintergrund, die Beurteilungen seiner Vorgesetzten bei Google waren in diesen Jahren überschwänglich, und er wurde in kurzer Zeit mehrfach befördert. Zu Beginn des Jahres 2017 – James war jetzt 28 Jahre alt – arbeitete er bereits als Senior Ingenieur. Sein Jahresgehalt war auf 300 000 Dollar angestiegen, und er erhielt eine der besten Bewertungen unter den Google-Ingenieuren.

Ein besonderes Talent für das Programmieren und eine starke Affinität zu logischem und mathematischem Denken besitzen – nach aktuellem Stand der Forschung – normal oder überdurchschnittlich intelligente autistische Kinder, Jugendliche und Erwachsene. Typischerweise haben sie eine besonders stark ausgebildete linke Gehirnhälfte und damit eine bessere Chance, Arbeiten mit einer hohen Anforderung an Präzision, Wiederholung und analytisch-logischen Voraussetzungen zu erfüllen. Als Kinder beobachten sie oft stundenlang technische Details wie Autoräder an ihren Spielzeugen. Autistische Menschen schätzen vor allem den hohen Grad an Kontrolle über ihre Handlungen, die ihnen ein Computerbildschirm schenkt. Sie lieben Tätigkeiten, bei denen sie eine große Menge an Informationen sammeln und verarbeiten müssen mit einem sehr klaren, konkreten Ziel vor Augen. Überhaupt sind autistische Menschen sehr begabt im visuellen Lernen. Da Programmiersprachen eine Menge visueller Informationen enthalten, können Autisten sie besonders gut erlernen. Die Arbeit mit Computern und Technologie entstresst autistische Persönlichkeiten und hilft ihnen, sozial kompatibler zu werden.

Die meisten Autisten bringen ein grundlegendes Defizit im sozialen Miteinander und bei der gegenseitigen Verständigung mit, allerdings weisen autistische Prägungen auch eine sehr hohe Verhaltensvarianz auf. Es gibt sogar Autisten, die besonders redselig sind. »Wenn Sie einen autistischen Menschen getroffen haben, kennen Sie *eine* Form von Autismus«, lautet der oft zitierte Satz eines Autismusexperten. Trotzdem gibt es gewisse Grundzüge im Verhalten und Fühlen autistischer Persönlichkeiten. Den meisten fehlt ein Verständnis für die Gedanken und Gefühle anderer, sie haben ein eingeschränktes Interesse an ihrem jeweiligen Gegenüber, sie vermeiden den Blickkontakt und haben Schwierigkeiten, Beziehungen zu anderen Menschen aufzubauen. Autisten haben ein hohes Bedürfnis nach Gleichförmigkeit gegenüber der sie umgebenden Welt und auch in ihren Lebensabläufen. Dazu schätzen sie klare logische Begründungen für die Anforderungen, die an sie gestellt werden, haben ein intensives Bedürfnis nach Fairness und Gerechtigkeit und sind bereit, auch unpopuläre Meinungen zu vertreten. Autisten erreichen des Öfteren besondere Fähigkeiten auf Gebieten, in denen das soziale Verständnis keine große Rolle spielt, beispielsweise in der Musik, der Wissenschaft oder in Berufen, die mathematisch-technische Fähigkeiten verlangen – aber nicht jeder Autist ist ein Genie. Ganz allgemein brauchen autistische Menschen ein überschaubares, vorhersagbares Umfeld, um sich sicher zu fühlen.

Im Sommer 2017 begab sich der mit Autismus diagnostizierte Google-Ingenieur James Damore auf den Weg zu einem Arbeitsmeeting nach China. Bis kurz vor Antritt des zwölfstündigen Fluges hatte er eines der bei Google verpflichtenden sogenannten Diversity-Seminare besucht. Er wird später sagen, dass ihn der Seminarbesuch so frustriert habe, dass er nicht anders konnte, als den langen Flug zurück zur Abfassung eines zehnseitigen Pamphlets gegen seinen Arbeitgeber zu nutzen. Er veröffentlichte sein Memo mit dem Titel »Googles ideologische Echokammer« zunächst in den firmeninternen Diensten; das Papier löste innerhalb der Google-Mitarbeiterschaft sofort heftige Reaktionen und Interaktionen aus. Vier Wochen später wurde es nach außen geleakt. Damores Text fand sich schließlich für jedermann und jede Frau zugänglich im World Wide Web.

Der Inhalt seiner Philippika lässt sich wie folgt zusammenfassen: Google habe »eine politische Ideologie der Gleichmacherei entwickelt, die andere Meinungen nicht zulasse, sondern sie mit Scham und Schweigen belege«. Die Verweigerung der Diskussion alternativer Ansichten bei Google »führe zu einer extremen, dominanten und autoritären Ideologie, die linksgerichtet und hochpolitisch sei«. Als zentrales Element der googleschen »Echokammer« tadelte James Damore die Grundannahme des Konzerns, »dass Männer und Frauen gleiche Fähigkeiten und Anlagen besitzen und dass Frauen zu 50 Prozent in der Technologiewelt vertreten sein sollten«. Dieses Ziel sei »diskriminierend« gegen Männer, es sei »unfair, spaltend und überdies schlecht für das Geschäft«. Es sei erwiesen, dass sich Frauen in vielfältiger Hinsicht biologisch und in ihrem Verhalten von Männern unterscheiden; dies sei »keine Frage sozialer Konstrukte«, sondern eine Folge »vorgeburtlicher Testosteron-Level und erblicher Faktoren«. Genau jene markanten Unterschiede seien ursächlich für die schwache Repräsentation von Frauen in der Tech-Welt und in Führungspositionen allgemein. Frauen seien sehr anpassungs- und wenig durchsetzungsfähig und »für die Führung ungeeignet«. Mythen und Legenden über die soziale Konstruktion von Geschlechterunterschieden würden in den linken Milieus seit ewigen Zeiten zu Unrecht aufrechterhalten, genauso wie die unhaltbare Theorie vom Klimawandel. Abschließend forderte Damore den Google-Konzern auf, die Abwertung von konservativen Meinungen zu unterlassen und seine Weiterbildungsprogramme gegen Rassismus und für Geschlechtergerechtigkeit sofort zu beenden.

Eine Mehrheit seiner Kollegen bei Google stellte sich gegen Damores Behauptungen, aber der Mailverkehr zeigte auch, dass seine Ansichten in der Firma kein Einzelfall waren. Google kämpft scheinbar seit Jahren tapfer für eine höhere Zahl von Frauen sowie von Ingenieuren mit Migrationshintergrund, aber statt mehr sind es in den letzten Jahren weniger Computerexpertinnen in Mountain View geworden. Die Bemühungen um eine stärkere Diversität schienen nicht nur nicht zu funktionieren, sie lösten innerhalb der Firma auch immer mehr Konflikte aus.

Für das Google-Management stellte die Veröffentlichung von Damores Pamphlet eine Überraschung dar. In den Tagen nach dessen Erscheinen agierte der Konzern nervös. Google-Chef Sundar Pichai kehrte aus seinem Sommerurlaub zurück und kündigte ein Townhall-Meeting für alle Mitarbeiter an. In einer konzernweit versandten E-Mail schrieb Pichai, er schätze das Recht auf freie Meinungsäußerung, aber James Damore sei in seinem Memo zu weit gegangen. Eine halbe Stunde bevor das Townhall-Meeting abgehalten werden sollte, wurde es wieder abgesagt, man befürchtete, es könne außer Kontrolle geraten.

Aus meiner Sicht war diese Absage ein Fehler, denn gerade in Konfliktsituationen steigt der Kommunikationsbedarf in Unternehmen stark, er muss von der Spitze aufgenommen werden. Schon durch eine offene Ansprache werden Konflikte meist entschärft, durch das Auseinanderlegen von Handlungsalternativen beziehungsweise das Ringen um den besten Weg können sie in konstruktive Bahnen gelenkt werden. Durch Debattenverweigerung kehrt dagegen eine Tabuisierung ein, die das Problem verschlimmert. Eine E-Mail löst die explosive Stimmung jedenfalls nicht auf. Es ist schwierig und ungewohnt, im Firmenkontext über Probleme kultureller Art zu sprechen, auf der anderen Seite bieten solche Situationen aber auch die Chance, Haltung zu zeigen.

Noch Wochen und Monate nachdem das Memo von James Damore innerhalb und außerhalb von Google zirkulierte, sprach man im Konzern, aber auch im gesamten Silicon Valley über nichts anderes. Innerhalb von Google war ein wahrer E-Mail-Krieg entbrannt, der den Konzern in Wallung hielt und bei dem sich beide Meinungslager gegenseitig mit harten Vorwürfen überzogen. Gräben wurden dadurch weiter vertieft. Megan Smith, eine ehemalige Vizepräsidentin von Google, die unter Barack Obama als Spitzenbeamtin tätig war, sagte: Die von Damore geäußerten Ansichten »seien weit verbreitet im Silicon Valley«. Im Unternehmen wurde außerdem bekannt, dass Damore sich schon länger mit Ideen aus dem ultrarechten politischen Lager beschäftigte.

Der begabte und hochgelobte Programmierer Damore wurde schließlich von Google entlassen. Bryna Siegel, eine Psychiaterin, die das Autismuszentrum in Kalifornien leitet, sagte im November 2017 in einem langen Feature des britischen *Guardian*, dass sie zahlreiche Ingenieure im Silicon Valley getroffen habe, die von den großen Tech-Firmen entlassen worden seien, nachdem sie sich in den Unternehmen »sozial auffällig« verhalten hätten.[2] Hinter der Kooperation von Damore mit der rechten Szene wird jedoch noch eine andere Wendung dieses Falles sichtbar. Sicherlich hatte Damore eine Neigung zu konservativen politischen Ideen, er kam schließlich aus einem konservativ-bürgerlichen Elternhaus. Augenscheinlich fühlte er sich jedoch schon lange unwohl bei Google, und die rechte Szene hatte ihn »aufgefangen«, sich um ihn »gekümmert«, nur um ihn dann auf ihre Weise zu missbrauchen. Im Grunde wurde James Damore auf doppelte Weise benutzt: Google nutzte seine Programmierbegabung aus, ohne Verantwortung für sein psychisches Wohlergehen zu übernehmen, die rechte Szene nutzte seine politische Tendenz aus, ohne sich um seine Zukunft zu scheren.

Autisten sind Menschen mit einer divergenten neuronalen Ausrichtung, sie sind weder behindert noch krank, sondern auf ihre Weise »divers«. Es ist wahrscheinlich zu einem gewissen Teil dem Film *Rain Man* von 1988 mit Dustin Hofmann zu verdanken, dass sich das Bild autistischer Menschen heute deutlich gewandelt hat.

Seit einigen Jahren liegt es bei Technologiekonzernen »im Trend«, sich besonders stark für die Rekrutierung von autistischem Personal zu interessieren: Microsoft, Google oder SAP haben dazu besondere Programme aufgelegt, auch in der Finanzbranche ist die Rekrutierung von Autisten mittlerweile »modern«. Allerdings ist dies nicht unbedingt Zeichen eines besonderen humanen Engagements oder gar von Inklusion, sondern eher eine Form maximalen Profit- und Eigeninteresses. Denn autistische Programmierer sind in ihrem Feld extrem belastbar. Ein autistischer Autor berichtet im *Medium*-Blog, dass es den Tech-Firmen vor allem darum gehe, autistische Männer zu engagieren, die ihrem engen Bild eines weißen heterosexuellen Mannes aus dem bürgerlichen Milieu entsprächen und die enorm leistungsfähig seien. Man könne hier durchaus von einer Maskerade sprechen, denn hinter der offensiv nach außen getragenen Wohltätigkeit verberge sich allein ein Leistungsmotiv.[3] So gibt die Bank JPMorgan denn auch stolz bekannt, dass ihre autistischen Mitarbeiter oft mehr als die doppelte Leistung eines normalen Mitarbeiters erreichen.

Firmen, die Autisten einstellen, verdienen mit ihnen sehr viel Geld. Ihre Motivation ist nicht philanthropischer Art, sondern sie passt in ihr leistungsorientiertes System. Abgesehen von ihrer guten Bezahlung helfen die Firmen ihren autistischen Talenten bei deren Lebensbewältigung gerade nicht – die gehäuften Entlassungen im Silicon Valley erzählen davon. Sobald die sozialen Probleme der autistischen Manager hervortreten, werden sie ganz schnell wieder vor die Tür gesetzt. Für mich ist das eine traurige Geschichte, sie steht für eine neue Form der Ausnutzung. Diese findet besonders ausgeprägt in Kalifornien statt, weil es dort besonders dichte Autismus-Cluster gibt, vor allem in Los Angeles und San Francisco, wo Kinder doppelt so oft autistisch werden wie im Rest des Landes. Es sind vor allem Söhne von hochgebildeten Eltern, die oft selbst in der IT-Branche beschäftigt sind.

Am 8. Januar 2018, rund fünf Monate nach seiner Entlassung, reichte James Damore beim Bundesbezirksgericht in Santa Clara, Nordkalifornien, eine Sammelklage gegen Google ein. Mitkläger war David Gudeman, ein von Google ebenfalls entlassener und ebenfalls autistischer Ingenieurskollege. Die Klageschrift umfasst 161 Seiten und enthält einen Anhang mit einhundert Seiten interner Google-Memos, Screenshots und E-Mails, in denen Diversität oder politische Meinungen eine Rolle spielen. Die Kläger behaupten, dass Google sie als weiße Männer und als Menschen mit konservativen politischen Ansichten massiv diskriminiert habe. Bei Google würden Personen, die etwa in Gleichstellungsfragen eine von der geduldeten Mehrheitsmeinung abweichende Sichtweise äußerten, systematisch isoliert, herabgesetzt und bestraft. Es existierten schwarze Listen, auf denen Personen mit konservativen Ansichten geführt und aus bestimmten Zirkeln ausgeschlossen würden. Googles Quotenziele, nach denen Frauen auf allen Ebenen des Konzerns 50 Prozent der Positionen erhalten sollten, seien illegal. Der Versuch, diese Quote derart forciert durchzusetzen, sei ein Rechtsbruch gegen die Chancengleichheit.

Viele Details aus den Diversity-Programmen von Google sind durch die Klageschrift zugänglich geworden, und sie bieten eine Auswahl an Beispielen für ein veraltetes und verbohrtes Diversity-Management des Konzerns. Selbst wenn man einrechnet, dass die Kläger nur die schlimmsten Beispiele aus den Diversity-Seminaren herausgenommen haben, zeigt sich anhand der Unterlagen, in welchem Gestus, in welch kleinlicher, dem Thema unangemessener und kulturell schädlicher Art und Weise diese Veranstaltungen abgelaufen sein müssen. Eine beliebte Übung war beispielsweise die Untersuchung von Alltagsäußerungen von Mitarbeitern auf ihren sexistischen Gehalt hin. Dabei wurde eine Bemerkung wie »Das Interface sollte so einfach sein, dass es selbst deine Mutter versteht« im Seminar auseinandergenommen und als Beispiel unerlaubter Sprache gebrandmarkt. Es wurde in

»richtige« und »falsche« Sprache eingeteilt, in Täter und Opfer. Es wurden »Delinquenten« herausgestellt, die sich »falsch« ausgedrückt hatten, jedem konnte wegen einer unbedachten Äußerung von der »Diversity-Polizei« auf die Finger geklopft werden. Damit wies man den in dieser Weise »Angeklagten« ständig Schuld zu, beziehungsweise man provozierte ihre permanente Verteidigungshaltung.

Ein anderer Teil der Google-Diversity-Programme bestand aus der Erstellung eines sogenannten »Bias-Busting-Plans«, also eines Plans zur »Zerstörung von Vorurteilen« – schon der Name verrät die Unmöglichkeit der Mission. Grundlage hierfür war eine anonyme Umfrage unter Kollegen, bei der Vorurteilserlebnisse sozusagen »live« aus dem Google-Alltag aufgelesen und dann analysiert und geclustert wurden. Auch diese Sammlungen dienten dem Ziel, diskriminierende Äußerungen zu isolieren und zu ächten.

Man weiß, dass ein solcher Weg unweigerlich in eine argumentative Sackgasse von »Verurteilungen« und Stereotypisierungen führt, dass er Menschen in die Polarisierung treibt und sich schon bestehende Vorurteile durch solche Übungen nochmals verstärken. Es ist in der Literatur nachzulesen, dass Diversity-Trainings dieser Machart ein besonders hohes Rückschlagpotenzial entfalten, da sie Gruppen nicht nur nicht integrieren, sondern unwiederbringlich spalten. Es sind zahlreiche Beispiele dafür bekannt, dass sich die Akzeptanz von Diversity-Anstrengungen in Firmen nach diesen Trainings verschlechtert statt verbessert haben – was ja auch auf der Hand liegt. Sich immer wieder über Gruppenstereotype zu unterhalten, führt eben gerade nicht aus ihnen heraus, sondern immer tiefer in sie hinein.

In Sachen Diversity vermeiden moderne Managementmethoden die Beschreibung und Identifizierung von Gruppen, vor allem die Beschreibung spezieller Gruppencharakteristika. Sie betonen vielmehr, dass jeder einzelne Mensch ein Individuum ist und sich in vielerlei Hinsicht von seinem Kollegen, seiner Kollegin unterscheidet. Eine Gruppenübung, die nicht spaltet, sondern aus Stereotypen befreit, kann beispielsweise in der Beschreibung von Eigenschaften liegen, die einen guten Ingenieur bei Google auszeichnen und von einem schlechten unterscheiden. Eine Alternative wäre die Beschreibung einer »guten« Suchmaschine im Sinne von Diversity. Solche Übungen bleiben höchstwahrscheinlich stereotypfrei, und sie sind vor allem zukunftsgerichtet und kreativ. Da die Diversity-Programme bei Google jedoch nach den veralteten Schemata durchgeführt wurden, haben sie zu immer schärferen Konflikten geführt.

Menschen im autistischen Spektrum verkraften es noch schlechter als Menschen mit neurotypisch normaler Veranlagung, wenn sie an einen Pranger gestellt werden. Schon im normalen Arbeitsalltag vermeiden sie den sozialen Kontakt und die Gegenüberstellung mit anderen Personen. In Büros setzen sie sich gerne mit dem Gesicht zu einer Wand, oder sie tragen eine Sonnenbrille – man sollte es ihnen einfach erlauben. Bei sozialer Überforderung reagieren sie panisch. Eine konfrontative Situation im Kreise anderer führt bei Autisten zu sehr hohem Stress, auch der soziale Druck von Teamgesprächen ist für sie sehr schwer auszuhalten. Feedback im Einzelgespräch auf nichtkonfrontative, sehr sachliche und klare Art und Weise zu geben, ist aber durchaus möglich. Es wäre anzunehmen, dass Firmen, die mit Autismusprogrammen werben, wissen, wie sie ihre angeworbenen Kandidaten behandeln müssen, damit sie sich wohlfühlen und ihre Begabungen sicher ausleben können. Es war zu erwarten, dass die beschriebenen Diversity-Trainings für einen Autisten qualvoll sein und zu einem Ausbruch führen mussten.

Sundar Pichar, der indischstämmige, leise und überaus höfliche CEO von Google und Alphabet, entließ Damore schließlich aus seinem Job. In der *New York Times* wurde Pichai dafür heftig gescholten. »Als einziger Erwachsener im Raum« hätte er den

Konflikt anders lösen müssen, hieß es in einem Artikel mit der Überschrift »Sundar Pichai sollte von seinem Amt als Google-CEO zurücktreten«.[4] Der Google-Chef ist bekannt für ein gewaltiges Maß an rhetorischer Zurückhaltung und ein stetes Bemühen um möglichst nette und ungefährliche Formulierungen. Ganz egal, welch unangenehme Frage ihm gestellt wird, er zeigt keinerlei Emotion, sondern ergänzt seine Ausführungen oft mit liebenswürdigen Anekdoten aus seiner indischen Heimat, welche die Verdienste der Digitalisierung und seines Unternehmens hervorheben. Mit Google wolle er dafür sorgen, dass jedes Kind auf der Welt Zugang zu Informationen und Kommunikation bekomme.

Während der Recherchen für dieses Buch hat sich meine Sichtweise auf das Verhalten von Google im Fall von James Damore mehrfach verändert. Wiederholte Male habe ich mir die Frage gestellt, ob es richtig oder falsch war, Damore wegen seines Pamphlets zu feuern. Bevor ich die Klageschrift mit ihren Anhängen gelesen hatte, war es für mich die einzig richtige Reaktion, ihn fristlos zu kündigen. Denn der junge Mann war aller Voraussicht nach nicht zu bekehren, und seine Kontakte in die rechte Szene waren für das Unternehmen kaum tragbar. Aber wie war er dahin gekommen? Als ich dann von den verheerenden Diversity Trainings erfuhr, entwickelte ich Verständnis dafür, dass Damore rebellierte, als sie ihn durch die stumpfen Übungen getrieben hatten. Es schien, als hätte er sogar als einziger Manager im Raum versucht, die Vorurteile, die aus seiner Sicht in der Firma kursierten, im Seminar zu adressieren. Mit seinem Memo, für so unmöglich ich es inhaltlich auch hielt, hatte er als Einziger den schwelenden Konflikt überhaupt einmal direkt angesprochen.

In der Zeit nach dem Erscheinen von James Damores Memo wurden immer mehr interne Streitthemen um das Thema Diversität aus dem Unternehmen in die Öffentlichkeit getragen: Drei

Ingenieurinnen strebten im September 2017 eine Klage wegen ungerechter Bezahlung und schlechter Aufstiegschancen im Google-Konzern an. Sie warfen dem Unternehmen vor, die Probleme seit Langem zu kennen und trotzdem nichts dagegen zu unternehmen. Gerüchte über zahlreiche sexuelle Übergriffe segelten an die Oberfläche der Medien, und immer lauter wurden die internen Appelle, alle Informationen darüber endlich öffentlich zu machen. Im Oktober 2018 sah sich Sundar Pichai zu einem Statement gezwungen. Der Konzern berichtete, dass Google innerhalb von zwei Jahren 48 Manager entlassen hatte, über die Klagen wegen sexueller Belästigung vorlagen. Anders als bei einem prominenten vorherigen Fall, der inzwischen ebenfalls in den Zeitungen aufgegriffen wurde, bot man den Entlassenen keine hohen Abfindungen mehr an. Das war schon einmal ein Fortschritt. Der Google-Gründer Larry Page hatte einen der Topmanager des Hauses vier Jahre zuvor trotz im Raum stehender Vergewaltigungsvorwürfe noch mit einem goldenen Handschlag in Höhe von 90 Millionen Dollar verabschiedet. Es handelte sich um Andy Rubin, Miterfinder des Android-Betriebssystems, der eine Kollegin nachweislich sexuell missbraucht hatte.

In den Jahren zwischen 2016 und 2020 gab es kaum eine pikante Nachricht, die nicht die internen Reihen von Google verließ. In der Literatur werden die kulturellen Probleme des Konzerns oft gewissermaßen historisch erklärt. Google habe wie andere Digitalkonzerne in den Nullerjahren sehr schnell Personal aufbauen müssen und Tausende sehr ähnlicher Persönlichkeiten an Bord geholt – oft waren es die Freunde von Freunden von Freunden aus den Computerklassen der drei Topuniversitäten Amerikas. Diversität war in dieser Zeit bei Google geradezu verschrien, denn die Suche nach anderen als den bewährten Persönlichkeitsprofilen galt von vornherein als mit dem Makel der Niveauabsenkung versehen. Genau diese Begrifflichkeit – »Niveauabsenkung durch Diversity-Zwang« – hatte auch James

Damore in seinem Pamphlet verwendet. Vor allem unter der Ägide von Eric Schmidt wurden intelligente Programmierer ohne besondere soziale Kompetenz, aber ausgestattet mit einem enormen Machtbewusstsein herausgepickt, die Schmidt selbst als »Diven« beschrieb. Selbst Schmidt unterwarf sich ihnen, nach Meinung mancher seiner Kollegen verwöhnte er seine Diven geradezu.

Es sammelte sich ein Kreis von sehr egoistischen, sehr smarten Persönlichkeiten, die alles für die Firma gaben, die sich aber auch in keiner Weise einhegen ließen und die extrem viele Privilegien für sich beanspruchten. Um »geniale« Ingenieure dazu zu motivieren, Dinge wie GMail, Google Earth oder Google Translate zu erfinden, musste man sich ihnen zu Füßen werfen und ihnen alle Kapriolen der Welt erlauben, meinte Eric Schmidt. Die Folgen einer solchen inneren Aufstellung: kein Teamgeist, kein Vertrauen, viel Ich, viel Ruhm, viele Machtspiele. Genau diese Regellosigkeit scheint bei Google inzwischen ein Problem zu sein, denn es sind diese Diven, die heute bestimmen, wer bei Google Karriere macht und wer nicht. Wenn sich ein reines Agieren in Machtzirkeln in einem Unternehmen Bahn bricht, wird es gefährlich. Früher nahm man sich damit unternehmerisch aus dem Spiel, bei einem Monopol ist das anders: Ein Monopol kann sich durchaus eine unbegrenzte Zahl verwöhnter Ingenieure leisten, die die seltsamsten Ideen in die Welt bringen und denen jedes gesellschaftliche Korrektiv für das fehlt, was sie tun.

Während eines Interviews auf dem Weltwirtschaftsforum 2018 in Davos wurde Sundar Pichai von Charles Schwab gefragt, ob er aus der Geschichte mit James Damore gelernt habe. Er antwortete:»Die Freiheit der Rede ist sehr wichtig. Bei Google legen wir Wert auf mehr Frauen, das ist ein moralisches Gebot für uns und auch für mich persönlich. Wir streben eine inklusive Kultur an.« Auf die Frage, was er konkret dafür tue, antwortete Pichai:»Das ist eine wichtige Frage. Seit einigen Jahren veröffentlichen wir

Zahlen über unsere Diversität, ich glaube, es ändert sich etwas, wir arbeiten weiter daran.«[5] Mehr als ein paar beschwichtigende Standardsätze waren nicht aus ihm herauszubekommen.

Milliarden an Honoraren wurden in den letzten 20 Jahren für Diversity-Programme in Beratungshäuser hineingespült. Hinter all diesen ergebnislosen Bemühungen steht die Grundannahme, dass man Diversity-Management einführen kann wie ein neues Kostenmanagementprogramm. Es wird meist davon ausgegangen, dass sich an den Handlungen, den Gewohnheiten, den internen Regeln, der Meeting-Kultur, den Beförderungssystemen, den Vorbildern, den Karrierebildern, die man in Unternehmen vorfindet, nichts ändern muss, wenn man Diversity-Management betreibt. Natürlich ist dies eine Fehlannahme, denn Diversität lässt sich nicht einfach herbeimanagen.

Und Diversität meint nicht allein Geschlechterdiversität. Für ein Unternehmen, das künstliche Intelligenzen programmiert, halte ich kognitive Diversität für enorm wichtig, da KI-Programme für Verzerrungen durch starre Meinungsbilder und Vorurteile besonders anfällig sind. Diversität ist in Firmen, die lange auf nur einen Mitarbeitertyp gesetzt haben, enorm schwierig zu erreichen. Sie ist zeitaufwendig und widerständig. Man muss dafür die Unternehmen über Jahre umbauen bis in die kleinste Verästelung hinein. Vor allem aber hat Diversity mit der rigorosen Neuaufteilung von Macht zu tun. Wer bekommt die wichtigsten Projekte zugeschoben? Wer entscheidet über Beförderungen und Einstellungen? Wer wird für welches Verhalten belohnt?

Manager tragen Verantwortung für die Mitarbeiter, die sie engagiert haben. Es ist nicht damit getan, dass man ihnen ein Gehalt zahlt. Bei Kandidaten aus dem autistischen Spektrum ist diese Verantwortung mit noch mehr Achtsamkeit und einer noch höheren Verantwortung für ihr Wohlergehen verbunden. Kommt man ihr nicht nach, beutet man diese talentierten Menschen aus.

# Gehirnkitzler

Eine mir nahestehende junge Frau war 25 Jahre alt, als sie sich bei einer Unternehmensberatung um einen Job bewarb. Fredi hatte Betriebswirtschaft studiert und schwankte zwischen dem Wunsch, eine Bar zu eröffnen, einer Non-Government-Organisation in Namibia zu helfen oder einen Job als Unternehmensberaterin anzustreben. Ihr Bewerbungsschreiben war gut, sie hatte ihre Wankelmütigkeit ehrlich formuliert und die Berater darum gebeten, sie davon zu überzeugen, dass sie bei ihnen am besten aufgehoben sei. Den ersten Online-Test und das Skype-Interview der Consulting-Firma hatte sie schon ordentlich absolviert, und schließlich wurde sie nach München zu einem Gespräch eingeladen. In den Wochen vor ihrem Termin sah ich, wie aus einer fröhlichen jungen Frau langsam ein Nervenbündel wurde. Das Gespräch war für drei bis vier Stunden angesetzt, und sie sollte mit verschiedenen Gesprächspartnern zusammentreffen. Würde sie den ihr vorgelegten »Finanz-Case« richtig bearbeiten können? Würde sie in der Lage sein, sich in München über vier Stunden voll zu konzentrieren? Vor allem aber: Würde sie für den ihr vorgelegten Brainteaser schnell überzeugende Lösungen finden? Die sogenannten Brainteaser-Aufgaben beunruhigten sie am meisten. »Man kann sich damit vollkommen blamieren«, sagte sie mir immer wieder. »Alles, was du vorher gut gemacht hast, kannst du damit krass wieder verreißen.«

In den neunziger Jahren führten die Tech-Companys im Silicon Valley eine damals neue Testmethode in ihre Bewerbungsverfahren ein, die sogenannten Brainteaser. Wörtlich übersetzt heißen sie »Gehirnkitzler«. Sie sind Denksportaufgaben, die angeblich Hinweise auf das analytische Denkvermögen eines Kandidaten geben. Um deren »intellektuelle Beweglichkeit« zu erproben, stellten Tech-Personaler ihren zukünftigen Schützlingen in schneller Abfolge eine ganze Reihe komplex erscheinender Rechenaufgaben. Brainteaser werden inzwischen auch in Bewerbungsgesprächen deutscher Unternehmen, vor allem bei Beratungshäusern, angewandt, und beinhalten eine auf den ersten Blick unlösbar anmutende analytisch-mathematische Fragestellung, etwa diese: Welchen Preis würden Sie dafür verlangen, alle Fenster in San Francisco zu putzen? Wie viele Klavierstimmer gibt es auf der Welt? Wie viele Mandarinen passen in einen Bus? Wie schwer ist Manhattan?

Der Umgang mit Brainteasern sagt weder etwas über die Intelligenz eines Kandidaten aus noch über seine fachliche oder gar seine persönliche Eignung. Die Aufgaben wirken lebensnah, aber sie sind es nicht. Es gibt keine realistische und erst recht keine »richtige« Lösung für einen Brainteaser. Der Kandidat soll daran demonstrieren, dass er »cool« und gelassen bleibt, sich nicht aus der Ruhe bringen lässt, gewissermaßen schon in jungen Jahren »über den Dingen« steht. Er soll seinem Gegenüber ein paar plausible und rhetorisch überzeugende Annahmen vorführen, mit denen er schließlich zu irgendeiner Lösung kommt. Im Fall der Klavierstimmer könnte der Lösungsvortrag etwa wie folgt lauten: Die Zahl der Klavierstimmer hängt mit der Zahl der Klaviere auf der Welt zusammen. Es leben knapp acht Milliarden Menschen auf dem Erdball, im Durchschnitt in Drei-Personen-Haushalten, macht rund 2,5 Milliarden Haushalte. Davon steht in jedem dreißigsten Haushalt ein Klavier, macht rund 60 Millionen Klaviere. Ein Klavier muss einmal im Jahr gestimmt werden, und ein Klavierstimmer kann bei einer 40-Stunden-Woche etwa sechstausend Klaviere pro Jahr stimmen. So hätten wir nach dieser Rechnung etwa hunderttausend Klavierstimmer auf der Welt.

Wohlgemerkt, es geht um die Suche nach besonders exzellentem Personal. Was aber verrät mir jemand, der diese Klavierstimmer-Aufgabe »gelöst« hat über seine Eignung für einen zu besetzenden Job? Was erfahre ich über seine Persönlichkeit? Als Fachkraft, als Charakter, als Mensch? Welche Zahl bei solchen

Rechnungen am Ende herauskommt, ist für beide Seiten vollkommen unerheblich, das Ergebnis ist bei diesen Übungen egal.

Vielleicht zählt noch die Plausibilität der Annahmen, die getroffen werden, aber im Grunde wollen die Google-Personaler und andere Firmen aus dem Tal mit Brainteasern etwas ganz anderes über die Persönlichkeit auf der anderen Seite des Tischs erfahren: Brainteaser wurden und werden von Unternehmen angewandt, die nach Menschen mit einem sehr deutlich ausgeprägten Selbstbewusstsein suchen, nach jungen Kandidaten, die sich problemlos auf eine vage Plauderei über irgendein Thema einlassen können, für das sie keinerlei Expertise haben. »Brainteaser sind eine komplette Zeitverschwendung«, meint dazu ein ehemaliger Personalchef von Google, der erzählt, dass gerade Google sie massiv eingesetzt hat, auch weil man mit deren Hilfe schnell einen Eindruck davon bekommt, wie Menschen mit Stress umgehen.[6] Brainteaser werden nachweislich besonders gut von Personen gelöst, die hervorragend bluffen können. Der gut vorgetragene Bluff ist gewissermaßen entscheidend, wenn es um den Umgang mit diesen Gehirnkitzler-Aufgaben geht. Auf diese Weise belohnt man einen jungen Menschen dafür, dass er besonders geschickt über die eigene Aufregung oder sein eigenes Nichtwissen hinwegtäuscht.

Brainteaser verhindern jedoch, dass Kandidat und Personalentscheider in ein tiefes persönliches Gespräch hineinfinden, dass sie also während eines Bewerbungsgesprächs etwas Wesentliches übereinander erfahren. Denn der Nebeneffekt einer oder gar mehrerer solcher Denksportaufgaben ist, dass die Gespräche an der Oberfläche bleiben. Die Zahlendiskussionen bringen beide Parteien weg von einem intensiven Austausch, der mehr Mühe macht, mehr Engagement und auch eine geschicktere und intensivere Gesprächsführung verlangt. Der Kandidat wird in einer solchen Atmosphäre nichts Sensibles »aus sich herausholen« oder von sich preisgeben wollen. Und er wird auch dem Arbeitgeber keine tiefergehenden Fragen stellen. Dem Entscheider wird es auf diese Weise leichtfallen, nicht allzu sehr in das Gespräch einzusteigen, sondern nur die oberflächlicheren Punkte eines Eignungstests abzuhaken.

Aus meiner Sicht sollte ein sensibler Kandidat die ihm gestellte Brainteaser-Aufgabe sofort als das entlarven, was sie ist: eine völlig idiotische Fragestellung. In einem Bewerbungsgespräch geht es schließlich nicht um das Durchstehen von Gesprächsstunts, sondern um ein ehrliches Gespräch untereinander, in dem beide Seiten etwas über ihr Gegenüber erfahren – über Erfahrungen, Pläne, Haltungen, Einstellungen zu aktuellen Themen, über schon erprobte Fähigkeiten und Eigenarten. Ein achtsamer Bewerber könnte auf eine Brainteaser-Aufgabe wie folgt reagieren: »Das ist eine interessante Aufgabe, die sie mir gerade stellen, aber ich möchte unsere Zeit anders nutzen. Ich würde Ihnen lieber etwas über meine Vorstellungen von der zukünftigen Arbeit in Ihrem Hause erzählen.«

Die Sache mit den Brainteasern geht tiefer, als man zunächst denkt. Brainteaser sind kulturelle Egalisierer, genauso wie Videospiele, die bestimmte Mitglieder einer Generation besonders intensiv spielen: Sie egalisieren sozial und kulturell, und sie wirken in einer Gruppe oder in einem Team noch hermetischer und ausschließender als gleichartige Ausbildungen, beispielsweise in Informatik oder Computer Science oder auch Ökonomie. Bei Einstellungsgesprächen behindern Brainteaser die Diversität und fördern Homogenität. Sie werden nur von einer bestimmten Gruppe von Studenten besonders gut beherrscht, die in solchen Interviews dann gut abschneiden. Brainteaser wirken gruppenpolarisierend: Die Gruppenmitglieder, die mit ihnen gut umgehen können, sind sich kulturell und bildungstechnisch extrem ähnlich, diejenigen, die mit solchen Aufgaben fremdeln, sind divers hinsichtlich ihrer kulturellen und sozialen Hintergründe, ihrer Fähigkeiten und Anlagen. Wer für Diversität kämpft, sollte Brainteaser nicht einsetzen. Denn das Lösen solcher Aufgaben erfordert wenig Kreativität, gibt wenig Spielraum, seine Talente auszuspielen, sondern bevorzugt einen bestimmten dominanten Habitus, der differenzierte, achtsame oder kreative Potentiale außen vor lässt.

Emily Chang, Technikjournalistin bei Bloomberg, hat in ihrem Buch über die Burschenschaftsatmosphäre in den Firmen des Silicon Valley[7] noch ein anderes Charakteristikum der Google-Manager herausgestellt. Auch sie sagt, dass die Wurzel für das Kulturproblem von Google maßgeblich durch das starke Wachstum in den 10 Jahren zwischen 2001 und 2011 gelegt wurde und dass man nie ernsthaft an dessen Verbesserung gearbeitet habe. Genau diese Jahre waren jene Zeit, während der Eric Schmidt an der Spitze stand und während der das Unternehmen rapide gewachsen ist. Ohne große Sorgfalt wurden zu dieser Zeit Zehntausende Topabsolventen aus den Technikschmieden Stanford, Carnegie Mellon und MIT an Bord genommen – praktisch alle Studenten, derer man dort habhaft werden konnte, die in ihren Gruppen und Teams nicht nur jeden Arbeitstag der Woche, sondern oft auch noch die Wochenenden gemeinsam verbrachten. Auf diese Weise sei eine von ihrem Wertesystem ausgesprochen homogene Mannschaft von weißen männlichen Eliteingenieuren aufgebaut worden.»Wenn eine Mannschaft schon zu 80 Prozent Männer derselben technischen Universitäten an Bord hat und sie alle noch ihre Freunde dazuholen, dann entsteht ein Klima, das die Integration anderer Charaktere praktisch unmöglich macht, und eine Unternehmenskultur, die jedes ›Andere‹ im Menschen sofort ausschließt«, zitiert Chang einen Personalexperten aus dem Tal.[8]

Die beiden Gründer Sergey Brin und Larry Page hätten sich zunächst noch für mehr Frauen im Management engagiert, schreibt Chang, die Kultur von Google sei jedoch von Anfang an gleichsam intellektuell männlich überfrachtet und antiempathisch gewesen. Eine Atmosphäre der ständigen argumentativen Spiegelfechterei,

des permanenten rhetorischen Säbelrasselns, des Auseinander-
rupfens jeder neuen These sei entstanden, eine fortwährende ag-
gressive Finde-den-Fehler-Stimmung, die dazu geführt habe, dass
weniger selbstbewusste Menschen bei Google schließlich ver-
stummt seien und das Unternehmen verlassen hätten. Spätestens
seit Mitte der 2010er Jahre sei ein echtes, massives »Elitenprob-
lem« im Unternehmen sichtbar geworden. Die oberen Führungskräfte, die man bei Google für Neueinstellungen zurate zog,
hätten bei den Recruiting-Gesprächen konsequent gegen Persönlichkeiten mit anderen Sichtweisen votiert. Gegen die einheitli-
che kulturelle Mehrheit des intellektuellen »Elitekaders« von
Google sei schließlich niemand mehr angekommen.

Die komplizierten Interviewparcours im Hause Google, über
die mir bei meinem Besuch so viel Positives vorgetragen wurde,
kommen mir inzwischen wie ein Spiegel dieser festgefahrenen
Machtstrukturen vor, mit der die Homogenität der Führungs-
mannschaft konserviert werden soll. Homogenität ganzer Füh-
rungsetagen ist in Unternehmen rund um den Erdball kein neues
Problem, ganz im Gegenteil. Der Soziologe Michael Hartmann
hat darüber jahrzehntelang vor allem in Europa geforscht:[9] Auch
in europäischen Unternehmen ist das Topmanagement oft homogen besetzt, und auch hier erlebt man heute eher mehr Gleichartigkeit als früher. Dies hat einerseits mit den homogenen Curri-
cula sogenannter Business-Schools zu tun, die sich immer mehr
an amerikanische Rollenvorbilder angleichen und stilbildend für
Wirtschaftsstudiengänge geworden sind. Auch in Europa haben
sie sich mittlerweile etabliert und erfreuen sich steigender Stu-
denten- und Absolventenzahlen. Andererseits rührt die höhere
Homogenität auch aus den größer werdenden sozialen Abstän-
den in unserer Gesellschaft: Die sich auftuende soziale Schere,
macht einen Aufstieg für junge Menschen aus sozial benachteilig-
ten Verhältnissen immer schwerer möglich. Viele Vertreter meiner Generation haben es sich inzwischen angewöhnt, auf die

Frage nach ihrem Lebensweg einzuflechten:»Ich hatte das Glück, in den sechziger und siebziger Jahren auf die Schule zu gehen, und habe in dieser Zeit von den deutlichen Bemühungen der damaligen Bundesregierungen um soziale und geschlechtliche Chancengleichheit profitiert.«

Die Homogenität im Topmanagement hat sich im Vergleich zur Nachkriegszeit schon in den letzten beiden Jahrzehnten des 20. Jahrhunderts immer mehr verstärkt. Zwei Drittel der deutschen Topmanager»rekrutierten sich (schon in den achtziger Jahren) aus den oberen drei bis fünf Prozent der Einkommensbezieher ihrer Vätergeneration«, schreibt der Soziologe Hartmann.[10] Eine noch viel massivere Ausprägung von Homogenität in der Führung der Wirtschaft existiert seit Langem in Frankreich und England, wo männliche Absolventen der jahrhundertealten elitären Privatschulen und -universitäten fast alle Topjobs in der Industrie und der Politik besetzen. Die USA und der Rest Europas haben jedoch in Sachen homogener Führungskader»aufgeholt«, vor allem Deutschland, das nach dem Krieg noch einen besonders gleich verteilten Wohlstand und viel gleichmäßiger verteilte Aufstiegschancen bot als seine Nachbarländer. Diese Zeiten sind vorbei. »Der noch in den 60er Jahren bestehende beträchtliche Unterschied (in der sozialen Rekrutierung deutscher Spitzenmanager) ist zu einem großen Teil eingeebnet ...«[11]

Festhalten lässt sich jedoch, dass die enorme Gleichartigkeit im Anregungs- und Bildungsumfeld heutiger amerikanischer Jugendlicher inzwischen ein noch deutlich höheres Niveau an Homogenität in den Unternehmensführungen erzeugt, sodass die Atmosphäre in den oberen Etagen der dortigen Tech-Konzerne sich als kulturell extrem eindimensional, wenn nicht gar ausgeblutet beschreiben lässt. Nicht nur haben die Manager bei Google und Co. dieselben Universitäten besucht, sie haben auch dieselben Computerspiele gespielt, sie kennen dieselben Menschen, sie sind alle mit Programmierwettbewerben und Brainteasern aufgewachsen. Der Fokus ist extrem eng geworden, die Auswahlkriterien für das Personal ohne größere Varianz.

Eine Branche, in der man seit gut 30 Jahren mithilfe eines ganz neuen Auswahlverfahrens vehement gegen die eigene Homogenität angeht, ist die Musikbranche. Es ist kein besonders großer, personalstarker Sektor, aber er hatte es besonders schwer, gegen seine eigenen Vorurteile anzukommen. Ich meine hier vor allem die professionellen Musiker in den großen philharmonischen Orchestern der Welt. Lange war der lukrative Beruf eines professionellen Orchestermusikers nur Männern vorbehalten, vielleicht ausgenommen einiger weniger Harfenspielerinnen, die sich gelegentlich als Freiberufliche in den großen Orchestern verdingen durften. Die Homogenität lag auch hier in den Auswahlverfahren begründet: In Profiorchestern ist es üblich, dass ein Gremium von erfahrenen Orchestermitgliedern zusammen mit dem Dirigenten über Neuzugänge entscheidet. Und auch dort wird wie in den Bewerbungsprozessen von Unternehmen erst nach mehreren Runden des Vorspielens über einen Kandidaten entschieden. Das Bewerberfeld auf eine einzige Stelle ist immer riesengroß. Geigerinnen, Bratschistinnen, Cellistinnen, Klarinettistinnen, Hornistinnen, Paukistinnen fielen bei gleicher Begabung bis in die späten neunziger Jahre bei den Orchestervorspielen regelmäßig allein aufgrund ihres Geschlechts in großer Zahl durch.

Noch bis in die späten neunziger Jahre haben sich die Wiener Philharmoniker nur durch öffentliche Proteste zwingen lassen, eine Spitzenmusikerin aufzunehmen. Bei den hochdotierten Berliner Philharmonikern lief es in den achtziger Jahren genauso ab. Unvergessen ist der »Skandal« um die Aufnahme der Klarinettistin Sabine Meyer. Regelmäßig durften die männlichen Musiker ihre negativen Entscheidungen damit erklären, dass sich der Klang des Orchesters verändern würde, wenn Frauen darin spielten. Und lange kamen sie damit auch durch, sie lehnten die Aufnahme von Musikerinnen glatt ab. Dies änderte sich erst nach zunehmenden Publikumsprotesten bei Konzerten und nachdem zunächst amerikanische Orchester damit begannen, ihre Probespiele hinter einem Vorhang absolvieren zu lassen. Alle Kandidaten hatten lediglich eine Nummer, die Auswahljury erfuhr weder den Namen noch das Geschlecht der Person, ja die Bewerber wurden sogar darum gebeten, ohne Schuhe aufzutreten, damit man nicht am Klang der Absätze zwischen Männern und Frauen unterscheiden konnte. Wissenschaftler der Universität Harvard fanden in einer Untersuchung heraus, dass sich ein strikt geschlechtsneutrales Probespiel auf die Chancen weiblicher Bewerber massiv positiv auswirkt: In der ersten Runde erhöhen sich ihre Erfolgsquoten um 50 Prozent, und in der Finalrunde gewinnen 300 Prozent mehr Frauen als vorher, wenn sie hinter einem Vorhang musizieren.[12] Inzwischen spielen in amerikanischen Profiorchestern mehr als 40 Prozent Frauen, in europäischen Spitzenorchestern sitzen mittlerweile ebenfalls 38 Prozent Musikerinnen. Der Klang der Orchester hat sich dabei – wohl nicht überraschend – keineswegs verschlechtert, und die Absolventinnen sind an den Musikhochschulen inzwischen in der Überzahl.

Lässt sich die Behind-the-curtain-Methode auf das normale Arbeitsleben übertragen? Ja und nein. Man kann Kandidaten im Business nicht hinter einem Vorhang interviewen. Aber es gibt trotzdem Dinge, die übertragbar sind – für das Rekrutieren wie auch für die spätere Arbeit im Unternehmen. Beim Probespiel für eine Position im Orchester spielen alle Kandidaten genau dasselbe Stück. Dabei gibt jeder Vorspieler eine Kostprobe seiner technischen Fähigkeiten sowie seines besonderen Talents. Er muss unter großem Druck in sehr hoher Qualität jeweils dasselbe Stück vorspielen und dabei sein Spiel mit einer eigenen, unverwechselbaren Note versehen. Der Vorspielende gibt damit nicht nur einen Eindruck davon, wie gut er sein Instrument und ein bestimmtes Stück technisch beherrscht, sondern auch davon, wie er es auf seine eigene ganz persönliche Weise interpretiert. Und genau das ist wesentlich!

Hält man die üblichen Einstellungsmethoden aus dem Programmierbereich der Tech-Unternehmen dagegen, werden häufig allein technische Fertigkeiten abgeprüft, beispielsweise über sogenannte Programmierwettbewerbe, so wie bei James Damore geschehen. Oder Kandidaten werden in Interviews vor mathematische und analytische Aufgaben gesetzt beziehungsweise mit Brainteasern »gequält«. Diese Verfahren verhindern es geradezu, dass Bewerber etwas von ihrer Persönlichkeit oder Individualität preisgeben können. Am besten gelingt dies wohl immer, wenn man Kandidaten mit Material »spielen« lässt, an dem sie ihre Kreativität zum Ausdruck bringen können, ihnen also Themen und Fragestellungen gibt, die nicht erwartbar sind und die Spielraum für einen eigenen Weg in der Problemlösung eröffnen.

Rekrutierungsmethoden machen einen immensen Unterschied für die Schaffung von hochdiversifizierten Teams in Unternehmen. Jahrzehntelange Forschung von Psychologen, Soziologen, Ökonomen und Demografen hat immer wieder nachgewiesen, dass sozial diversifizierte Gruppen innovativer sind als homogene. Es liegt auf der Hand, dass eine Gruppe mit diversen individuellen Fähigkeiten besser für die Lösung komplexer Problemstellungen geeignet ist als eine homogene Gruppe. Globale Studien belegen denn auch immer wieder, dass Diversität höher zu werten ist als technische Fähigkeiten. Dies hat einen offensichtlichen Grund: Wer in einer Firma umgeben ist von Menschen, die sich in verschiedenen Aspekten von einem selbst unterscheiden, ist kreativer und gewissenhafter, arbeitet genauer und intensiver.

Aber nicht nur Diversität bei Fachkenntnissen ist gefragt. Gerade soziale Diversität bringt eine Gruppe dazu, ihr Verhalten wirklich zu ändern.[13] Die Mitglieder homogener Gruppen sind sich der Zustimmung ihrer Gruppe relativ sicher. Sie kennen die Perspektiven und Blickrichtungen der anderen Kollegen und wissen, dass es einfach ist, einen Konsens herzustellen. Wenn sie jedoch damit rechnen müssen, dass ihre Gruppe soziale Unterschiede aufweist, ändern sich auch ihre Erwartungen an die Arbeit in dieser Gruppe. Sie antizipieren Unterschiede in Meinungen und Perspektiven, und sie stellen sich darauf ein, dass es anstrengender sein wird, zu einem Konsens zu kommen. Dies hilft der Diversität in zweifacher Hinsicht: Menschen arbeiten in sozial diversen Gruppen härter an sich – kognitiv und sozial. Sie werden das vielleicht zunächst unbequem finden, aber es führt zu besserer Zusammenarbeit und zu besseren Ergebnissen.

Digitale Plattformen oder größere Start-ups arbeiten bisher nicht intensiv an ihrer Diversität. Durch den finanziellen Erfolg ihres Werbemodells und die »natürlichen« Vorteile, die ein globales Monopol mit sich bringt, hat es den Digitalkonzernen bisher wirtschaftlich nicht geschadet, dass sie personell so homogen aufgestellt sind. Als Arbeitgeber sind sie jedoch überhaupt kein Rollenmodell, das zur Nachahmung empfohlen werden kann.

## Zukunft ohne Arbeit?

Digitalisierung frisst Arbeit! Selten habe ich erlebt, dass sich eine einzige Studie so in den Köpfen der Weltbevölkerung festgesetzt hat wie diese. Im Jahr 2013 erschien eine empirisch gestützte Zukunftsprognose der britischen Universität Oxford, die besagte, dass innerhalb von 25 Jahren 47 Prozent aller Jobs in der amerikanischen Industrie durch Digitalisierung verloren gehen würden. Sofort übertrugen viele Managerkollegen diese Zahlen auch auf die europäischen Verhältnisse, denn in allen Ländern sind Unternehmen dabei, ihre Arbeitsweisen zu digitalisieren. Die Zahl schlug ein: Viele Kollegen – mich selbst eingeschlossen – ergingen sich in Überlegungen darüber, welche Branchen besonders schnell von Computern gefressen werden könnten und welche sich halten würden. Waren nicht Vermittlerdienste wie die Reisebürobranche oder die Versicherungsmakler bereits verschwunden? Bei Anwälten, Steuerberatern oder Bankern war man sich noch nicht so sicher, aber waren diese nicht ebenfalls durch Online-Beratungsdienste bedroht? Und konnten nicht sogar Legosteine, Schuhe, Möbel oder Häuser in Zukunft von 3-D-Druckern gefertigt werden?

Der Zeitpunkt, an dem es vielen Menschen auf der Welt zum ersten Mal vor der Digitalisierung angst und bange wurde, war genau dieses Jahr 2013, in dem die Studie von Osborne und Frey erschien.[14] Und es ist, wie es immer ist, wenn zum ersten Mal eine reale Zahl über eine vorher diffus wahrgenommene Bedrohung im Raum steht: Sie hat eine gewaltige Wirkung. 47 Prozent, das war praktisch jeder zweite Arbeitnehmer. Die Zahl geisterte durch alle Medien und Konferenzen, das Fieber ließ sich danach kaum mehr senken, und der Fluch der Beschäftigungslosigkeit durch das Digitale ist seither in unseren Hirnen fest verankert. Die große Frage aber lautet: Trifft diese Prognose zu?

Meine Freundin Cornelia war Personalvorstand bei Hewlett Packard, sie ist inzwischen pensioniert. Angesprochen auf die Oxford-Studie entgegnete sie mir, dass sie Arbeitsplatzentwicklungen im Allgemeinen für sehr schwer prognostizierbar halte. Sie glaube in dieser Hinsicht den Oxford-Zahlen einfach nicht, habe sich schon oft in Annahmen getäuscht gesehen, eine Rezession sei dann doch nicht eingetreten, ein anderes Mal ein erwarteter Aufschwung oder auch eine technische Neuerung ohne große Auswirkung geblieben. Entwicklungsvorhersagen zu Arbeitsplätzen über einen Zeitraum von mehr als 10 Jahren zu treffen, halte sie für unmöglich, vor allem wegen der hohen Zahl an Einflussfaktoren. Längerfristige Aussagen über alle Länder der Erde hinweg zu erklären, sei gleichsam sinnlos, da das Weltgeschehen, der Grad der Industrialisierung wie des Ausbildungsstands und dementsprechend die Entwicklungschancen je Land sehr deutliche Unterschiede aufwiesen. Cornelias Urteil schien mir plausibel, doch die These einer weitgehend erwerbslosen Zukunftsgesellschaft treibt weiterhin ihre Blüten.

Einer, der es ernst meint mit der Abschaffung der Arbeit, ist der fernsehbekannte deutsche Philosoph Richard David Precht. Seit einigen Jahren reist er mit einem alarmierenden Vortrag durch das Land: In Sachen Arbeit prophezeit er einen Umsturz, der stärker sein werde als die massiven Veränderungen durch die Industrialisierung im 18. und 19. Jahrhundert. Precht übertrifft mit seinen Umsturzvisionen die Oxford-Studie noch. In seinem Buch *Jäger, Hirten, Kritiker*[15] lässt er keinen Zweifel daran, dass das Ende der sogenannten Leistungsgesellschaft erreicht ist und eine Welt ganz ohne Lohnarbeit bevorsteht. Um den großflächigen Wegfall von Jobs zu kompensieren, käme die Politik gar nicht umhin, bald ein bedingungsloses Grundeinkommen einzuführen. Precht feiert die Ankunft dieser neuen Ära: Die Welt werde eine bessere sein als vorher, da niemand mehr einer Erwerbsarbeit nachgehen müsse. Jeder Mensch dürfe sich frei entfalten und bestenfalls – wie von Karl Marx erträumt – morgens Jäger, abends Hirte und nachts Kritiker sein.

Inzwischen gibt es für Deutschland einige Anzeichen, an der Oxford-Prognose und deren Prophezeiung einer Welt ohne Arbeit wenigstens für die nächsten Jahre zu zweifeln. Vor allem ein wesentliches Gegenargument erlebten wir – jedenfalls vor der Corona-Pandemie – alle gemeinsam: die Erfahrung einer Arbeitswelt in Vollbeschäftigung, in der sich Firmen um Kandidaten nur so reißen, in der von dauernden Personalengpässen in fast allen Branchen die Rede ist. In Kliniken beispielsweise können Operationssäle aufgrund des extremen Personalmangels nicht mehr betrieben werden, einen Handwerker in Deutschland zu beauftragen, ist mit monatelangen Wartezeiten verbunden, in Anwaltskanzleien werden Bleibeprämien gezahlt, alle Unternehmen Europas suchen mittlerweile vergeblich nach IT-Kräften.

Die gefühlte Realität der Arbeitswelt stellt sich zurzeit anders dar als in der Oxford-Studie beschrieben. Ob die Folgen der Corona-Epidemie an der Personalknappheit von Fachkräften etwas ändern werden, bleibt abzuwarten. In den Mangelberufen ändert sie sicherlich nichts.

Arbeitsagenturen bestätigen durch ihre Daten jedenfalls diesen gefühlten Realzustand der Vollarbeit und sehen in den nächsten Jahren kaum Änderungen. Statt eines massiven Verlusts von Arbeitsplätzen käme es zu einem strukturellen Wandel von Arbeit, heißt es in ihren Studien, vor allem zu einem Mehrbedarf an interaktiven und analytischen Tätigkeiten und einer Bewegung weg von sturer Routinearbeit. Arbeitskräfte übernähmen innerhalb ihrer Berufe »schleichend« mehr Nichtroutinetätigkeiten, seien aber bisher in der Lage, den Wandel mitzugehen. Auch eine breite Untersuchung des Zentrums für europäische Wirtschaftsforschung beruhigt: Für die nächsten Jahre gehe man von einer steigenden Beschäftigung aus, heißt es.[16] Schließlich folgert auch das Institut für Arbeits- und Berufsforschung aus seinen Daten,[17] dass lediglich 10 bis 15 Prozent aller Beschäftigten mit einem Wegfall größerer Teile ihrer Arbeit durch Automatisierung rechnen müssen, dies aber auch nicht für 100 Prozent der von ihnen verrichteten Arbeit. Die Auswirkungen des digitalen Wandels auf die Arbeitswelt würden überschätzt, weil nicht ganze Berufe, sondern lediglich Teiltätigkeiten von Robotern, Computern und Algorithmen übernommen würden. Insgesamt könnten die wenigen Komplettverluste an Arbeitsplätzen durch Digitalisierung an anderer Stelle kompensiert werden.

Wer mit kleinen Anwendungen der künstlichen Intelligenz arbeitet, bemerkt rasch, dass damit in der Tat menschliche Arbeit einzusparen ist. Bisher sind es viele repetitive Prozesse, die von Computern und lernenden Algorithmen übernommen werden, seien es Konteneingangsprüfungen oder massenhafte Datenzuordnungen in digitale Ordner oder Datenbanken. Mit wirklich konsequenter Datenanalyse hat man in Deutschland noch gar nicht richtig begonnen, aber jeder, der Robotics-Anwendungen einführt, ist sich sofort der Zeitersparnis bewusst, die damit möglich wird. Es ist eine Binse, aber sie ist besonders klar in ihrer Konsequenz: Ein Computer arbeitet 24 Stunden am Tag, 7 Tage die Woche, er nimmt keinen Urlaub und ist nie krank.

Die in der Oxford-Statistik prophezeite Jobvernichtung durch Digitalisierung wird in Deutschland und auch in den OECD-Ländern trotzdem mittelfristig nicht Wirklichkeit werden. Allerdings werden sich Arbeitsplätze stark wandeln, es wird dadurch viele Umschichtungen von Arbeit und viele Abschiede von Berufsgruppen geben. Auch dies wird ein spürbarer Wandel sein, aber so etwas kennen wir eigentlich. Mein Vater war Uhrmachermeister. Als Quarzuhren auf den Markt kamen, war er zuerst entsetzt, dann besuchte er Lehrgänge für Quarzuhren und verkaufte sie hernach selbst. Was die sogenannte »digitale Revolution« angeht: Sie ist kein Naturereignis, das über die Unternehmen kommt und sie vollkommen willen- und richtungslos überrollt wie ein Hurrikan mit anschließendem Tsunami. Digitalisierung ist ein zu gestaltender Prozess, der sich über Jahre ereignet. Man muss sich ihm widmen, ihn gezielt einsetzen, aber man braucht nicht vor dem Digitalen niederzuknien.

Im personellen Bereich ist parallel ein gegenläufiger Prozess zu managen. Da die Babyboomer in Rente gehen, wird die Zahl der erwerbsfähigen Deutschen noch in diesem Jahrzehnt massiv sinken von gegenwärtig über 60 Millionen auf 29 Millionen Erwerbstätige.[18] Ohne Umstellung auf intelligente, also digitale Prozesse wird die Arbeit der ausscheidenden Erwerbsnehmer gar nicht zu ersetzen sein, da auch die später folgenden Alterskohorten deutlich weniger stark sind. Man schaut auf die Prognosen über Arbeitsvernichtung, man hört den Beratern zu, die von »riesigen digitalen Transformationen« sprechen, und dann sitzt man vor seiner eigenen Personalplanung und weiß nicht, woher man die Arbeitskräfte nehmen soll. Die Transformation ist vieldimensional, wie eigentlich immer, und sie hat nicht nur mit dem Digitalen zu tun.

Ein weiterer Punkt, der mir in der Diskussion über Arbeitsvernichtung durch Digitalisierung nicht hinreichend berücksichtigt wird: Es wird so getan, als benötige man überhaupt keine analogen Produkte und Dienstleistungen mehr. Oder wenigstens, als seien analoge Produkte und Leistungen in der Zukunft in der Minderheit, so etwas wie Nischenprodukte oder Anhängsel an das Digitale – dabei ist das Gegenteil der Fall. Es ist so trivial, dass ich es fast gar nicht aufschreiben möchte: Ein Haus baut sich nicht digital, jedenfalls die meisten Gebäude nicht, auch wenn in Japan ein digitaler Retortenbau mit Robotern erstellt wurde. Unsere Basisversorgung mit Lebensmitteln, Medikamenten und lebensnotwendigen Diensten, schöne Dinge wie Kleidung, gutes Essen, Bücher, aber auch Hege und Pflege und vieles andere produzieren und leisten weiterhin Menschen. Kein einziges Gut der Daseinsvorsorge lässt sich digital übertragen: Kinder brauchen Lehrer, Kranke und Schwache brauchen Pfleger, und zwar immer mehr, weil wir immer älter werden. Der umweltfreundliche Umbau einer Gesellschaft hin zu $CO_2$-freier Mobilität, Stromerzeugung, Heizung und Stahlproduktion vollzieht sich nicht durch Roboter. Läden, in die wir immer weiter gerne gehen werden, müssen revitalisiert werden. Sie brauchen neue Ideen, die Verbindung von online und offline muss überall verstärkt werden. Alle komplizierteren manuellen Tätigkeiten, alle mechanisch-technischen Dienstleistungen, nach wie vor alle wesentlichen Handwerke sind in weiten Teilen nicht digitalisierbar. Die Verengung der Zukunft der Arbeit auf eine Elite von Digitalarbeitern scheint mir übertrieben.

Während ich dies schreibe, schlägt gerade die Corona-Epidemie in Europa ihre furchterregenden Kapriolen. Es fehlt an Gesichtsmasken, an Krankenhausausrüstung, an Schutzkleidung, an

Atemgeräten, an Betten, an Ärzten, an Pflegern, an Supermarkt-kräften und anderen. Für die Wirtschaft wird an diesem Beispiel schlagartig deutlich, wie wesentlich die Fähigkeit zur ortsnahen Produktion ohne lange Herstellungs- und Transportketten ist und wie wenig Digitalisierung dabei helfen kann. Es scheint, als habe diese Epidemie schon nach ein paar Wochen den Nachweis dafür erbracht, dass wir uns mit globaler und digital gesteuerter Just-in-time-Produktion, mit angeblich billigeren, aber unendlich langen Produktionsketten, mit Contracting-, Produktions-, Service- oder gar Forschungseinheiten in weit entfernten Ländern etwas vorgemacht haben.

Die Corona-Pandemie wird, auch nachdem sie abgeklungen ist, hoffentlich dafür sorgen, dass wir die Realwirtschaft neu schätzen lernen. Sie wird uns ebenfalls gelehrt haben, dass Infodemie weder gesund ist noch einen klaren Kopf macht. Natürlich gilt auch, dass wir digitale Instrumente schätzen gelernt haben. Wir schätzen sie für das, was sie können, sie haben uns die Quarantänen erleichtert. Der Satz des Schriftstellers Michel Houellebecq, wonach die Pandemie als großartiger Vorwand dazu diente, die menschlichen Kontakte noch weiter auf ein unmenschliches Maß zu reduzieren, trifft jedoch ebenfalls zu: Durch Webkonferenzen allein wird keine einzige Innovation entstehen. Und viele von uns haben bemerkt, dass virtuelle Konferenzen eine Art Notkommunikation darstellen, dass sie kein beflügelnder Austausch sind, weder im Beruflichen noch im Privaten. Sie ermöglichen eine transaktionsbezogene Art der Kommunikation, in der kein Scherz unterzubringen ist und auch kaum ein Lächeln. Auch hier brauchen wir in Zukunft beides: den Einsatz von schnellen Webkonferenzen zur Basisverständigung, aber noch dringender wieder die intensiven Meetings, in denen es um komplexe Projekte geht, um Verhandlungen, um menschlich Diffiziles oder um Strategieentwicklung. Differenzierte Betrachtungsweisen sind in einem ideologischen Panoramabild jedoch noch nie gut unterzubringen gewesen.

Richard David Precht ist ein Vertreter jener großen Gruppe von meinungsbildenden Autoren, die Lohnarbeit abschaffen wollen. Er setzt sich vehement für das nicht mehr ganz neue, aber jetzt wieder hervorgeholte Konzept eines bedingungslosen staatlichen Grundeinkommens ein. Wenn es nach ihm geht, sollte ein Betrag von mindestens 1500 Euro pro Monat an alle Menschen ohne Bedarfsprüfung vom Staat gezahlt werden, unabhängig von bestehenden Vermögen. Nach Prechts Auffassung bedeutet das Grundeinkommen ein neues Konzept gesellschaftlicher Solidarität und das notwendige Ende einer Leistungsgesellschaft. Auffällig ist, dass sich die gesamte amerikanische Tech-Elite einmütig hinter das Konzept eines bedingungslosen Grundeinkommens gestellt hat. Ein amerikanischer Hedgefonds hat sogar schon Geld für einen fünfjährigen Test in einer Modellstadt ausgelobt. Das Grundeinkommen sieht auf den ersten Blick in der Tat wie ein deutlicher sozialer Fortschritt aus, denn niemand bräuchte sich mehr um die Sicherung seiner materiellen Existenz zu sorgen. Das klingt auf den ersten Blick verlockend.

In einem Land wie den USA wäre aufgrund der dort gänzlich fehlenden sozialen Sicherungssysteme mit einem Grundeinkommen tatsächlich ein großer Schritt getan. Die jetzt schon zähl- und sichtbaren Massen von Menschen, die in ihren Autos oder Garagen leben oder gar kein Obdach mehr haben, weil sie in großer materieller Unsicherheit leben, würden aufgefangen. Mit dem neuen monatlichen »Staatskonsumgeld« wären sie versorgt. Das Beispringen der Digitalkonzerne zu diesem Sozialkonzept dient allerdings der eigenen Optimierung – amerikanische Unternehmer würden damit ganz aus der sozialen Verantwortung entlassen. Man kann außerdem damit rechnen, dass mit Einführung eines bedingungslosen Grundeinkommens der Niedriglohnsektor massiv gefördert würde, denn alle Grundeinkommensbezieher sollen ja nebenher arbeiten können. Das sehen auch Precht und seinesgleichen so.

Für die Digitalkonzerne wären weltweite staatliche Grundeinkommen auch in dieser Hinsicht ein Geschenk. Ein großer Niedriglohnsektor, ein staatliches Konsumgeld für alle und die abebbende gesellschaftliche Kritik an der zunehmenden gesellschaftlichen Ungleichheit würden ihre Geschäftsmodelle nachhaltig stützen. Der Publizist Evgeny Morozov bezeichnet das bedingungslose Grundeinkommen in einem Interview als das beste Mittel, den Weg hin zu einem »kognitiven Kapitalismus« zu ebnen[19] – einem Idealbild der amerikanischen Digitalelite, in dem Diskussionen und Vorhaltungen über hohe Gehälter, Wegdigitalisierung von Arbeit und eine größer werdende soziale Schere zwischen Arm und Reich gewissermaßen fallabschließend abgeräumt würden.

Europäische Solidar- und Sicherungssysteme sind deutlich differenzierter gestrickt als amerikanische. In Deutschland haben Arbeitnehmervertretungen in den Unternehmen ein stark ausdifferenziertes Leistungssystem für alle Phasen des Berufs- und Pensionslebens erkämpft. Auf der anderen Seite fängt die steuerfinanzierte Grundsicherung Arbeitslosigkeit auf. Sie ist reformbedürftig, das ist sicherlich richtig. Das Grundschema dieses ausbalancierten zweiteiligen deutschen Systems würde sich mit dem bedingungslosen Grundeinkommen jedoch auflösen. Denn eine Addition beider Systeme – betriebseigene Leistungen für Arbeitnehmer auf der einen Seite und staatliche Absicherung für Arbeitslose und Rentner ohne betriebliche Absicherung auf der anderen Seite – ist von niemandem finanzierbar.

Ohnehin steht die Finanzierung eines bedingungslosen Grundeinkommens in den Sternen. Die heutigen staatlichen Rentenausgaben liegen in Deutschland bei etwa 310 Milliarden Euro pro Jahr, die Kosten für ein Grundeinkommen von 1500 Euro für jeden Erwachsenen liegen bei dem Fünfzigfachen dieser Summe. Es müssten also auf jeden Fall starke Abstriche gemacht werden, sowohl bei der Höhe des Grundeinkommens als auch den Anspruchsgruppen. Dies würde jedoch die Einfachheit der Idee und ihre Durchführung sofort torpedieren. Ohnehin ist die Finanzierung eines Grundeinkommens in akzeptabler Höhe für jeden Bürger durch den Staat allein keinesfalls darstellbar. Es ist allerdings anzunehmen, dass Unternehmen von einem großen Teil ihrer übrigen sozialen Leistungen sofort zurücktreten würden, sollten sie gezwungen werden, ein bedingungsloses Grundeinkommen mitzufinanzieren.

Für Richard David Precht kommt die Gewährung eines Grundeinkommens einer paradiesischen Vorstellung vom Leben gleich. Lohnarbeit ist seiner Auffassung nach eine für den Menschen unbekömmliche Erfindung. Ganz abgesehen von den immensen Hürden der Finanzierung blendet Precht dabei aus, dass Erwerbslosigkeit für die meisten Menschen nicht unbedingt ein wünschenswerter Zustand ist. Menschen können aus den einfachsten Tätigkeiten sozialen Sinn und Anerkennung gewinnen und damit auch soziale Bestätigung erfahren. Die materielle Existenzsicherung durch ein Grundeinkommen setzt für eine große Mehrheit der Bevölkerung von sich aus keinen Lebenssinn frei. Durch Arbeit entstehen Selbstwertsysteme, soziale Bezüge, lebenslanges Lernen, lebenslanger menschlicher Austausch. Indes kann ein bedingungsloses Grundeinkommen dazu führen, dass der Staat und auch die Unternehmen sich vollkommen aus der Fürsorgepflicht für ihre Bürger und Mitarbeiter verabschieden.

Fest steht, dass wir uns mit dem Wandel der Arbeit intensiv beschäftigen müssen.»Wir« heißt hier Unternehmer, Staat, Wissenschaft und gesellschaftliche Akteure. Zu einer Abschaffung der Arbeit sollte es bei aller Sympathie für die Utopie von Karl Marx unter keinen Umständen kommen, auch wenn Lohnarbeit heute nicht mehr in dem Maß heiliggesprochen werden darf, wie sie es einmal war. Gut bezahlte Arbeit erfüllt dennoch eine wichtige Balancefunktion zwischen Wirtschaft, Staat und Gesellschaft, und sie ermöglicht soziale Mobilität. Wir müssen uns darüber Gedanken machen, wie Arbeit am besten und für möglichst viele zu erhalten ist, aber auch in welcher Form sie am besten zu erhalten ist, wie sie also mit einem gleichberechtigten Leben aller vereinbar wird. Ebenfalls gilt es zu überlegen, welche anderen Formen der Arbeit weiterhin wichtig sind und wie man sie erhält, etwa ehrenamtliche Arbeit. Maßgeblich ist dabei zu erfassen, was die Lebenswünsche unterschiedlicher Generationen überhaupt sind, was gerecht ist und was bezahlbar sein kann. Es ist eine kreative und wichtige Aufgabe, die mit der Entwicklung eines Modells für die Arbeit der Zukunft vor uns liegt, und wir dürfen es unter keinen Umständen einer Handvoll amerikanischer Digitalkonzerne überlassen, wie Arbeit in Europa in 10 Jahren aussieht!

## Die Künstlichkeit künstlicher Intelligenz

In *Homo Deus* von Yuval Noah Harari gibt es ein Kapitel über die Menschheit im 21. Jahrhundert, dem der Autor den Titel »Die nutzlose Klasse« gegeben hat. Hierin schreibt er: »Die wichtigste ökonomische Frage des 21. Jahrhunderts dürfte es sein, was wir mit all den überflüssigen Menschen anfangen.«[20] Harari ist Militärhistoriker, vielleicht hat er deshalb einen so unbarmherzigen Blick auf die Menschheit. Als Grund für die Nutzlosigkeit der Menschen sieht er ein viel weitgehenderes Problem als den im vorausgehenden Kapitel diskutierten Verlust von ein paar Jobs. Für ihn steht fest, dass der intelligente Mensch ein organischer Algorithmus ist, der sich nur durch sein Bewusstsein, nicht aber durch seine Intelligenz vom Computeralgorithmus unterscheidet. In einer Zeit, in der es mehr denn je auf Intelligenz statt auf Bewusstsein ankomme, so Harari, und in der intelligente Algorithmen in der Lage seien, menschliches Bewusstsein nachzuahmen, werde der Mensch mit seinen Fähigkeiten vollständig nutzlos.[21]

Die Frage der Unterscheidung zwischen künstlicher und menschlicher Intelligenz ist eine zunehmend aktuelle und spannende Frage rund um die Digitalisierung. Dabei stehen sich unter Informatiklaien verschiedene feste Meinungsbilder gegenüber: Die eine Seite hält es tatsächlich bald für möglich, Roboter mit menschenähnlicher Intelligenz zu bauen. Ihre Vertreter gehen von der These aus, Homo sapiens sei durch Computer endgültig zu überwinden. Zu dieser Gruppe gehört offensichtlich Harari. Eine Superintelligenz sei dann erreicht, wenn eine KI den Denktätigkeiten eines Menschen mindestens ebenbürtig oder überlegen ist. Teile dieser Fraktion sehen im superintelligenten Roboter folgerichtig die Gefahr, dass er die Menschen intellektuell überholen und sich gegen die Menschheit wenden könne. Eine andere Gruppe hält dies alles für Hollywood-Humbug und pocht darauf, dass sich der menschliche Geist und vor allem das menschliche Bewusstsein niemals digital nachahmen lassen. Eine dritte Gruppe postuliert, dass künstliche Intelligenz überhaupt nur dann wesentliche Aufgaben im Leben der Menschen übernehmen könne, wenn man ihr ein menschliches Bewusstsein einpflanze. Hierunter befinden sich zahlreiche Philosophen.

Derjenige, dem der Begriff »künstliche Intelligenz« eingefallen ist, hat damit jedenfalls einen Coup gelandet. »Künstliche Intelligenz« klingt sehr cool und legt nahe, die künstliche sei viel besser als normale menschliche Intelligenz. Was mich an diesem Begriff sofort hellwach macht und innerlich aufbegehren lässt, ist eine ganz bestimmte Analogie. Der Begriff tut so, als könnten Computer bereits menschliche Intelligenz simulieren bis hin zu meinem eigenen Willen, meinem Bewusstsein, meiner eigenen Bildung, einer Persönlichkeit et cetera.

Es gibt einen lustigen Vergleich, anhand dessen mir ein Wissenschaftler einmal erklärt hat, wie weit diese Analogie von dem weg liegt, was wirklich Sache ist. Er sagte, der Begriff der künstlichen Intelligenz sei etwa so weit entfernt von menschlicher Intelligenz wie Flugzeuge von Vögeln. Hätte man Flugzeuge, nachdem diese erfunden waren, als »künstliche Vögel« bezeichnet, wäre in der Folge eine ähnliche Verwirrung entstanden, denn Vögel seien etwas ganz anderes als Flugzeuge. Genauso wenig wie Flugzeuge Vögel simulieren können, würden Computer bisher über menschenähnliche Intelligenz verfügen. Hätte man den Begriff »künstliche Vögel« damals bei der Erfindung der Flugzeuge eingeführt, würden wir uns in der Zwischenzeit vielleicht auch darüber Sorgen machen, was geschähe, wenn Flugzeuge lernen würden, Nester zu bauen oder Nachkommen zu entwerfen.

Künstliche Intelligenz kopiert jeweils kleine Teile dessen, was ein Mensch kann. Computercodes tun dies oft schneller und manchmal präziser als ein Mensch, aber es sind nur kleine Ausschnitte seiner Fähigkeiten, die nachgebildet werden. Der Begriff KI wird deshalb oft im Plural »künstliche Intelligenzen« benutzt, denn es geht um zahlreiche verschiedene mustererkennende Computerprogramme oder Algorithmen, die für die unterschiedlichsten Funktionen entwickelt worden sind. Künstliche Intelligenzen haben wir in jedem Handy in unserer Hosentasche, schon die Namens- oder Wortvervollständigung erfordert eine künstliche Intelligenz. Andere künstliche Intelligenzen kümmern sich um Spracherkennung, um verschiedenste Sortierungen von Daten, um Steuerungsvorgänge von Autos, Drohnen oder Flugzeugen. Allen bisher entwickelten künstlichen Intelligenzen ist gemeinsam, dass sie einer Software antrainiert werden müssen und am Ende ihres Lernvorgangs jeweils nur eine Spezialität der »Intelligenz« beherrschen.

Manche Informatikforscher sehen künstliche Intelligenzen im Ganzen wie eine IT-Infrastruktur, die bald jeder moderne Staat haben müsse, um sie seinen Organisationen zur Verfügung zu stellen, etwa so wie ein Telekommunikations- oder Stromnetz. Ein einziger großer Forscherkreis könnte dazu eine Grundausstattung von künstlichen Intelligenzen aufbauen, diese für die Grundanforderungen der Innovation zum Beispiel im Bereich der Prozessautomatisierung bereithalten und kostenfrei zur Verfügung stellen. Mit diesem Modell könnte man Entwicklungszeit und -geld in jedem Unternehmen sparen und unsere Abhängigkeit von amerikanischen oder chinesischen Firmen in diesem Sektor schneller verringern. Natürlich wäre dies auch ein Gegenmodell zum Hype um amerikanische KI-Start-ups, die ihre Leistungen gerne teuer verkaufen möchten. Im Gegensatz zum Infrastrukturmodell geht die KI-Strategie der Bundesregierung bisher eher vom althergebrachten Wettbewerbsmodell »Jeder für sich und jeder gegen jeden« aus. Insgesamt zielt sie dabei für Deutschland auf Imitation und allmähliche Übertrumpfung der beiden KI-Meister USA und China. Sowohl inhaltlich wie auch strukturell wird dieser Ansatz wahrscheinlich keinen schnellen Fortschritt bringen, obwohl schon von »KI made in Germany« die Rede ist.

Überhaupt dreht sich ein Teil der KI-Diskussion immer wieder um geostrategische und geopolitische Fragen. Dass man in Europa oder gar in Deutschland mit den USA oder China gleichziehen muss, ziehe ich in Zweifel. Wichtiger wäre es aus meiner Sicht, dass man zunächst eine Einschätzung darüber erlangt, ob die Anwendungen, die USA und China mit künstlicher Intelligenz verfolgen, auch diejenigen sind, die Europa für sinnvoll hält und für die es sich zuständig fühlt. In den USA stehen definitiv die konsumtreibenden, zum Teil dusseligen Anwendungen der großen Plattformen und Start-ups im Vordergrund, in China dominieren die überwachungstechnischen Funktionen. In beiden Ländern wird KI darüber hinaus mit einem Riesenreservoir an persönlichsten Nutzerdaten angetrieben. Von beidem könnte sich Europa durch eine strukturell und inhaltlich anders aufgesetzte KI-Kultur absetzen.

Abseits der datenhungrigen amerikanischen Konsummodelle der KI wäre sie in Europa sinnvoll in der Medizin, der Epidemiologie, der Biotechnologie, der Energieerzeugung oder -verteilung, der Klimawandeltechnologien, den Material- und Umweltwissenschaften einzusetzen. Hier könnten bereits sehr konkret Forschungsgelder zugeschrieben werden. Stattdessen hat man sich hierzulande mit der KI-Strategie der Bundesregierung wieder für ein Gießkannenprinzip der Förderung entschieden. Auch in puncto Regulierung der machtvollen KI-Konzerne Google, Facebook und Co. enthalten die deutschen Papiere zur KI-Strategie aus dem politischen Raum leider nichts Konkretes.

Es gehört zur Diskussion dazu, zwischen schwacher und starker KI sowie Superintelligenz zu unterscheiden. Bisher haben wir es in unseren Geräten und mit dem, was wir in Unternehmen mithilfe von künstlicher Intelligenz reorganisieren, ausschließlich mit schwacher KI zu tun – sogar die gegenwärtigen Roboter sind nur mit schwacher KI ausgestattet. Starke KI unterscheidet sich von schwacher fundamental dadurch, dass starke KI Übertragungsleistungen einmal erlernter Vorgänge auf andere Vorgänge vollziehen kann, wie es das ein »echtes« menschliches Gehirn auch tut. Eine Superintelligenz ist schließlich eine weitere Steigerung der künstlichen Intelligenz, die sich eine Vielzahl menschlicher Fähigkeiten angeeignet hat und die auch selbstständig zwischen Alternativen entscheiden kann. Weder starke Intelligenz noch Superintelligenz sind bisher zu Ende entwickelt, über sie wird allerdings mit hoher Intensität geforscht. Nach Aussage der meisten Informatiker wird mit Anwendungen starker Intelligenz eher in 20 bis 30 Jahren zu rechnen sein als in der nächsten Zeit.

Ein prägnantes Beispiel für eine mittlere Position zwischen schwacher und starker KI ist das vielzitierte autonome Fahren. Wie bei den meisten Anwendungen stärkerer KI führt einen eine Unterhaltung über autonomes, also maschinell gesteuertes Autofahren sehr schnell zu einer Diskussion über ethische Themen. So ist es bei allen konkreten Anwendungsbeispielen starker KI – aus gutem Grund, denn sie bringt uns in eine vollkommen andere Sphäre maschinellen Lernens. Fragen, die sich sofort stellen und denen nur juristisch oder politisch, nicht wissenschaftlich-technisch begegnet werden kann, lauten etwa: Dürfen Computer Entscheidungen treffen, die unter Umständen Menschenleben gefährden? Wer sonst darf im konkreten Fall einer lebensgefährlichen Situation eigentlich die Entscheidungen treffen? In welcher Weise dürfen starke künstliche Intelligenzen angelernt werden? Dürfen sie beispielsweise ihre Unterscheidungsfähigkeit nur anhand von Simulationen, nicht aber von Realsituationen erlernen? Sind sie dadurch auf einen Ernstfall gut genug vorbereitet? Wer programmiert sie? Welche Ausbildung sollte derjenige haben, der starke KI programmiert? Vor allem aber ergibt sich die Frage: Wer ist schuld, wenn etwas schiefgeht? Bevor wir stärkere KI in unserem Leben zulassen, müssen eine Reihe wesentlicher nichttechnischer Fragen geklärt werden, sonst wird es zu bitteren Erfahrungen kommen, die schnell die gesamte Technologie infrage stellen.

Aber auch schwache KI wirft bereits ethische und juristische Fragen auf, die bisher ungeklärt sind. Eine große Einschränkung bei allen schon im Einsatz befindlichen schwachen KI ist das sogenannte »Bias-Problem«, also die Vorurteilsthematik, die bereits in Kapitel 3 angeklungen ist. Jeder Programmierer von künstlicher Intelligenz muss Klassifizierungen vornehmen, und deshalb fließen seine Werte und gesellschaftlichen Urteile ebenso wie Vorurteile in die KI ein. Sie führen dort, massenweise angewandt, zum Teil zu schwerwiegenden Verzerrungen und auch Fehlern in der Beurteilung, und sie sind bisher zuweilen durch rassistische oder geschlechterdiskriminierende Typisierungen aufgefallen. Darüber hinaus stellen sich Fragen wie: Wem gehören die durch KI erbeuteten Datensätze einer Person? Welche Rolle dürfen Server spielen, über welche die KI läuft? Wer ist schuld, wenn durch »Bias« Fehler passieren? Wie können überhaupt die Grundrechte gegenüber einer künstlichen Intelligenz durchgesetzt werden?

Wie groß der Unterschied zwischen menschlicher und künstlicher Intelligenz noch ist, veranschaulichen einige Beispiele aus der realen Welt. Im Flugverkehr ist der Einsatz von künstlicher Intelligenz in der Steuerung immer größerer Maschinen seit vielen Jahren gang und gäbe und führt in der Summe zu einer Reduktion von Unfällen. Jedoch sind gerade an Flugzeugkatastrophen einige sehr schwierige Entscheidungsfälle von KI in Autopiloten zu beobachten. Sie haben mich zu großer Nachdenklichkeit angeregt und müssen öffentlich diskutiert werden, bevor man solche Technologien in der Breite einsetzt.

Zunächst erinnere ich an einen positiv ausgegangenen Fall, nämlich die rein manuelle Notlandung des Piloten Chesley B. Sullenberger auf dem Hudson River, der nach einem Triebwerksausfall seines Airbus A 320 genau 3 Minuten und 28 Sekunden Zeit hatte, eine Entscheidung zu fällen und diese manuell, also ohne Einsatz des Autopiloten, umzusetzen. Was er tat, rettete schließlich 155 Menschen das Leben. Der Pilot verlor keine Zeit mit dem Auslesen von Daten, sondern handelte bewusst intuitiv, aufgrund seiner Sinne, seiner Erfahrung und einer sehr präzisen Einschätzung der Lage, für die er keine andere »Maschine« zur Verfügung hatte als sein eigenes Bewusstsein. In Sekunden entschied er: Die einzige Chance, die ich habe, ist, den Airbus A 320 auf einem Flussbett mitten in New York zu landen. Kein Algorithmus hätte ihm dies je in dieser Geschwindigkeit als Lösung präsentiert – das ist inzwischen auch wissenschaftlich bewiesen.

Im Gegensatz zu Sullenbergers sicherer Landung auf dem Hudson River verliefen die beiden katastrophalen Unglücke der Boeings 737 Max in den Jahren 2018 und 2019 mit mehr als dreihundert Todesopfern. Auch wenn KI nicht die einzige Ursache für die Abstürze war, so stehen sie in einem unbezweifelbaren Zusammenhang mit einem autonom agierenden Softwareprogramm, das durch eine statische Veränderung der Boeings 737 notwendig geworden war. Man hatte den Rumpf der Maschine bei ansonsten gleichem Design einfach verlängert, um mehr Menschen mit einem einzigen Flugzeug transportieren zu können. Diese Verlängerung hatte einen ungünstigen Schwerpunkt der Maschine bewirkt, der durch die intelligente Software nachträglich korrigiert werden sollte. Kurz vor den beiden Abstürzen hatte diese Software ein für die Piloten manuell nicht mehr korrigierbares ständiges Herunterdrücken der Flugzeugnase ausgelöst und auf diese Weise die Katastrophen herbeigeführt. Die Piloten hätten die Software zwar theoretisch abstellen können, waren dafür jedoch, wohl aus Kostengründen, nicht eigens geschult worden. Viele Piloten wussten gar nichts von der Existenz der neu eingebauten Software. Hier stellen sich sofort weitreichende Rechts- und Schuldfragen, die schwer oder gar nicht zu beantworten sein werden: Wer ist verantwortlich für die Abstürze – die Ingenieure der Software, die Firma Boeing selbst, ihr Chef, die Behörde, die die Software freigab, oder überhaupt niemand? Diese Fragen müssen vor dem Einsatz einer solchen Technologie juristisch geklärt sein. Ähnlich komplexe rechtliche Herausforderungen werden sich in zahlenmäßig noch viel größerem Ausmaß bei der Einführung autonom fahrender Autos stellen.

Ein Pilot machte mich auf einen katastrophalen Flugzeugabsturz aufmerksam, der ein besonderes Problem an der humanen Schnittstelle von künstlichen Intelligenzen zutage bringt. Es handelt sich um den Absturz des Air-France-Flugs 447 von Rio de Janeiro nach Paris, bei dem in der Nacht vom 31. Mai auf den 1. Juni 2009 ein Airbus A 330 mitten über dem Atlantik ins Meer stürzte. An Bord des Airbus waren 228 Passagiere und Crewmitglieder. Die Maschine zerbrach aus zunächst unerfindlichen Gründen bei einem ungebremsten Absturz in den Atlantik, alle starben. Zwei Jahre nach dem Unglück wurde der Flugschreiber gefunden und konnte ausgelesen werden. Mühsam wurde die Situation im Cockpit während der letzten Minuten an Bord rekonstruiert: Die Maschine war ohne Probleme in Rio abgehoben, der diensthabende Junior Co-Pilot schaltete vier Minuten nach dem Start auf den Autopilotstatus des Airbus. Es ist inzwischen üblich, dass Piloten die Steuerung von Flugzeugen schon kurz nach dem Startvorgang an den Autopiloten übergeben und das Ruder erst einige Minuten vor dem Touchdown am Zielflughafen wieder übernehmen. Selbst bei einem Flug von vielen Stunden steuern Piloten die von ihnen geführten Maschinen schon seit Jahren nur noch sehr wenige Minuten des ganzen Flugs manuell und eigenhändig.

Etwa vier Stunden nach dem Start näherte sich die Air-France-Maschine aus Rio einem Gewitter über dem Äquator. Solche Gewitter sind in der innertropischen Konvergenzzone keine Seltenheit und stellen normalerweise für einen Autopiloten wie auch jeden menschlichen Piloten eine beherrschbare Situation dar. Allerdings hatte sich der Flugkapitän an Bord schlafen gelegt. Nur die beiden relativ flugunerfahrenen Juniorpiloten saßen nun im Cockpit, der jüngste der drei Piloten flog weiterhin die Maschine. Aus im Nachhinein unerfindlichen Gründen – wahrscheinlich seiner Ängstlichkeit und Flugunerfahrenheit geschuldet – hatte er den Eindruck, dass der Airbus zu tief in die Gewitterwolken hineinflog. Er versuchte, die Nase des Airbusses manuell höher zu ziehen, um über die Wolken zu kommen, und bemerkte zunächst nicht, dass sich die Geschwindigkeitsmessgeräte wegen Vereisung und eines fehlerhaften Signals kurzzeitig ausgeschaltet hatten. Auch der Autopilot schaltete sich in der Folge für 30 Sekunden ab und dann wieder an. Das Flugzeug neigte sich in dieser Phase beim Hineinfliegen in eine Wolkenzone kurz nach rechts – erneut eigentlich keine unbeherrschbare Situation für einen Piloten. Die Piloten wurden durch diesen Zwischenfall extrem nervös, analysierten die Lage falsch und versuchten in den nächsten vier Minuten verzweifelt, durch konfuses Agieren an den Steuerknüppeln den Airbus manuell unter Kontrolle zu bekommen. Dabei zog vor allem der Jungpilot die Nase des Airbusses immer mehr nach oben. Beide Piloten bemerkten nicht, dass sie das Flugzeug in einen für die Luftströmung extrem gefährlichen Anstellwinkel brachten. Trotz vielfacher Warnmeldungen im Cockpit erkannte keiner der beiden Piloten den bevorstehenden Strömungsabriss der Maschine.

Aus den Analysen der Absturzursache geht hervor,[22] dass neben mangelnder fliegerischer Praxis aller drei Piloten vor allem die Konfusion an der Schnittstelle zwischen den manuellen Aktionen der Piloten und dem Programm des Autopiloten zum Absturz führte. Es sind mehrfache verzweifelte Äußerungen der beiden Piloten auf dem Stimmenrekorder zu hören wie:»Wir verstehen das System nicht mehr!«,»Wir verstehen nicht mehr, was das System tut!«,»Wir verstehen nicht mehr, was hier läuft, wir bekommen nichts mehr unter Kontrolle!«.

Durch die seit Langem praktizierte Umstellung auf fast komplett durchprogrammierte Autopilotflüge bei Air France litten alle drei Piloten an einem eklatanten Mangel ihrer manuellen Flugroutinen. Ein Boeing-Ingenieur erklärte in einem Interview, dass die Steuerungsfähigkeiten der meisten Piloten sehr schnell erodiert wären, nachdem in den späten achtziger Jahren fast vollständig auf den Autopiloten umgestellt worden sei. Außerdem wäre ihre Aufmerksamkeit für die Flugrouten gesunken, da das Fliegen nun einer reinen Überwachungsaufgabe von Bildschirmen gleichkäme. Der sich einschleichende Praxismangel sei verständlich.»98 Prozent der Flugzeit verlangen wir von ihnen, dass sie bloß nicht eingreifen. Und dann sollen sie die 2 Prozent der Situationen erkennen, die wir beim Programmieren des Autopiloten nicht vorhersehen konnten.«[23] Eine weitere Flugzeugingenieurin bezeichnet den Absturz als natürliche Konsequenz der immer stärkeren Automatisierung des Fliegens und eines langsamen »De-Skilling-Prozesses« der Piloten. Bei der heutigen elektronischen, rein sensorgestützten Flugzeugsteuerung sehe der Pilot außerdem die meisten Steuerungssignale gar nicht mehr.»Piloten können in einem Grad verwirrt werden, wie es bei einem einfachen Flugzeug niemals möglich wäre.«

Jeder, der ein Auto mit Navigationsgerät besitzt, hat seine eigenen Erfahrungen mit autonomer Steuerung und einem De-Skilling-Effekt gemacht – auf einem ganz anderen Niveau als bei einem Flugzeugpiloten, jedoch im Effekt ähnlich. Wer ein paar Jahre vom Navigationsgerät seines Autos gelotst wurde, hat das Gefühl für die Strecke verloren, bemerkt, dass er sich nicht mehr selbstständig geografisch orientiert, während er fährt, dass er eine Großstadt nicht mehr von ihrem Straßensystem her versteht und dass er Wege, die er früher wie im Schlaf eingeschlagen hat, nicht mehr auf Anhieb memorieren kann. Ähnliche Effekte ergeben sich bei elektronischen Abstandhaltern und automatischen Bremssystemen im Auto, aber auch für das Kopfrechnen, sobald man an den Taschenrechner gewöhnt ist. Man verlernt nicht nur ein Musikinstrument oder eine Sportart, die man nicht übt, sondern jede kognitive Technik. Aber ist es denn wichtig, die Beherrschung all dieser Techniken überhaupt beizubehalten, wenn eine fast hundertprozentig sicher arbeitende Maschine diese Steuerungsvorgänge übernehmen kann? Ist die Maschine nicht in jedem Fall vorzuziehen?

Sehr oft wird mir in Diskussionen vorgetragen, dass autonom gesteuerte Flugzeuge und Autos in der Summe weniger Menschenleben kosten als von Menschen gesteuerte Flugzeuge oder Autos. Die Frage ist dabei für mich: Ab welcher Zahl von Menschenleben ist etwas »besser«, und wie sind in diese statistische Betrachtung die eventuell entstehenden Supergaus mit rein maschinell gesteuerten Maschinen einzubeziehen? Welche Entscheidungshilfe stellen überhaupt Menschenleben dar, die in Summen aufgerechnet werden? Halten wir eine bestimmte Zahl von Toten für ausschlaggebend dafür, ab wann ein autonomes Fahrzeug »besser« für die Menschheit ist als ein vom Menschen gesteuertes? Ganz abgesehen davon stellt sich auch hier ganz entscheidend und wahrscheinlich in großer Zahl die Schuldfrage, wenn etwas schiefgeht. Diese Fragen müssen aus meiner Sicht unbedingt beantwortet werden, *bevor* man mit diesen Umstellungen voranschreitet. Das Beispiel des Air-France-Absturzes rückt allerdings noch weitere Themen der Abwägung in den Blick.

Überträgt man die Probleme bei der autonomen Steuerung von Flugzeugen auf die Steuerung von Waffen oder bewaffneten Drohnen, stellen sich noch viel empfindlichere ethisch-juristische Fragen. Ein Drohnenangriff oder -krieg kann heute ohne »Absender« der Drohne gestartet und geführt werden. Man kann den Besitzer von Drohnen aus dem freien Handel nicht mehr erkennen und nur sehr schwer ausfindig machen, wer sie von wo abgeschickt hat. Schuldige, Aggressoren und Verteidiger sind im Ernstfall nicht mehr auseinanderzuhalten. Die Beurteilung und gar die Befriedung eines solchen Drohnenkriegs wären für Politik und Diplomatie extrem schwer. Auch hier ist es dringend an der Zeit, dass diese Gefahren durch entschiedene Regulierung und Gesetzgebung reduziert werden, beispielsweise durch die Verpflichtung von elektronischen Nummernschildern für Drohnen, mit denen der Halter auszumachen ist, oder durch das Verbot von bewaffneten Angriffsdrohnen.

Blendet man die neuen Risiken der Cybersicherheit einmal aus, die ich hier gar nicht berücksichtigt habe, scheint erwiesen, dass das Sicherheits- und Lebensrisiko beim Steuern durch Maschinen in Summe geringer ist als bei einer manuellen Steuerung. Aber um welchen Preis? Das kürzlich von Google aufgegebene Smart-City-Projekt in Toronto ist auch daran gescheitert, dass für die Einführung von autonom gesteuerten Autos alle Skateboarder, Motorrad- und Radfahrer im smarten Stadtviertel hätten verboten werden müssen, weil sie die autonomen Autos außer Gefecht setzen würden. Auch in Toronto stellten sich außerdem eklatante politisch-gesellschaftliche Fragen. Wem sollten die Daten des massiv mit Sensoren ausgestatteten Zukunftsstadtteils Quayside am Ende gehören?

Es gibt theoretisch nicht viele Gründe, gegen die Statistik zu argumentieren. Die nahezu vollständige Reduzierung von Lebensrisiken durch technische Hilfsmittel berührt jedoch sehr schnell die Grenzen der menschlichen Freiheit und vor allem die der Moral. Die Menschen werden immer weniger durchschauen, was die Maschinen tun, die sie benutzen. Dieser Prozess hat natürlich längst begonnen. Man wird jedoch in den kommenden Jahren vom autonomen Fliegen über das autonome Fahren schnell beim autonomen Beurteilen von Krankheiten oder der autonomen Psychoanalyse durch einen Computer landen. Und schon jetzt besteht keine Scheu mehr vor bewaffneten Drohnen, autonomem Schusswaffengebrauch, vor autonomen Kriegen oder autonomer Polizeiüberwachung. Der Schuldige eines von autonom gesteuerten Waffen geführten Angriffs wäre kaum mehr zu ermitteln, ebenso wie es beim Absturz eines autonom gesteuerten Flugzeuges niemanden mehr gibt, der dafür verantwortlich zu machen ist. Und auch ein durch einen Polizeialgorithmus versehentlich eingesperrter Mensch wird Probleme haben, dafür irgendjemand in Verantwortung zu nehmen. Allein rechtlich ist dies ein sehr weites, bisher unbearbeitetes Feld. Und es ist nicht schwer, hier in sehr bedrohliche Szenarien abzugleiten.

Künstliche Intelligenzen werden uns enorm viel Arbeit abnehmen: bei der Prognose, bei der Klassifizierung, beim Erkennen von Entwicklungen und systematischen Phänomenen, in fast allen Bereichen von der Medizin bis zur Prüfung unterschiedlichster Materialien und Strukturen. Der Verlust von sehr viel menschlichem Wissen und Praxis durch den immer stärkeren Einsatz von künstlicher Intelligenz wird dabei nur ein nebensächlicher Kollateralschaden sein.

Wenn etwas Substantielles dagegen einzuwenden ist, dann liegt es in der Kategorie der Moral. »Die Computer lösen unsere moralischen Probleme nicht, sie verschärfen sie«, sagt der deutsche Philosoph Markus Gabriel.[24] Sein australischer Kollege David

Chalmers geht noch weiter. Er ist der Meinung, dass wir – vorausgesetzt die Welt von morgen ist eine von künstlicher Intelligenz geprägte Welt – unbedingt eine von menschlichem Bewusstsein geprägte künstliche Intelligenz erschaffen müssen, um die Menschheit überhaupt erhalten zu können[25]. Er sagt, die Frage, ob es gelingt, der künstlichen Intelligenz Bewusstsein, Sinne und Gefühle einzuhauchen, sei überhaupt die entscheidende Frage für ihre zukünftige Relevanz. Denn ohne dieses Bewusstsein müsse KI in den Funktionen, die sie übernehmen kann, zwangsläufig beschränkt bleiben, um uns nicht umzubringen. Ein Leben mit Maschinen, die uns eng begleiten und die dabei ohne jedes moralische Bewusstsein bleiben, sei jedenfalls nicht möglich und führe in die Katastrophe.

Die kühne These von Yuval Noah Harari, der Mensch werde nutzlos, weil sein Bewusstsein digital nachgebaut werden könne, ist bisher nicht absehbar. Die Lage ist hingegen viel komplizierter. Der Flugzeugabsturz der Air France-Maschine weist darauf hin, dass sich künstlich intelligente Systeme genau deshalb gegen den Menschen wenden können, weil sie *nur* künstlich intelligent sind und der Mensch sie zugleich nicht mehr wirklich durchschaut. Dass es genau diese Schnittstelle zwischen Menschen und Maschinen ist, die dem Durchbruch der künstlichen Intelligenz für eine Reihe von autonomen Steuerungen Probleme bereitet, schien sich auch bei dem aktuellen Smart-City-Projekt von Google in Toronto zu bestätigen.

# 6 Der digitale Konsument: Wie man zum Instrument von Algorithmen wird

## Bauchgefühle

Am Morgen des 9. Novembers 2016 stand das Ergebnis einer der wichtigsten Wahlen der Welt endgültig fest: Der siebzigjährige Donald Trump sollte der 45. Präsident der Vereinigten Staaten von Amerika werden. Eine Schockwelle breitete sich an diesem Morgen langsam über Europa aus. Jeder hatte Trumps Kandidatur für einen schlechten Scherz gehalten, aber als wir aufwachten, war das Undenkbare eingetreten – eine vermeintliche Witzfigur war in eines der mächtigsten Ämter der Welt gewählt worden. Donald Trump hatte 304 Wahlleute hinter sich vereint, Hillary Clinton nur 227. Obwohl Clinton eine Mehrheit von drei Millionen Wählerstimmen bekam, verlor sie die Wahl. Der neue US-Präsident hatte im Wahlkampf gelogen, er hatte Frauen beleidigt und verhöhnt, er hatte sich abfällig über Minderheiten geäußert, sich über Behinderte lustig gemacht, und trotzdem hatte der Populist die Wahl für sich entschieden. »Ein totalitärer Blender, ein betrügerischer Dilettant hat es geschafft, sich ins Weiße Haus wählen zu lassen«, schrieb die *Zeit*,[1] und *Le Monde* bescheinigte dem neuen Präsidenten eine »diabolische politische Intelligenz«. Obwohl die Stimmenzahl von Trump unter der von Clinton lag, sprachen die Republikaner und er selbst schnell von einem Erdrutschsieg, der errungen worden sei. Das Wahlmännerprinzip hatte dafür gesorgt, dass zum fünften Mal in der amerikanischen Geschichte ein Präsident mit einer Minderheit an Stimmen die Wahl gewinnen konnte. Verzweifelt suchten die Kommentatoren an diesem Morgen nach Argumenten für den überraschenden Wahlausgang. Sie waren unvorbereitet und ratlos, denn die Umfragen hatten bis kurz vor der Wahl einen klaren Vorsprung für Clinton vermeldet. Nicht erst seit der Wahl Trumps steht man als Wähler unter dem Eindruck, dass Wahlentscheidungen heute sehr kurzfristig fallen. Eine Wahl gilt als wichtigstes Instrument der Demokratie, sie ist die Grundform der menschlichen Freiheit. Und wer in einer Wahl nur seinen Emotionen freien Lauf lasse, habe sie fehlerhaft genutzt, so hieß es früher. Dies hat sich offensichtlich verändert. Waren etwa die Wahlbeeinflussungen daran schuld? Seit bekannt geworden ist, dass Wahlhelfer für Donald Trump mit Unterstützung einer Datenanalysefirma 87 Millionen Facebook-Konten geöffnet und deren Nutzer mit politischen Botschaften bearbeitet haben, kann man sich vorstellen, dass ein urdemokratisches Prinzip, das der Wahl einer Staatsregierung, auch in Demokratien immer mehr Gefährdungen ausgesetzt ist.

Mindestens alle vier Jahre wählen wir in Deutschland den Bundestag. Der Wahlvorgang in einem Gemeindehaus, einer Schule oder einem Rathaus stellt nach wie vor einen ungewöhnlich analogen, fast archaischen Entscheidungsakt dar. Wir weisen uns aus, oft sitzt eine Nachbarin oder ein Nachbar am Anmeldetisch, was dem Akt etwas an Formalität nimmt. Wir verstecken uns hinter einer Pappwand, falten einen langen Zettel auseinander und setzen ein Kreuz hinter einen Namen oder eine Partei. Dann werfen wir den zusammengefalteten Zettel in eine Box.

Allerdings unterzieht man sich heute, über den Tag oder eine Woche verteilt, ganz selbstverständlich einer hohen Zahl weiterer digitaler Wahlvorgänge. Unablässig trifft man Minimalentscheidungen per Bildschirm. Insofern hat der politische Wahlvorgang im Sinn einer äußerst relevanten Entscheidung von seiner Einzigartigkeit eingebüßt. Im digital geprägten Alltag sind es kleine und kleinste Entscheidungen, vor die man gestellt ist, jede Menge Ja-Nein-Fenster, die anzukreuzen, aufzuklicken und abzuarbeiten sind, und es werden immer mehr. Diese Alltagswahlentscheidungen treffe ich unterwegs, im Auto, im Zug, vor der Bushaltestelle, beim Spaziergang, in der Küche, im Bett, auf dem Klo, stets und ständig. Von einer Smartphone-Erinnerung an Dinge, die noch zu erledigen sind, über SMS-, WhatsApp-, Instagram- oder Facebook-Botschaften, die ich öffne oder nicht, bis zu E-Mails, Google Alerts und der Frage, ob ich Cookies zulasse oder das Foto des Jahres gesondert archivieren möchte, unablässig muss ich mich entscheiden.

Der Verhaltenspsychologe Daniel Kahneman gilt als der wichtigste lebende Psychologe der Welt. Im Jahre 2002 gewann er für seine »Prospect Theory« den Wirtschaftsnobelpreis – dabei ist er kein Ökonom. Mit seiner Forschung revolutionierte er jedoch das Wissen über unsere Entscheidungen und stieß damit besonders führende Ökonomen vor den Kopf, die bis dahin einem durch und durch rationalen Menschenbild anhingen. Er erklärte ihnen, dass sie einem Irrtum aufsaßen, weil sie immer noch annahmen, dass ökonomische Entscheidungen rational erfolgten. Kahneman legte ihnen dar, warum jeder Mensch ganz anders denkt, als er zu denken meint.

Mit seinem engen Freund und Forschungspartner, dem Psychologen Amos Tversky, entwickelte er in den siebziger Jahren an der Universität von Jerusalem aus einer Reihe von einfachen verhaltenspsychologischen Experimenten den Beweis, dass menschliches Handeln zu großen Teilen bauchgesteuert abläuft und nicht rational. Damit widerlegten die Forscher die bis dahin geltenden Grundannahmen der Sozialwissenschaften, der Wirtschaftstheorie und der Psychologie, dass Menschen ihre Entscheidungen und Handlungen im Allgemeinen überdenken und dass sie im Wesentlichen zu ihrem Nutzen entscheiden. Bisher hatte man angenommen, dass sich der Mensch nur in den seltensten Fällen und nur durch starke emotionale Ausschläge wie Furcht, Zuneigung oder Hass von seinem rationalen Pfad ablenken lässt. Kahneman und Tversky bewiesen das Gegenteil und zeigten, dass die Vorherrschaft der Intuition, des Bauchgefühls und der emotionalen Entscheidungsfindung fast alle menschlichen Entscheidungsprozesse dominiert, auch jene im Wirtschafts- und Finanzbereich. Gleichzeitig stellten sie fest, dass viele intuitive Entscheidungen enorm fehleranfällig sind. Die Fehleranfälligkeit führten die Forscher nicht etwa auf seltene starke Emotionen zurück, sondern auf ständige und für alle Menschen geltende kognitive Verzerrungen oder Fallen, in die wir hineinlaufen.

Die Ergebnisse seiner Forschung hielt Kahneman in dem Buch *Schnelles Denken, langsames Denken* fest, das er 2011 veröffentlichte und seinem inzwischen verstorbenen Forscherfreund Amos Tversky widmete. Die zentrale Erkenntnis der beiden Forscher, dass weit über 90 Prozent aller Entscheidungen – ob leicht oder schwer, ob laienhaft oder von Expertenwissen geprägt – ausschließlich von der Intuition eines Menschen gesteuert werden, erklärt vieles von dem, was im Internet und der gesamten digitalen Welt stattfindet. Das ist gerade für die Ökonomie verblüffend, auch wenn man im Rückblick den Eindruck hat, es habe doch schon immer klar auf der Hand gelegen, dass auch in der Wirtschaft, vor allem in der Finanzwirtschaft, meist irrational entschieden wurde. Für die Digitalwirtschaft sind Kahnemans Entdeckungen außerordentlich segensreich, denn das zentrale Geschäftsmodell der großen digitalen Spieler ist auf seinen Erkenntnissen aufgebaut.

Jeder Mensch verfügt über zwei getrennt arbeitende Erlebens- und Denksysteme, die man sich als unterschiedlich arbeitende kognitive Maschinen vorstellen muss: System 1 und System 2. Beide Systeme stehen dem Menschen für seine Entscheidungen zur Verfügung. System 1 ist der Sportwagen unter den beiden

Denksystemen: Es arbeitet pfeilschnell, ist immer aktiv, rein intuitiv unterwegs und geht nach Entscheidungsmustern vor, die auf spezifischer Erfahrung, früher erworbenem Wissen oder früher gebildeten Urteilen und Vorurteilen beruhen. Der Sportwagen unter den Denksystemen drängelt sich immer vor, entscheidet automatisch, ohne Einschaltung des langsamer arbeitenden Denkapparats von System 2. Das Abbiegen beim Autofahren ist eine Entscheidung von System 1, genauso wie das Eintragen des richtigen Namens der Hauptstadt von Frankreich (Paris) in ein Kreuzworträtsel oder die Züge eines erfahrenen Schachspielers auf dem Schachbrett. Intuitionen haben nichts Magisches an sich, sagt Kahneman, man kann sie nicht begründen, es gibt kein Geheimnis um sie. Er bezeichnet sie als einen »erfahrungsgestützten Hinweisreiz« oder auch als bewährte Faustregel, die eine Person in ihrem Erfahrungswissen abgespeichert hat.

System 2 ist die Limousine unter den Denksystemen: Sie dirigiert das nichtintuitive Entscheiden, das auf anstrengenden »neuen« – also gewissermaßen kreativen, vorher unbekannten – Denkvorgängen beruht und bewusste, langsame und kontrollierte Entscheidungsprozesse steuert. Dieses Limousinen-System 2 versetzt das Gehirn in harte Arbeit und verdrängt per Befehl die unwillkürliche Urteilsfindung des Sportwagen-Systems 1. Das langsamere System 2 widmet sich der aktiven Steuerung von Gedanken, der Berechnung, der Abwägung, und des Informationensammelns. System 2 macht enorme Mühe, es muss vom Menschen bewusst angesteuert und als Aktivität herbeigeführt werden. Typische Beispiele sind das Ausfüllen einer Steuererklärung, das Überwachen des eigenen Verhaltens in einer komplexen sozialen Situation oder das Schreiben eines Buchs.

Die delikate Beziehung zwischen den beiden Systemen hat Daniel Kahneman wie folgt auf den Punkt gebracht: Wenn man mit beiden Systemen einen Film drehen würde, wäre System 2 (Limousine) die Nebenfigur, auch wenn es sich für den Hauptdarsteller hält.² Weiterhin gilt: Ohne System 1 könnten wir nicht überleben. Doch System 1 begeht eine Menge Fehler, die nur zu vermeiden sind, wenn man System 2 einschaltet. Meist geschieht das jedoch nicht.

Ständig stehe System 1 in der Gefahr, sich von Erinnerungen, Vorerfahrungen, Umgebungseindrücken oder Wiedererkennungserlebnissen aus der Bahn werfen zu lassen. Als Beispiel nennt Kahneman ein Experiment, bei dem einer Gruppe von Personen beiläufig ein Suppenteller gezeigt wird. Wenig später sollen die Personen das Wort »S..p« vervollständigen. Nicht überraschend ergänzen alle Gruppenteilnehmer die fehlenden Buchstaben zum Wort: »Soup«. Einer zweiten Personengruppe wird beiläufig das Bild eines Waschbeckens gezeigt. Wenig später werden sie ebenfalls gebeten, das Wort »S..p« zu vervollständigen. Ausnahmslos ergänzt die Gruppe die fehlenden Buchstaben zum Wort: »Soap«. Wir haben es hier mit der Wirkung eines Ankereffekts zu tun: Das, was kurz zuvor gezeigt wurde, bestimmt die Entscheidung.

Dieser Trick funktioniert genauso gut bei Zahlen. Irgendeine Zahl, die vor einer Entscheidung zufällig genannt wird, zum Beispiel die Zahl 50, führt bei der Lösung eines Rätsels selbst Rechenexperten in die Irre. Sie bauen die Zahl irgendwie ein, auch wenn sie falsch ist. Wie viele Gnus, schätzen Sie, sind im Berliner Zoo? 50 oder 80 Tiere? Die überwiegende Mehrheit der Menschen wird 50 antworten, wenn ihnen die Zahl 50 in irgendeinem Zusammenhang kurz vorher gezeigt oder gesagt wurde. Fehlurteile durch Ankereffekte hat Kahneman auch in den Controlling-Abteilungen großer Unternehmen, beispielsweise bei den wichtigen Zinsberechnungen großer Versicherer, nachgewiesen.

Ein weiteres Beispiel für eine Verzerrung der Intuition ist die häufige Überschätzung unserer intuitiven Urteilsfähigkeit. Je schwieriger die Frage, desto stärker glauben wir, dass wir sie intuitiv richtig beantworten können, obwohl wir falschliegen – dies hat Kahneman mit einer Vielzahl von Verhaltensstudien bewiesen, sowohl bei Urteilsfällungen von Anwälten und Richtern als auch bei Diagnosen von Ärzten. Auch sie entscheiden oft aufgrund von Ankereffekten. Fast naheliegend, aber in ihrem Nachdruck doch überraschend ist die verzerrte Einschätzung von Chance und Risiko. Wir nehmen lieber 1000 Euro in bar als ein Los, das uns mit fünfundfünfzigprozentiger Wahrscheinlichkeit 2000 Euro einbringen kann. Ärzte schätzen es als viel besseres Ergebnis ein, wenn sie während einer Epidemie 2000 Menschen von 6000 durch eine Impfung gerettet haben, als wenn sie 4000 an die Krankheit verlieren – dabei ist das Ergebnis dasselbe. Die Fehleranfälligkeit der Intuition ist Kahnemans großes Thema. Sie beweist, dass der Mensch es nicht gewohnt ist, scharf nachzudenken, und sie vermittelt den Eindruck, dass sich Menschen viel häufiger irren als notwendig.

Es gibt einen intellektuellen Gegenspieler Daniel Kahnemans, den deutschen Psychologen Gerd Gigerenzer, ehemaliger Direktor des Max-Planck-Instituts für Bildungsforschung in Berlin. Er bezweifelt nicht Kahnemans Forschung, auch nicht seine Theorie der Verzerrungen. Aber er hält die Bauchgefühle und Faustregeln, die die System-1-Entscheidungen charakterisieren, nicht für so nutzlos, wie sein Kollege Kahneman sie bewertet. Gigerenzer sagt, intuitive Entscheidungen seien eine sinnvolle Abkürzung im Kopf für Situationen, in denen man unter Zeitdruck entscheiden muss. Auch gäbe es bestimmte Situationen im Leben, die man nie unter Einschaltung von System 2 entscheiden kann, beispielsweise die Wahl eines Lebenspartners oder das Feuerlöschen im Katastrophenfall. Gigerenzer hat seinen Punkt, jedoch trifft auf die Masse der Entscheidungen im Laufe eines Lebens sicherlich eher zu, dass sie besser werden, wenn System 2 eingeschaltet wird. Der Konflikt der beiden Forscher bezieht sich also nicht auf die Grundsätze der Theorie Kahnemans, sondern auf die Portionen an Entscheidungen, für die System 1 besser anzuwenden ist als System 2.

Wenn wir verfolgen, was sich in der Digitalwirtschaft seit 10 Jahren abzeichnet, haben anscheinend alle Digitalökonomen Kahnemans Buch gelesen – nur kommen sie zu anderen Schlüssen.

Sie benutzen seine Erkenntnisse im umgekehrten Sinn: Kahneman will uns zum höheren Einsatz unseres langsamen Denksystems erziehen; für digitale Geschäfte ist es hingegen besser, wenn wir System 2 ganz ausschalten, bevor wir am Bildschirm entscheiden. Digitale Systeme befeuern ihre Nutzer so lange mit Fragen, Entscheidungsalternativen und Ankereffekten, bis sie nicht mehr anders können, als reflexhaft und bestenfalls intuitiv zu antworten. Wir alle überlegen nicht mehr, bevor wir Cookies zulassen, wir liken ein Video, bevor wir es zu Ende angeschaut haben, wir akzeptieren die AGB sofort, weil wir das schon tausendmal gemacht haben. Wir halten vielleicht noch einmal kurz inne, bevor wir ein Zeitungsabonnement oder ein Buch bestellen, oft aber auch nicht.

Digitale Informatiker nutzen Verzerrungen im Denken aus, um sicher zu ihren Verkaufszielen zu gelangen, etwa die Ankersetzung, aber ebenso die menschliche Neigung zur Selbstüberschätzung, beispielsweise hinsichtlich des eigenen Kontostands. Der auf meine Datenspur angesetzte Algorithmus kennt nach einer Weile meine Vorlieben und führt mir unablässig vor, was mir gefallen könnte – ganz gleich, ob es ein neuer Kaufgegenstand, eine neue App, ein Foto oder eine neue Headline ist. All dies sind Anker für meine Entscheidung, weil sie Wiedererkennungseffekte in mir auslösen. Nutzerführung durch Ankersetzung ist eine der wesentlichen Geschäftstreiber im Internet. Da Algorithmiker inzwischen nach der von ihnen herbeigeführten Verweildauer der Nutzer im Netz bezahlt werden, ist das Aufstellen von »Entscheidungsfallen« durch lernende Algorithmen eine ihrer ganz wesentlichen Tätigkeiten. Im Algorithmiker hat der Verhaltenspsychologe seinen Meister gefunden.

Mit der Digitalisierung hat sich Daniel Kahneman bei seinen Versuchen nicht beschäftigt, sie war einfach noch nicht »geboren«, als er seine Forschung vorantrieb. Für ihn ist der Mensch am besten aufgehoben, wenn er die intuitiven Entscheidungen von System 1 immer wieder durch System 2 überprüfen lässt. Was Kahneman nicht explizit einbezieht, ist die zunehmende Überforderung mit einer Vielzahl von Entscheidungen durch digitale Medien, mit der Menschen heute unter ein enormes Dringlichkeitsdiktat gestellt werden. Diese Dringlichkeit verlangt mir heute mehr Entscheidungen ab, als ich sie jemals zuvor in meinem Leben fällen musste. Und sie erzwingt auf diese Weise die Herrschaft der Bauchgefühle. Nach den kahnemanschen Regeln kann ich mich diesem Druck nur entziehen, wenn ich die schnelle Entscheidung verweigere und ganz bewusst mein System 2 ansteuere. Dazu müsste ich jedoch alle meine digitalen Geräte ausschalten.

Wie der Blogger Sascha Lobo feststellt, haben wir bisher nur in Ansätzen verstanden, welche Auswirkungen sich durch das, was sich im Internet und in den sozialen Medien ereignet, ergeben werden.[3] Es ist zu hoffen, dass sich in den nächsten Jahrzehnten mehr Forscher mit den Veränderungen menschlichen Entscheidens im Internetzeitalter beschäftigen und mit seinen Folgen. Wenn man versucht, die Logik der Algorithmiker nachzuvollziehen, die sich die Erkenntnisse Kahnemans – ob bewusst oder unbewusst – nicht nur zunutze gemacht haben, sondern ständig weiterentwickeln, scheint es dringend notwendig, sie juristisch zu bewerten und Wege zu ihrer Eingrenzung zu finden. Vor allem die Speicherung der gesamten Bewegungshistorie im Internet muss verboten werden. Menschliche Urteile und menschliches Entscheidungsverhalten haben sich durch das Internet spürbar verändert. Man bemerkt es täglich an sich selbst: Wie schnell hat man etwas an- oder wegklickt, um wie viel nachlässiger wird man mit seiner Zeit, mit seinem Geld und mit seinen Grundsätzen und vor allem mit seiner Freiheit, sobald sich der Bildschirm öffnet.

Das Verhalten vor dem Bildschirm gleicht in der überwiegenden Zeit einer ständigen intuitiven Herausforderung, einem Zwischending zwischen Reflex und blitzschneller Entscheidung, einer Reaktion auf Impulsmuster, aber auch der Beanspruchung von System 1. Die Tätigkeit am Bildschirm kommt über große Strecken ganz ohne Nutzung unseres zweiten kognitiven Systems aus. Kaum jemand macht sich bisher bewusst, dass er mittlerweile die meisten Entscheidungen seines Lebens im Internet fällt – bis hin zur Wahl einer Bank, einer Versicherung und sogar eines Lebenspartners. Auch Letzteres hat sich durch Dating-Portale längst verändert, verehrter Herr Professor Gigerenzer. Einen Klick registriert man allerdings meist nicht mehr als Entscheidung, jedoch ist ein Klick definitiv eine Entscheidung, nicht nur eine Kaufentscheidung.

Bisher wird noch zu wenig thematisiert, dass über das Internet gewonnene menschliche Entscheidungsergebnisse einen Digitalkonzern reicher an gesellschaftlicher Statistik machen, als jeder Staat, jedes Forschungsinstitut, jede andere Firma, jede Polizeibehörde und jedes Gemeindeamt dies von sich behaupten können. Digitale Konzerne beeinflussen mit diesem Wissen jede zukünftige menschliche Entscheidung. Die Macht, Entscheidungen von Millionen von Menschen in eine bestimmte Richtung zu steuern, liegt damit in ihren Händen. Da wir in Zeiten der Corona-Pandemie leben, kann man es vielleicht mit dem Effekt einer Durchseuchung vergleichen: Je mehr wir auf Algorithmen reagieren, desto stärker werden wir davon durchseucht, ohne dass wir es bemerken.

Jeder Klick, der mir im Internet abverlangt wird, ist persönlich, privat, manchmal intim, er verrät viel über mich, geschieht meist spontan und reflexhaft. Vor dem Bildschirm entscheide ich anders als bei einer Befragung, bei der mir jemand gegenübersitzt. In einem gewissen Sinn entscheide ich »ehrlicher«, denn ich empfinde das Internet nicht als Korrektiv, nicht als soziale Kontrolle, wie eine Person am Telefon oder wie jemand, der mir in einem Raum gegenübersitzt. Ich empfinde mich selbst als sozial freier, wenn ich nur meinem Bildschirm gegenübersitze. Zwar liegt nicht in jedem Klick meine ganze Weltsicht, aber in der Zusammensetzung der vielen Puzzleteile meiner Antwortklicks entsteht ein intimes Bild meiner Person. Entscheidungen im Internet können »wahrer« sein, näher an meinen Instinkten, an meinen Vorurteilen, als das, was Menschen in der Realwelt äußern, in der sie oft sozial angepasst handeln. Im Internet kann ich mich in eine Wut hineinentscheiden, ich kann unerzogen reagieren, und auch diese Entwicklung wird dann näher an meinen Vorurteilen, an meinen Anfälligkeiten, an meinen heimlichen Sehnsüchten sein. Insoweit geben analoge Befragungen ein Bild der sozial erwünschten Antworten einer Gesellschaft wider, die digitalen Antworten im Internet dagegen ein Abbild der Gesellschaft ganz ohne soziale Korrektive.

Auch die Wahlentscheidung geschieht dabei in einer ähnlichen Stimmung wie das übrige Entscheiden im Internet, denn auch in der Wahlkabine gibt es kein Korrektiv. Die Pappwand ist wie der Bildschirm, hinter dem ich mich verkrieche. Je mehr Zeit Menschen mit dem Internet verbringen, je weniger soziale und bewusste Interaktionen sie mit ihren Mitmenschen noch teilen, je mehr wird sich die Kommunikation über ihre Urteile und Vorurteile einschränken, und desto weiter werden Wahlbefragungen und Wahlentscheidungen in Zukunft auseinanderklaffen. Wählerbefragungen sind heute so fehleranfällig geworden, weil es Befragungen sind, welche die Intuition herauszuhalten versuchen.

Ich respektiere die positiven Seiten einer intuitiven Entscheidung, die Gerd Gigerenzer immer wieder herausstellt. Aber ich bin davon überzeugt, dass man im digitalen Zeitalter zu sehr auf reflexhaftes intuitives Entscheiden hin konditioniert wird. Und diese Art des Entscheidens überträgt sich auf das analoge Leben – das überlegte Entscheiden kommt abhanden. Man merkt es am Konsum: Am Bildschirm benutzen wir oft noch weniger als unser System I, wir setzen noch nicht einmal mehr unsere Faustregeln ein, sondern wir lassen uns von einer Vielzahl von Ankern, also Fallen, überrumpeln. Wenn man sich fragt, wie man sich diesen pawlowschen Reaktionsmustern entziehen kann, dann gibt es wohl nichts anderes, als ganz bewusst unser Denksystem anzusteuern.

Im digitalen Zeitalter sollten sich viel mehr Forscher mit der digitalen Entscheidungsschule beschäftigen, durch die wir alle gehen. Die Fülle von Rückäußerungen, die im Internet gesammelt werden, gehören zu den wirkmächtigsten menschlichen Verhaltensbildern, die es gibt. Über das Wesen und den Charakter einer Gesellschaft verraten sie mehr als jede Umfrage. Aber diese Konvolute an Wissen sind im Besitz einer Handvoll amerikanischer Konzerne. Man fasst sich an den Kopf.

Digitale Datenprofile von Menschen sind reicher und dichter, weil sich darin Entscheidungen in einer Vielfalt abbilden, die man von sich selbst niemals vor Augen haben wird. Wenn ich weiß, wie schnell oder langsam jemand auf eine Mail reagiert, auf welche Angebote er im Internet eingeht, was er zwischendurch noch alles anklickt, wie schnell oder wie langsam er die Tasten bedient, welche Zeitungsartikel er wirklich liest, welche Netzwerke er bedient, mit wem er wie lange telefoniert, wofür er Geld ausgibt, welche Fotos er macht et cetera, und wenn ich all diese privatesten Äußerungen zu einem Bild zusammenbaue, dann trifft jener alte banale Satz umso mehr zu: Mein Internetprovider kennt mich besser als ich mich selbst. Diesen Zustand müssen wir uns klarmachen, um wenigstens die Macht über unsere Entscheidungen wieder in die eigene Hand zu bekommen.

Seine eigenen Erfahrungen im Internet zu erforschen und daraus Schlüsse zu ziehen, ist eine einfache, zugegebenermaßen harmlos erscheinende Abwehrstrategie gegen die Herrschaft der Algorithmen. Bis auf Weiteres haben wir jedoch nichts anderes zur Verfügung. Die Ansteuerung von System 2 gelingt dabei am besten über kritische Fragen an mich selbst: Habe ich mit Online-

Käufen am späten Abend gute Ergebnisse erzielt? Benutze ich die Dinge, die ich gekauft habe, noch? Wie oft am Tag nutze ich Wikipedia oder Google, wie weit haben mich die Auskünfte gebracht, und wofür habe ich sie gebraucht? Wie reagiere ich auf Nachrichten, die mir angezeigt werden? Antworte ich sofort, einen halben, einen oder mehrere Tage später – womit habe ich die besten Erfahrungen gemacht? Wie oft am Tag mache ich ein Online-Portal oder Medium auf? Wie oft tue ich das in Gegenwart anderer? Was nützt es mir, aktuelle Nachrichten sofort mit meinen Mitmenschen auszutauschen? Wie stark halte ich andere damit von wichtigeren Dingen ab? Wie oft unterbreche ich meine eigenen Gedanken durch diese Vorgänge? Wie stark hält es mich davon ab, selbst zu denken? Wie geht es mir, wenn ich mich weniger häufig mit aktuellen Nachrichten beschäftige? Der Aufbau einer persönlichen Resilienzstrategie für die Online-Nutzung ist der einzige Weg, aus den reflexhaften Reaktionen herauszukommen, zu denen mich das Internet unerbittlich erziehen möchte.

Daniel Kahneman hat ein Fenster zur Systematisierung des menschlichen Denkens und Entscheidens geöffnet, und daran muss weiter geforscht werden. Und es müssen strukturelle Wege gefunden werden, um die Fallenstellerei im Internet zu beenden. Ich wusste, bevor ich Kahneman studiert habe, dass ich mich anstrengen muss, um wichtige Entscheidungen gewissenhaft zu treffen. Wie wahrscheinlich die allermeisten Menschen habe ich jedoch das System der vielen Fußangeln im Internet nicht genau durchschaut. Dem Geschick der Algorithmiker und ihrer bisher ungehindert ausbeuterischen Strategie des Fallenstellens muss eine Grenze gesetzt werden. Dies geht nur über bessere und präzisere Datenschutzregeln, beispielsweise zur Speicherung persönlicher Daten. Seit Langem wird darüber gesprochen, Gesetze sind aber bisher nicht in Kraft. Es gibt bereits weitergehende verhaltenspsychologische Arbeiten im Anschluss an Kahneman, beispielsweise die Theorie des Nudgings von Richard Thaler, die noch viel cleverere Anleitungen für die Zunft der Algorithmiker enthalten. Dabei bräuchte die Welt schnellstens mehr Gegenstrategien.

## Nudging

Als sich der zweiundvierzigjährige Zhang Jian, Mitarbeiter im Forstamt der ostchinesischen Küstenstadt Rongcheng, im Frühjahr 2018 für eine Beförderung bewirbt, muss er sich zunächst beim Bürgeramt seiner Stadt melden. Nur dort kann er den Kontostand über seinen persönlichen »Sozialkredit« einsehen. Sollte der Kontostand nicht hoch genug sein, wird er nicht befördert. Doch Zhang Jian hat ein gutes Gefühl, da er stets auf sein Benehmen achtet. In Rongcheng ist »Benehmen« ein wichtiger Vorsatz, denn seit 2014 nehmen 670 000 Einwohner der Stadt am neuen chinesischen Sozialpunktesystem teil. Rongcheng ist damit eine von vierzig Pilotstädten, in der das neue digitale Kontrollsystem Chinas erprobt wird. Kontrolliert wird dabei nur eines: das staatstreue Verhalten der Bürger.

Ab 2020 werden die Sozialkreditkonten sukzessive für alle 1,4 Milliarden Chinesen scharfgestellt. Damit bekommt jeder Bürger ein Konto für gutes Benehmen zugewiesen, dessen Startguthaben bei 1 000 Punkten liegt. Wer eine rote Ampel missachtet oder andere Verkehrsvergehen begeht, bekommt mindestens Punkte abgezogen, vielleicht aber auch kein Zug- oder Flugticket mehr ausgehändigt. Wer staatsnahe Medien liest oder andere Mitmenschen beobachtet und für den Staat bewertet, bekommt Pluspunkte oder auch einen günstigeren Kredit für seine Wohnung. Zahlungsverzüge bei der Rechnungsbegleichung sorgen wiederum für einen empfindlichen Punkteabzug vom Konto. Man rechnet damit, dass auch kritische Äußerungen in den sozialen Medien zu Abzügen führen. Mit Spenden oder Freiwilligenarbeit kann der Kontostand wieder aufgebessert werden.[4] Es soll jedoch auch öffentlich einsehbare Markierungen im Internet über nicht vertrauenswürdige Personen und Firmen geben, die kaum mehr zu löschen sind.[5] »Sozialkredit« ist ein anderes Wort für Regelkonformität. Es geht um die Konformität zu bestimmten Vorstellungen über erwünschte soziale Verhaltensweisen, die in China nicht aus Evangelien oder Philosophien herzuleiten sind, sondern vom Staat festgelegt und durch eine datengestützte Form des Nudgings erzwungen werden. »Wer schaut heimlich Pornos? Wer lästert über die Partei? Wer fährt zu schnell oder bei Rot über die Ampel? Wer pflegt seine Eltern halbherzig? Wer wirft seinen Müll auf die Straße? Wer drückt sich vor dem Militärdienst? Wer lästert über den Staat oder über Politiker?«[6] Verhält sich ein Bürger so, wie der Staat es für richtig hält, wird er mit Punktgutschriften belohnt, erlaubt er sich Ausreißer, mit Punktabzügen bestraft. Sozialverhalten wird gesehen, als gäbe es dafür feste Linien, die einzuhalten sind, als könne man gute und schlechte Noten dafür verteilen, ohne Berücksichtigung der Umstände. Und es wird von einer Verhaltensweise auf eine andere geschlossen, nach dem Motto: Wenn jemand bei Rot über die Ampel fährt, dann wird er auch klauen oder betrügen. Chinas soziales Punktesystem scheint eine Fundgrube für Satire und Ironie zu sein – aber damit ist nicht zu spaßen: Für Abweichungen von den staatlich festgelegten Wohlverhaltenspfaden drohen empfindliche Behinderungen im Beruf, Reiseverbote mit dem Flugzeug oder Schnellzug, die Wegnahme von Vergünstigungen, Nachteile beim Wohnen sowie in Schulen und Ausbildung der Kinder. Nach Angaben der chinesischen Verwaltung wurden im Jahr 2018 bereits sieben Millionen Strafen wegen »schlechten« Verhaltens verhängt.

Dass ein Staat auf die Idee kommt, seinen Bürgern gegen Strafbewehrung ein bestimmtes soziales Verhalten aufzuerlegen, dass er seine Bürger dazu auf Schritt und Tritt beobachtet, bewertet und gegebenenfalls benachteiliget, sorgt im Westen seit Bekanntwerden der Pläne für großes Befremden. Wir sind uns einig: Mit diesem System wird China die erste digitale Diktatur der Welt sein. Und wir fühlen uns im Westen weit entfernt von solchen Systemen und Maßnahmen. Überraschenderweise ist der chinesischen Bevölkerung das Überwachungssystem – jedenfalls außerhalb von Hongkong – angeblich gar nicht so unangenehm, wie eine Studie der Universität Berlin zeigt.[7] Unter zweitausend befragten Bürgern in »Mainland-China« begrüßen 80 Prozent das neue Punktesystem. Die Gründe dafür sind sogar nachvollziehbar: Sie werden in einem massiven Misstrauen gegenüber der staatlichen Rechtsverfolgung gesehen. Nach Nahrungsmittelskandalen, Korruptionsvorfällen, Umweltkrisen und Gerüchten um schadhafte Medikamente fühlt sich ein großer Teil der Bevölkerung stark verunsichert. Wer in einer deutschen Großstadt einen Drogeriemarkt oder eine Apotheke besucht, kann dort des Öfteren chinesische Besucher antreffen, die von Milchpulver über Nahrungszusätze und Medikamente bis hin zu in Europa hergestellten Kosmetika Vorräte in großen Mengen einkaufen, um sie mit nach Hause zu nehmen. Aber was kann das Punktesystem an dieser Situation ändern?

Eine Mehrheit der befragten Chinesen sieht die Sozialpunkte als Ersatz für ein Rechtssystem, in das sie jegliches Vertrauen verloren hat.[8] Auch Unternehmen sollen dem Sozialpunktesystem unterworfen werden, und ein Teil der Chinesen traut den Punktwerten zu, ihre Mitmenschen und die Führer ihrer Unternehmen zu ehrlicheren Bürgern, Lieferanten und Produzenten zu machen. Ganz anders sehen dies allerdings die Bürger Hongkongs. Zwei Juraprofessoren der Universität Hongkong legen seit Jahren in ihren Büchern und Artikeln dar, was auf dem Spiel steht und wie die Daten privater Digitalkonzerne mit staatlichen Datenbanken ohne rechtliche Grundlage und deshalb auch ohne jeglichen Schutz der Privatsphäre vermischt werden.[9] Bei meinen Recherchen haben mich viele Dinge beunruhigt, aber es ist vor allem die Ausweglosigkeit, dem durch die Digitalkonzerne unterstützten staatlichen Apparat zu entkommen, die schockiert.

Wenn es stimmt, dass sich ein Teil der Bürger Rongchengs offensichtlich inzwischen schon selbst zensiert, sich also im Vorgriff auf eine Bestrafung sozial anders verhält, beispielsweise den Kontakt zu Freunden mit schlechten Sozialpunkteständen meidet, dann sind sie schon jetzt längst in der Dystopie eines überaus wirksamen Spitzelstaats angekommen – Jahre, bevor das Punktesystem seine volle Wirkung überhaupt entfaltet hat. Die digitalen Systeme sind dabei unerbittlicher und präziser als jeder Geheimdienst der analogen Welt. Darüber hinaus wird klar, dass der chinesische Staat sein Ziel der Totalüberwachung und sozialen Steuerung seiner Bürger nicht nur spielend durchsetzen kann, er wird dies auch noch unter Zustimmung und Mithilfe der Mehrheit der eigenen Bevölkerung tun.

Das digitale Benimmsystem ist ohne die großen chinesischen Digitalunternehmen Alibaba (das chinesische Amazon), Baidu (das chinesische Google) und Tencent (das chinesische Facebook mit sozialen Netzwerken, Online-Medien und Online-Unterhaltung) überhaupt nicht denkbar. Dies beschreiben sehr genau die Juraprofessoren Yongxi Chen und Anne Sy Cheung von der Universität Hongkong. Schon im Jahr 2013 hat das Nationale Chinesische Ministerium für Statistik eine ganze Reihe von Kooperationsverträgen zur Big-Data-Nutzung mit den größten chinesischen Digitalkonzernen geschlossen, erläutern die Juristen. Darunter waren die Firmen Baidu, Alibaba, Tencent und Unicom (das staatliche chinesische Kommunikationsunternehmen). All diese Firmen teilen seither sowohl ihre gesamten Datenschätze als auch ihre gesammelten Datenanalysesysteme mit der chinesischen Staatsregierung.[10] Insbesondere die tief in die Privatsphäre der Bürger eingreifenden Verfahren zur Feststellung der Kreditwürdigkeit, die von den chinesischen Digitalkonzernen über Jahre entwickelt worden sind, dienen dem Staat als Basis für sein soziales Punktesystem.

Ein besonders ausgefeiltes Kreditrating-System mit Namen Sesame Credit hat der Alibaba-Konzern entwickelt. Dafür bedient er sich seit Langem der gesamten Suchhistorie seiner Kunden im Internet, außerdem der Daten, die Kunden auf den sozialen Medien oder bei Einkäufen mit dem Handy hinterlassen. Alle diese Daten fließen in das Kreditpunktesystem von Sesame Credit ein. Dazu kommen die Daten des populären digitalen Bezahlsystems Alipay, das ebenfalls von Alibaba gesteuert wird. Die Software des Konzerns schafft es sogar, die Konsumpraxis von Freunden auf der Datenbank untereinander zu verbinden und in das Kreditrating einer einzigen Person einfließen zu lassen. Bereits für den Aufbau von Sesame Credit hatte Alibaba ein ausgefeiltes soziales Punktesystem erfunden, und Chinesen bemerken schon seit einigen Jahren, dass der Staat und auch andere Firmen darauf zurückgreifen. Beispielsweise wird von Versicherern zur Festsetzung ihrer Prämien darauf Bezug genommen oder von den Sicherheitsbehörden am Flughafen zur Festlegung der Durchsuchungsintensität eines Passagiers.[11] Auch Tencent greift zur Überprüfung der Zahlungsfähigkeit seiner 50 Millionen Nutzer auf alle Social-Networking-Daten sowie auf die Daten aus der Nutzung von Computerspielen zurück. Im Grunde sind also die staatlichen Punktekonten seit Jahren mit den tiefen Datenbanken der chinesischen Googles und Amazons befüllt worden, die unter der Maßgabe von Kreditwürdigkeitsprüfungen private Daten ihrer Kunden in Massen angehäuft haben. Die Digitalkonzerne am anderen Ende der Erdhalbkugel, also im Westen der Vereinigten Staaten, haben inzwischen ebenfalls Bezahlsysteme aufgebaut, hinter denen auch hier soziale Scoring-Modelle liegen. Und auch im Westen ist die Speicherung privater Internethistorien bisher nicht eindeutig verboten.

Erst die Digitalkonzerne haben dem chinesischen Staat die schnelle Umsetzung seines sozialen Punktekontosystems ermöglicht. Auffällig war, dass die politische Führung Chinas den Zugriff auf ihre Riege von Digitalunternehmern in den letzten zwei Jahren Zug um Zug deutlich enger gestaltet hat. Waren die Manager von Alibaba bis vor zwei Jahren im Westen noch relativ frei unterwegs, traten auf westlichen Konferenzen auf, gaben Interviews und hielten Reden in englischer Sprache, so ist das inzwischen nicht mehr der Fall. Der Chef-Datenanalyst von Alibaba Min Wanli trat bis 2019 regelmäßig bei Konferenzen in den USA und Europa auf. Nachdem er erst 2017 die Verantwortung für ein neues Produkt namens »City Brain« übernahm, hat er Alibaba im Sommer 2019 verlassen, um sich wieder mehr der »klassischen Industrie« zuzuwenden, wie er sagt. Sein Abgang bei Alibaba kam ähnlich überraschend wie der von Jack Ma, dem schwerreichen und für seine freimütigen Reden weltbekannten CEO von Alibaba. Ma hatte das Unternehmen vor 20 Jahren als arbeitsloser Lehrer gegründet. Auch er hat sein eigenes Unternehmen im September 2019 mit 55 Jahren verlassen, um sich zukünftig nur noch philanthropischen Projekten zu widmen. Zuvor gab er noch bekannt, dass er seit vielen Jahren Mitglied der kommunistischen Partei Chinas ist.

Jack Mas Auftreten galt lange Zeit als Zeichen der Öffnung der chinesischen Gesellschaft und der chinesischen Industrie gegenüber dem Westen. In seinen Äußerungen schien Ma gedanklich freier, progressiver und vor allem humaner als die Manager aus dem Silicon Valley. Zwar streute auch Ma in seinen Reden die eine oder andere Kraftparole ein – berühmt ist sein Satz: »Ebay ist vielleicht ein Hai im Ozean, aber ich bin das Krokodil im Yangtze-Fluss« –, in den letzten Jahren sprach er jedoch vermehrt darüber, dass Kinder heute in Musik, Philosophie oder Kunst unterrichtet werden sollten statt in Informatik. Es schien ihm wahrhaftig etwas auszumachen, wie sich Kinder im digitalen Zeitalter entwickeln. Er sprach von Kindern als freien Menschen, denen man das Denken, die Selbstäußerung und die Empathie beibringen müsse.

Man kann diese beiden Managerabgänge als Einknicken vor der staatlichen Gedankenpolizei Chinas sehen, sie sind aber auch als Abkehr von der inhaltlichen Leere der Digitalwirtschaft zu begreifen. So ist es für mich jedenfalls auch aus mancher Äußerung Min Wanlis herauszulesen.

Peking ist nach Schanghai die zweite chinesische Supermetropole, in der das neue Kreditpunktesystem gerade für die 22 Millionen Bürger der Stadt offiziell an den Start gegangen ist. Welches Verhalten für die Pekinger Polizei als aufrichtig gilt, werden sie in den nächsten Jahren über die in der Stadt aufgebauten smarten Auskunftstelefonsäulen und eine Masse von im öffentlichen Raum installierten Kameras mit Gesichts- und Bewegungserkennung lernen. Fest steht in jedem Fall: Die entscheidende Rolle auf dem Weg zur sozialen Überwachung wird das Smartphone spielen.

Schon während der Corona-Epidemie spielten die mit dem Staatsapparat eng vernetzten Smartphone-Daten in China eine entscheidende Rolle. »Epidemien werden in China nicht nur durch Virologen, sondern vor allem durch Informatiker und Big-Data-Spezialisten bekämpft«,[12] sagt Byung-Chul Han, deutscher Philosoph koreanischer Abstammung. Die gesamte digitale Überwachungsinfrastruktur habe sich als hochwirksam im Kampf gegen die Epidemie erwiesen. Wenn jemand den Pekinger Bahnhof verlassen habe, sei er automatisch von einer Kamera erfasst worden, die seine Körpertemperatur gemessen habe. Bei auffälligen Werten seien die Personen, die im gleichen Wagen mit ihm saßen, automatisch per Handy informiert worden. Das System wisse natürlich, wer wo im Zug sitzt, erklärt Han.[13]

Laut staatlichen Berichten gehen 96 Prozent der Chinesen ausschließlich mobil, also über ihr Smartphone, ins Internet. Jedes Detail ihres Verhaltens wird über die im öffentlichen Raum angebrachten Kameras und über ihr Smartphone einer staatlichen Prüfung unterzogen. In Zukunft sollen auch Gesundheitsdaten,

Körpertemperatur, Gewicht oder Blutzuckerwerte vom Staat über Fernüberwachung kontrolliert werden. Jeder Bürger wird rasch darauf hingewiesen werden, wenn dem Staat etwas an seiner gesundheitlichen Eigenvorsorge missfällt. In dieser Hinsicht ist jeder Punktabzug auf dem Sozialkonto wie ein kleiner Stupser in Richtung des »richtigen«, staatlich erwünschten Verhaltens. Und irgendwann, nach vielen Stupsern, werden die Bürger immer weniger »Fehler« machen.

Einer der erfolgreichsten Schüler Daniel Kahnemans ist der amerikanische Ökonom Richard Thaler. Er entwickelte in den neunziger Jahren ganz im Sinn Kahnemans eine Art »Korrektursystem« für die schlechten Entscheidungen der Menschen. Thaler nennt seinen Ansatz »Nudging«, was man wörtlich mit »Anstupsen« übersetzen kann. Thaler hat Bücher darüber geschrieben, wie man Menschen – für sie selbst praktisch unbemerkt – zu besseren Sparern, Abnehmern, Sportlern, Organspendern et cetera machen kann, ihnen sogar zu besserem Umweltverhalten und zu besseren Eheschließungen verhelfen kann. Sein bekanntestes Buch *Nudge* trägt den Untertitel *Wie man kluge Entscheidungen anstößt*. Vor allem schwerwiegende Entscheidungen wie eine Studienwahl, die Rentenvorsorge, die früh eingeübte körperliche Bewegung, die »richtige« Eheschließung seien eminent verbesserungsbedürftig, weil sie – einmal falsch entschieden – für den Menschen fatal und nicht mehr korrigierbar seien, meint Richard Thaler.

Thaler bekam für seine Forschung im Jahr 2017 den Wirtschaftsnobelpreis verliehen. Schon in den Jahren zuvor hatten die Administrationen von Barack Obama und David Cameron mit Thalers Nudging-Ansatz gearbeitet. So bereitwillig und rasch ließen sie sich auf diesen Ansatz ein, dass es den Eindruck machte, als sei ein lang ersehntes neues Stilmittel für die Politik damit erfunden worden. Und schien es nicht auf den ersten Blick sogar sinnvoll? Ein kleiner Anstupser in die richtige Richtung kostet einen Politiker weniger Wählerstimmen als ein Verbot – und hat dennoch eine genauso durchschlagende Wirkung. In den amerikanischen und britischen Regierungen wurden seither sogenannte »Nudge-Teams« aufgebaut, um Bürger in die »richtige« Richtung zu schubsen, ohne dabei das unangenehme Ordnungsrecht anzuwenden. Auch bei seiner ersten gescheiterten Strategie zur Bekämpfung der Corona-Pandemie in Großbritannien, die eine ungesteuerte Durchseuchung der Gesellschaft vorsah und später aufgegeben wurde, ließ sich Boris Johnson von einem Nudge-Team beraten.

Für eine Mitteleuropäerin, die freiheitlich-demokratisch erzogen wurde, gleicht der Nudge-Ansatz einer gefährlichen paternalistischen Art von Führung. Wie Gerd Gigerenzer oft betont hat, steckt hinter dem Nudging ein »pessimistisches Menschenbild, nachdem Menschen eher hilflos sind und der Staat (oder eine Firma) sie lenken muss, etwa so wie man eine Herde von Schafen lenkt«.[14] Das gesamte chinesische Sozialpunktesystem beruht in seiner Ausführung auf diesem verhaltensökonomischen Ansatz von Richard Thaler, der auch in Europa zunehmend Anhänger findet.

Thalers bekanntestes und frühestes Nudging-Experiment ist höchst banal und auch ein bisschen peinlich. Es handelte sich dabei um die Umerziehung von pinkelnden Männern durch eine nahe dem Ausguss aufgeklebte Fliege in den Urinalen am Amsterdamer Flughafen Schiphol. Nachdem die Fliegen in die Becken hineingeklebt waren, gingen 80 Prozent weniger Spritzer der pinkelnden Männer daneben, der Putzaufwand wurde geringer. Weitere einfache Nudging-Beispiele sind die Platzierungen gesunder Speisen im Vordergrund von Kantinenauslagen, die Kombination einer Steuererklärung mit der Abgabe einer Erklärung zur Organspende oder die Voreinstellung der von Firmen erwünschten Optionen auf dem Computer oder dem Smartphone. Auf den ersten Blick erscheint ein solcher Stupser banal und harmlos – aber Nudges sind ein sehr wirkungsvolles und praktisch unbemerkt einzusetzendes Führungs- oder Gängelungsinstrument. Für die Politik verhindern Nudges die Auseinandersetzung mit Argumenten, sie bewahren vor konfliktreichen Diskussionen, sie beeinflussen Entscheidungen, ganz ohne Vorschriften zu machen.

Allem erfolgreichen Nudging ist ein Element der Täuschung inhärent. Richard Thaler weist darauf hin, dass Nudging nicht »heimlich« unternommen werden sollte, allerdings verkennt er, dass es tatsächlich überhaupt nur mittels Täuschung funktioniert. Wenn ich weiß, weswegen die Fliege im Urinal platziert wurde, gehe ich weniger gerne auf den Wink mit dem Zaunpfahl ein. Wenn ich weiß, warum der Pudding unten im Regal platziert ist, werde ich ihn trotzdem finden und wahrscheinlich gerade deshalb vorziehen. Nur wenn Nudging unentdeckt bleibt oder mit Bestrafung verbunden ist, wie in China, »gehorche« ich dem Stupser. Insoweit ist Nudging ein unehrlicher, ein zutiefst patriarchalischer und ein potenziell die menschliche Entwicklung und Entscheidungsfreiheit unterminierender Ansatz.

Der deutsche Wirtschaftswissenschaftler Jan Schnellenbach hat Nudging als »erfolgreiche Manipulation« bezeichnet, die eigentlich keine Zustimmung zu etwas bedeutet und die anstelle von Überzeugungskraft und rationalen Argumenten verwendet wird.[15] In diesem Sinn kann Nudging der Massenmanipulation und der Unselbstständigkeit Tür und Tor öffnen. Für Staaten, die von klar kommunizierten Konzepten und transparenten Maßnahmen aus Gründen ihrer autoritären Ausrichtung Abstand nehmen, aber auch für alle Politiker, die vom Gebrauch des Ordnungsrechts aus Beliebtheitsgründen zurückschrecken, mag Nudging ein prädestiniertes Hilfsmittel sein. Aus Sicht eines Staatsbürgers in einer gesunden Demokratie steht dieses Instrument der Verhaltenspsychologie für einen schwachen Staat, der sich nicht mehr traut, seinen Bürgern die Wahrheit zu sagen.

Nicht nur in Chinas Sozialpunktesystem, sondern auch in den algorithmischen Systemen, so wie sie alle Digitalkonzerne seit Jahren aufgebaut haben, spielt das Nudging eine zentrale und entscheidende Rolle. Aus meiner Sicht eröffnen sich hier die Abgründe einer digitalen Wirtschaft, so wie wir sie bisher ganz frei haben gewähren lassen.

## Hypernudging

Die Behauptung, kaum jemand kenne die Datenschutzregeln seines Smartphones, ist sicher nicht sehr originell. Jeder weiß, dass das stimmt. Karen Yeung, eine Juraprofessorin am Kings College in London, hat sich damit tiefer beschäftigt. Sie sagt, dass für die sorgfältige Kenntnisnahme von Datenschutzregeln der durchschnittlich auf Smartphones genutzten Dienste 244 Lektürestunden pro Jahr erforderlich sind.[16] Wenn ein Wachtag 16 Stunden hat, ist das eine Lesezeit von 15 Tagen am Stück. Da sich Datenschutzbestimmungen bei jedem Update eines Smartphones grundlegend verändern können, kämen sicherlich noch ein paar Lesetage dazu. Und wie sollte man entscheiden, wenn man nach Tagen voller Lesezeit Zweifel daran hätte, die Datenschutzregeln mit einem »Ok« zu versehen? Ein »Nein« hätte schließlich zur Konsequenz, nicht mehr alle oder keine Dienste auf seinem Smartphone aufrufen zu können. Karen Yeung sagt, dass Big Data dem Menschen so nahekommt, wie keine andere Person und keine andere Maschine dies bisher jemals geschafft hat. Man bilde sich immer noch ein, man habe die Freiheit, Datenspuren, die man hinterlässt, löschen zu können oder ihre Nutzung einzuschränken – doch diese Freiheit hätten wir mit der Benutzung eines Smartphones aufgegeben.

Es fällt leicht, sich vom chinesischen Sozialpunktesystem zu distanzieren. Es liegt auf der Hand, dieses System als totale digitale Diktatur zu bezeichnen. Aber wie weit sind Smartphone-Nutzer im Westen von so etwas wie einer digitalen Apparatediktatur noch entfernt?

Als ich Ende der achtziger Jahre bei Sony arbeitete, fanden wir über Befragungen heraus, dass Menschen sich kein Telefon wünschten, welches gleichzeitig den Fahrplan der Deutschen Bundesbahn aufsagen, und auch kein CD-Abspielgerät, das gleichzeitig den Fernseher in Bewegung setzen konnte. Solche Geräte galten als verdächtig: weil ein Gerät, das mehrere Dinge gleichzeitig beherrschte, vielleicht irgendwann auch Befehle geben würde, die man nicht wollte, und weil sich diese Funktionen ausweiten und verselbstständigen konnten. Sony hatte damals gar nicht vor, Dinge mit den Geräten zu tun, über die die Nutzer nicht Bescheid wussten. Der Einsatz von Digitalisierung oder Algorithmen im heutigen Maßstab war noch gar nicht möglich, dafür waren die Speicherfähigkeiten von Computern noch lange nicht ausreichend. Marktforscher erzählten uns damals, dass die Menschen Ängste vor Multi-Use-Geräten hätten, weil ein allgemeines Technikmisstrauen herrsche, vor allem in Europa. Ich weiß ehrlich gesagt nicht, ob es wirklich daran lag. Ich hatte eher den Eindruck, dass man eine gewisse Reinrassigkeit von Gerätschaften bevorzugte, weil man sie dann für technisch besser hielt. Jedenfalls war Multi-Use damals noch überhaupt keine begehrenswerte Eigenschaft, die man an Geräten gemocht hätte. Dies hat sich offensichtlich deutlich geändert: Die Skepsis gegenüber Multi-Use-Funktionen ist vollkommen verschwunden.

Das moderne zentrale Multi-Use-Gerät ist unser Smartphone. Wir tragen es ganz nah am Körper, 18 bis 24 Stunden lang, die meiste Zeit des Tages etwa so nah wie einen Herzschrittmacher. Smartphones sichern und speichern bei dieser 24-Stunden-Begleitung die gesamten Bewegungs- und Datenspuren ihrer Nutzer. Der Unterschied zur digitalen Diktatur des Ostens ist, so wird uns erklärt, dass man gefragt wird, ob Cookies gesetzt oder Datenentnahmen von unserem Gerät vorgenommen werden können. Dies ist die allgemeine Rechtsprechung, und dies legt in Deutschland die Datenschutzgrundverordnung fest. Durch die

Verneinung bei der Abfrage nach dem Setzen von Cookies soll ich mich schützen gegen den Missbrauch meiner Daten, so die Meinung der Mehrheit der Juristen. Die eherne rechtliche Basis allen digitalen Verkehrs ist die sogenannte »Einwilligung nach erfolgter Aufklärung«. Sie wird mir inzwischen von jedem digitalen Dienstleister und jeder Online-Zeitung beim Öffnen von Webseiten oder Apps sofort abverlangt. Und niemand, den ich kenne, liest sich durch, was er dann freigibt.

Zunächst einmal ist festzuhalten: Man wird nach dieser Einwilligung typischerweise immer dann gefragt, wenn man gerade begonnen hat, in die aufgerufene Webseite hineinzulesen. Das ist schon einmal ein bisschen gemein. Meist stimmen die Menschen danach schnell zu, denn sie wollen ja ins Internet, sie wollen den Dienst haben, und diese unangenehme Störung, die sie gerade innerlich und äußerlich davon abhält, weiterzulesen oder zu -schauen, soll möglichst schnell wieder verschwinden. Deshalb klicke auch ich bei der aufscheinenden Einverständniserklärung sofort auf »Ok« oder setze einen Haken.

Was passiert jedoch mit meinen Daten, sobald der Computer bei diesem »Ok« angelangt ist? Eine Studie der Universität Berkeley hat bereits 2011 herausgestellt, dass die Daten der meistgenutzten Webseiten nach dem »Ok« sofort an sechshundert verschiedene Server weitervermittelt, sprich weiterverkauft wurden. Spitzenreiter unter den Datensammlern und -verteilern war die Firma Google. 97 Prozent der populären Webseiten setzten Google-Cookies.[17] Die Dinge, die mit meinen Daten nach dem »Ok« passieren, haben sich inzwischen ausgeweitet, vor allem seit Big Data eine Vielzahl neuer Geschäfte verheißt.

Big Data heißt wörtlich übersetzt »großer Datenschatz«. Der Begriff wird allerdings viel weitgehender verstanden: Wahlweise wird er für unstrukturierte Massendaten benutzt, also ungeordnete, aus den verschiedensten Quellen verfügbar gemachte Daten, oder für eine Technologie zum Sammeln und Verarbeiten dieser Daten. Dabei ist Big Data beides, und zwar in einer sinnfälligen Abfolge: erstens die systematische Ordnung massiver Datenmengen aus den unterschiedlichsten Quellen in kürzester Zeit mithilfe einer neuen Technologie und zweitens die Bildung von Mustern und Korrelationen aus diesen Daten mithilfe eines neuen Prozesses.[18] Die Big-Data-Technologie besteht aus einer Hardware, die in der Lage ist, enorm schnell riesige Datenmengen zu durchsuchen, zu sortieren und systematisch abzufragen. Der neue Prozess besteht aus einer analytischen Software, die mithilfe von lernenden Algorithmen Muster und Korrelationen in Massendaten in hochaggregiertes abrufbares Wissen verwandeln kann.[19] Es ist, als würde ich Tausende Bibliotheksbestände der Welt in Sekundenschnelle lesen, verschlagworten und in Muster verwandeln können sowie deren Inhalte in eine logische Korrelation zueinander stellen und sie aus den verschiedensten Richtungen ansteuerbar und abrufbar machen.

Haben Sie schon einmal erlebt, dass sich ein Kollege aus der IT-Abteilung auf Ihren Computer »aufgeschaltet« hat? Das geschieht gewöhnlich, wenn Sie ein Problem mit der Software haben, der Computer sich aufgehängt hat, eine Datei verloren gegangen ist oder sich etwas nicht mehr richtig aufrufen lässt. Kennen Sie das Gefühl, das sich einstellt, wenn der Kollege, der sich aufgeschaltet hat, plötzlich von der Ferne, aus irgendeinem anderen Gebäude in der Stadt wie von Geisterhand Ihren Cursor bewegt? Können Sie sich noch daran erinnern, wie Sie zunächst einen kleinen Schreck bekommen haben, als Ihnen das zum ersten Mal passiert ist? Meist hatten Sie den Kollegen aus der IT-Abteilung gleichzeitig am Telefon, während er sich aufschaltete, und er wusste, dass dieser Moment für Sie unangenehm ist. Er sagte dann ungefähr: »Ich bewege Ihren Cursor jetzt ein bisschen, machen Sie sich bitte keine Sorgen, ich erkläre Ihnen genau, was wir jetzt gemeinsam tun.« Das, was Ihr Kollege von der IT tut, indem er sich bei Ihnen aufschaltet und Ihren Cursor führt, ist in etwa der Effekt, der entsteht, seit es Big Data gibt – nur ohne den netten Kollegen von der IT. Das Bild mit dem aufgeschalteten Kollegen ist grundsätzlich richtig, aber nicht ganz. Denn was der Kollege aus der IT mit Ihrem Computer macht, wenn er sich aufschaltet, ist im Grunde Steinzeit im Vergleich zu dem, was heute vor sich geht, sobald wir ein Fenster im Internet anklicken und dort entweder Google befragen, etwas bei Amazon bestellen oder *Spiegel online* lesen. Im Prinzip liegt zwar ein ähnlicher Mechanismus beziehungsweise eine ähnliche Wirkung zugrunde. Aber zunächst ist derjenige, der sich heute aufschaltet, kein Mensch, sondern ein von Menschen trainierter oder selbst lernender Algorithmus, der völlig automatisiert, also wie ein Roboter, handelt. Bei jeder Öffnung einer Webseite öffnen wir ihm die Tür, und er kommt herein.

Ein großer Unterschied zum Kollegen aus der IT ist, dass dieser Algorithmus, dem wir gerade die Tür zu unserem Verhalten geöffnet haben, ein anderes Interesse an uns hat als unser IT- Kollege. Er will uns nicht helfen, irgendeinen Job erledigt zu bekommen, sondern er ist auf ein rein kommerzielles Interesse hintrainiert: Er will ein Geschäft mit uns oder besser gesagt aus uns machen, und zwar ohne dass er uns dazu noch groß befragt. Hierfür muss er erst einmal erfahren, wer wir sind und in welcher Stimmung wir uns gerade befinden. Man könnte auch sagen, er muss uns ziemlich genau ausspionieren, damit er überhaupt kommerziell mit uns agieren kann. Das setzt wiederum voraus, dass er in etwa das Interesse eines Privatdetektivs an unserem Leben hat. Er beobachtet uns genau, auf Schritt und Tritt, und er versucht vor allem, an unsere Vorlieben und Wünsche heranzukommen.

Was tun wir eigentlich, wenn wir im Internet sind? Wäre das Internet ein Haus, dann würden wir den Fremden genau anschauen lassen, wie wir uns in diesem Haus bewegen. Wir würden von Zimmer zu Zimmer gehen, die Türen in diesem Haus weit aufstehen lassen, damit der Fremde genau sehen kann, was wir darin tun. Er könnte nicht nur sehen, in welches Zimmer wir gehen, und daraus schließen, ob und wie viele Kinder wir haben, er könnte sehen, welche Kleidung uns interessiert, ob wir auf der Suche nach einem Geschenk für einen Freund sind, ob wir am Kochen interessiert sind, was wir wem weiterverlinken, welchen Wein wir gerne trinken, welchem Hobby wir nachgehen, was wir lesen, mit wem wir uns unterhalten. Würden wir uns im Haus zum Beispiel ein Buch oder eine Zeitschrift anschauen, könnten wir dem Fremdem mithilfe der Position unseres Cursors zeigen, was ganz genau wir darin lesen, woran wir in dem Buch das meiste Interesse haben und wie viel Zeit wir auf welcher Seite oder bei welchem Bild verbringen. Er könnte daran mit der Zeit erkennen, wie alt wir sind, welche Partei wir wählen, welchen Familienstand wir haben, wer unsere Freunde sind, zu wem wir nähere oder erotische Beziehungen pflegen, was unsere Hobbys sind und so weiter und so fort.

Zu unseren wesentlichen Reaktionen im Internet gehören die Bewegungen unseres Cursors. Sie sind gleichzeitig die ausdrucksstärksten Übermittlungen an unseren spionierenden »Freund«. Mit der Unterstützung unseres Cursors bekäme unser Spion ganz genau mit, was uns langweilt, an welcher Stelle wir schnell weiterspringen, wo wir verweilen und auch an welchen Stellen wir kreativ werden, wo unser Gehirn plötzlich assoziiert und auf einmal ganz andere als die erwarteten Schritte im Haus tut. Zum Beispiel könnten wir mitten beim Zeitunglesen plötzlich in eine Weinanzeige und ein Weinregal abtauchen. Unseren Mitseher interessierte das alles ganz besonders, ganz egal ob wir uns bestimmte Weinetikette besonders intensiv anschauen, das Preisschild einer bestimmten Flasche hochzoomen oder in einem Weinlexikon schmökern. Jedes kleinste Abschweifen, die genaue Anzahl von Sekunden, mit der wir uns etwas anschauen, ob wir etwas weiterleiten und vor allem auch was wir in den Papierkorb befördern, einfach alles wäre für unseren Detektiv sehr interessant.

Der freundliche Spion wäre darüber hinaus in der Lage, das, was wir ihm gerade zeigen, zu speichern und mit allen anderen Daten, die er von uns schon früher aufgesammelt hatte, zu kombinieren: etwa mit den Weinbestellungen, die wir seit 10 Jahren per E-Mail getätigt haben, mit unseren sonstigen E-Mails, mit Einladungen, die wir versendet oder empfangen haben, unseren Facebook-Postings, unseren WhatsApp-Nachrichten, unserem Xing-Profil, unseren Fotoalben oder unseren medizinischen Bulletins. Nur dass das hier nicht vergessen wird: Dieser algorithmische »Freund« könnte in Sekundenschnelle auch alle unsere Online-Tagebücher, Kalender, Korrespondenzen, Online-Einkaufslisten et cetera durchlesen und das alles mit dem abgleichen, was wir uns gerade anschauen. Vielleicht würde er uns in einem bestimmten Augenblick ein besonderes Angebot eines unserer Lieblingsweine von vor fünf Jahren neben den Cursor stellen oder einen Ausflug mit Verkostung ins Burgund anbieten. Unser Spion sähe in diesem Augenblick viel mehr, als wir selbst sehen. Er wüsste zum Beispiel, dass wir lange keinen Wein mehr aus dem Burgund gekauft hätten. Und er sähe, dass wir uns früher einmal Bilder von den Weingütern dort angeschaut hätten, deren Weine uns dann aber anscheinend zu teuer waren. Dazu könnte er uns jetzt sofort ein Sonderangebot anbieten. Sofern wir den Ortungsdienst von Google Maps eingeschaltet hätten, wüsste er auch genau, wo wir uns gerade befinden. Er könnte ausrechnen, wie lange die Fahrt ins Burgund für uns dauern würde, und uns daraufhin ein Verkostungswochenende auf dem Weg in einem bestimmten Weingut anbieten, das wir uns ebenfalls schon einmal angeschaut haben.

Das klingt erst einmal nicht unangenehm, aber ein kleiner Trick fehlt noch in diesem Bild. Wir merken es nicht, wir sind ein wenig optisch getäuscht, weil wir meinen, unseren Cursor vollkommen unter der eigenen Kontrolle zu haben, während wir so durch die Weinregale surfen. In Wirklichkeit ist es aber nicht so, dass wir dem Detektiv jeden Winkel unseres Hausbesuchs zeigen, sondern er hat längst selbst die Führung übernommen und zeigt uns, was für unseren eigenen Haushalt ergänzt, was aufgefüllt, repariert oder neu angeschafft werden könnte. Für alle diese »Manöver« wendet er eine Kombination aus dem an, was er selbst – im Auftrag seines »Chefs« – gerade verkaufen muss, und er kombiniert diesen Auftrag mit dem Wissen, das er über unsere Schwächen angesammelt hat. Je mehr Feedback wir ihm durch unser Verhalten im Internethaus geben, desto mehr weiß er über unsere Schwächen und umso mehr wird er zum Lotsen unserer Entscheidung. Mit dem, was wir selbst wollen, hat das immer weniger zu tun. Karen Yeung nennt die Funktion, die hier vom Algorithmus übernommen wird, den Aufbau einer »Entscheidungsarchitektur«.[20]

Aber wieso übernimmt unser Privatdetektiv eigentlich die Führung? Und warum lassen wir uns von ihm so bereitwillig das Steuer aus der Hand nehmen? Unsere Freigabe der Steuerung hat mit der Ausnutzung unserer kognitiven Schwächen zu tun, die Daniel Kahneman so prägnant herausgearbeitet hat. Erinnern wir uns an das Beispiel des Ankereffekts mit der Wortvervollständigung von »S..p« als »Soup« oder »Soap«: Dabei spielen die bekannten Nudges eine eminent wichtige Rolle. Nach dem Bild eines Suppentellers ergänzen wir »Soup«, nach dem Bild des Waschbeckens ergänzen wir »Soap«.

Nach Karen Yeung, die sich intensiv mit den neuesten entscheidungsleitenden Techniken des Internets beschäftigt hat, arbeiten die Digitalkonzerne heute permanent mit einer rasanten Folge von Nudges. Über den Einsatz von dynamischen Nudges sind die lernenden Algorithmen heute in der Lage, die Entscheidungen eines Menschen präzise in eine vorhersehbare Richtung zu steuern. Die Fortschritte in der Präzision dieser Steuerung sind vor allem deshalb möglich, weil der Nutzer eines digitalen Geräts dem Algorithmus ständig unbewusst Feedback gibt. Diesen Effekt können wir uns ungefähr so vorstellen wie eine Autofahrt mit eingeschaltetem Navigationsgerät.

Stellen Sie sich vor, Sie fahren quer durch Ihre Großstadt, Sie wollen zu einer Abendverabredung. Es geht um das Abendessen bei Freunden, und Sie schalten lieber das Navigationsgerät ein, weil diese Freunde gerade an den Stadtrand umgezogen sind und Sie den Weg dorthin noch nicht kennen. Auf der Fahrt geraten Sie in einen Stau. Sie sehen diesen auf Ihrem Navi-Bildschirm, und Ihnen fällt eine zeitsparende Umfahrung der Staustelle ein, die Sie sofort einschlagen. Ein paar Sekunden später bemerken Sie, wie der Computer in Ihrem Navigationsgerät Ihren Umfahrungsvorschlag aufgenommen hat. Er führt Sie jetzt auf einem anderen Weg zu Ihren Freunden. Dieses Spiel können Sie vielfach mit Ihrem Navi spielen, immer wieder wird Sie das Navigationsgerät auf den Weg zur zuerst eingegebenen Adresse zurückführen.[21] Manchmal lässt das Navi Sie auch mit einem U-Turn umkehren, weil es meint, dass Sie Gefahr laufen, Ihr Ziel zu vergessen.

Der Navigationscomputer in Ihrem Auto ist wie der algorithmische Entscheidungsarchitekt, der Ihnen an die Seite gestellt wird, sobald Sie ein Fenster im Internet öffnen: Sobald Sie über die Schwelle in das Internet eingetreten sind, befinden Sie sich in einem geschlossenen Steuerungssystem mit eingebautem Zwang, zu einem Ziel zu kommen, ganz genau wie bei Ihrem Navigationsgerät im Auto.[22] Sie können das Gerät nur ausschalten, sonst wird es sich immer wieder in Ihre Wegstrecke einschalten. Sollten Sie früher, also vor Erreichung Ihres Ziels, einmal anhalten und sich irgendwo einen Kaffee kaufen, wird das Navi Sie sofort nach dem Wiedereinstieg erneut an Ihr Ziel erinnern. Egal wie oft Sie Ihrem Entscheidungsarchitekten »entwischen«, er wird Sie immer wieder zu einem von seinen Geldgebern vorgesehenen Ziel führen. Der Entscheidungsarchitekt ist dabei entweder ein anderer Algorithmus oder der Digitalkonzern selbst, der seine Algorithmen so programmiert hat, dass sie jeden Nutzer in Richtung eines Dienstes oder eines Produktes ziehen, mit dem er Geld verdient. Er tut dies mithilfe von Nudges.

Die Cyberjuristin Yeung bezeichnet einen solchen dynamischen Gebrauch von Nudges als »Hypernudging«. Zum Verständnis des Unterschieds: Erinnern Sie sich an die Fliege im Urinal? Das war ein einfacher statischer Nudge: Er ließ sich – einmal gesetzt – nicht mehr verändern. Mithilfe der Verarbeitungsmöglichkeiten von Big Data können einem Nutzer auf dem Weg durch das Internet und seinen konstanten Feedbacks, die er auf diesem Weg gibt, ständig nach seinen Wünschen überarbeitete Nudges verabreicht werden. Bei langen Fahrten ist es im übertragenen Sinne der Hinweis auf eine Tankstelle mit Illy-Kaffee-Station oder einer McDonald's-Filiale. Bei einer Suche im Internet ist es der Hinweis auf ein Partnerportal, auf ein Sonderangebot für Daunendecken oder das Aufscheinen der Bestellanforderung von Druckertinte, wenn der Drucker leer ist. Bei den ersten Malen, wenn einem so etwas angeboten wird, hat man noch das Gefühl der Beobachtung, der Geister, die einen umgeben, doch dieser Effekt nutzt sich schnell ab. Man gewöhnt sich daran und sieht nichts mehr Bemerkenswertes in dieser Verhaltenssteuerung.

Hypernudging ist nach Karen Yeung eine besonders starke und potente Form des Anstupsens.[23] Auf der Basis von Big-Data wird der Nudge mithilfe der Algorithmen dynamisiert, er kann sich automatisch und in Windeseile perfekt auf den Nutzer einstellen und ihn »sicher« und maximal verhaltenssteuernd ins Konsumziel bringen. Mithilfe von Big Data wird aus der gesamten zur Verfügung stehenden Datenmasse ein einziger, ständiger, extrem verhaltenssteuernder Nudge, der sich kontinuierlich an generierte Nutzerdaten anpasst und zur maximalen kommerziellen Ernte der »Big-Data-Barone« führt. Bei all diesen Vorgängen hat der Nutzer immer noch den Eindruck, er würde selbst entscheiden. Kern des verhaltensändernden Algorithmus sind das ständige Feedback, das ein Nutzer im Netz gibt, und die dynamische Algorithmusfunktion, die daraufhin die Verhaltensmuster erkennt und im Sinn der Geldvermehrung für die Digitalbarone, wie Young sie nennt, immer besser leiten kann. Was ist nun das Beunruhigende und Gefährliche am Hypernudging? Zunächst einmal haben wir es mit dem Aufbau eines Täuschungsraums zu tun, der in dieser umfassenden Form noch nie zuvor existiert hat. Rationalität im Sinn von offener und rationaler Entscheidungssuche eines Nutzers im Netz wird bei jedem Schritt planvoll umgangen. Das Mittel der Nudges ist sehr einfach, aber die Täuschung ist »in der Formung und gleichzeitigen Personalisierung des Informations- und Entscheidungsraumes«[24] sehr anspruchsvoll und vor allem sehr potent. Dagegen einzuwenden ist, dass jeder bei der Nutzung einer Online-Dienstleistung erwartet und darauf auch das Recht hat, nicht getäuscht zu werden. Man kann es auch schärfer ausdrücken: Die Manipulation der Digitalkonzerne durch Hypernudges verletzt Transparenzrechte sowie das Recht auf Informationsfreiheit. Sie untergräbt die freie Information und die rationale Urteilsfindung einer Person und missachtet massiv und planvoll die Entscheidungsautonomie aller Nutzer des Internets. Welche intensive Art der Wahlbeeinflussung mit diesen potenten Nudges möglich geworden ist, liegt auf der Hand.

Es ist offensichtlich, dass der herkömmliche, auf dem Modell des Selbstmanagements privater Informationsfreiheit beruhende Datenschutz zu kurz greift. Einem Individuum abzuverlangen, Hunderte privater Online-Service-Provider und deren Datenschutzerklärungen im Blick zu behalten, ist unmöglich, wie es auch eine viel zu große Last für jeden Einzelnen ist, sich in jedem Fall ein privates Urteil über die Risiken und Gefahren durch ungeschützte Daten bilden zu müssen. Sich vorzustellen, wie diese Gefahren und die Anforderungen an die Risikoeinschätzung mit dem vielzitierten Internet of Things noch zunehmen werden, macht den Handlungsdruck noch deutlicher. Der Datenschutz muss auf eine ganz andere rechtliche Ebene gehoben werden und darf sich nicht mehr im Selbstmanagement einfachster Einwilligungserklärungen erschöpfen. Damit ist gleichzeitig ein weiterer rechtlicher Aspekt zu behandeln und auszuräumen. So wie die Hypernudges jetzt angewendet werden, ist im Grunde rechtlich gar nicht mehr auseinanderzuhalten, wer bei einem Kauf entschieden hat – der Nutzer oder der Algorithmus.

Obwohl Nudges im politischen Bereich als Instrumente der »Soft Power« eingeordnet werden, erreichen sie in der beschriebenen Anwendung im Online-Bereich eine enorme Macht in der Verhaltenssteuerung. Dies geschieht vor allem dadurch, dass die Erkenntnis aus einer einzigen Feedbackschleife mit einem einzigen Nutzer direkt millionenfach auf andere Nutzer angewandt werden kann. Wenn ein einziger Nutzer mit einem Psoriasisproblem auf einen bestimmten Nudge hin eine bestimmte Salbe kauft, kann derselbe Nudge sofort bei Millionen anderen Psoriasispatienten ausprobiert werden und zu derselben Kaufentscheidung führen. Dies kann man sich problemlos auch bei Wahlbeeinflussungen vorstellen. Die schon bei einem einzelnen Nutzer durch die ihm intransparente Verwendung von Nudges festzustellende Machtasymmetrie zum Digitalkonzern wird damit noch um ein Vielfaches mächtiger – und eben auch um viele Größenordnungen besorgniserregender. Wenn man das Prinzip einmal erkannt hat, ist es ohne Weiteres vorstellbar, dass Digitalkonzerne jeden Tag Milliarden von Nutzerentscheidungen in praktisch jedem Bereich in eine bestimmte Richtung steuern. Kann es sein, dass wir im Westen doch nicht mehr so weit vom Sozialpunktesystem der Chinesen entfernt sind? Nein, nein, beruhigt man sich selbst: Bei uns im Westen liegt doch bisher nur eine Konsumabsicht als steuerndes Prinzip hinter den Algorithmen.

Hypernudging eröffnet eine sehr weitgehende strategische Stoßrichtung für eine neue Art der Industrie und der digitalen Geschäftsmodelle, die unbemerkt hoffähig gemacht wurden. Nach der Ausbeutung der Bodenschätze, der Böden, der Luft und des Wassers geht die Digitalwirtschaft jetzt in eine neue Phase der Kommerzialisierung natürlicher Ressourcen: Dieses Mal sind es die privatesten Äußerungen und Informationen der Menschheit sowie ihre kognitiven Schwächen, die von weltumspannenden Großkonzernen»abgeerntet und in industrielle Werte verwandelt werden«.[25]

# 7  Wegweiser

## Das Ende der Anbetung

Während meiner Recherche für dieses Buch gab es zwei Eindrücke, die ich nicht vergessen habe: die ungefilterte Arroganz, mit der Manager von Google über ihre »Smartness« sprachen, und der Eindruck eines vielleicht dreijährigen Mädchens in einem Restaurant in der Nähe von Brüssel. Die Kleine saß in ihrem Kinderstuhl, hielt ein Stück Brötchen in der Hand und blickte über eine Stunde lang körperlich reglos, mit starrer Miene auf den direkt vor ihr aufgestellten Bildschirm eines iPads. Manchmal wischte sie auch mit ihrer freien Hand auf dem Bildschirm herum, als würde sie sich damit schon auskennen. Als ihre Eltern bezahlt hatten und es zum Aufbruch ging, war sie nicht mehr zu beruhigen.

In den vergangenen 10 Jahren habe ich mich wiederholt solchen Eindrücken im Zusammenhang mit dem Digitalen ausgesetzt gesehen. Ich stand zunehmend auf der Seite derjenigen, die sie mit Befremden betrachteten. Aber es gab viel mehr Menschen, die ein Lächeln im Gesicht trugen oder sogar in Bewunderung ausbrachen, wenn ein kleines Kind imstande war, sich selbstständig ein Unterhaltungsprogramm auf dem iPad aufzurufen und über Stunden still davor zu sitzen. Viele Kapitel in diesem Band beschreiben mein Befremden über die verschiedensten Aspekte digitaler Wirtschaft und digitalen Lebens.

Alles Wissen ist partiell, und ich bin weder Wissenschaftlerin noch Zukunftsforscherin, sondern Managerin. Dennoch maße ich mir an, nach einem Jahrzehnt des Studiums digitaler Wirtschaftsmodelle eine »Gewinnwarnung für die Digitalisierung« auszusprechen: Außer für die an einer Hand abzählbaren Digitalkonzerne wird die digitale Ökonomie – so wie wir uns bisher von digitalen Technologien haben treiben lassen – für den Rest der Welt weder mit Wachstum noch mit Wohlstand verbunden sein, sondern für Verluste in mehrere Richtungen sorgen. Das soziale, das kulturelle und auch das wirtschaftliche Leben werden mit und nach den Eingriffen der digitalen Konzerne ärmer sein. Wir können und sollten uns dieser Eingriffe deutlich erwehren.

Meine Gewinnwarnung in Sachen Digitalisierung betrifft alle Sektoren, die sich schon heute in Abhängigkeit von Digitalkonzernen befinden oder für die dies vorstellbar ist. Denn die Digitalkonzerne wollen nicht ihr Bestes, sie sind nicht nett oder hilfsbereit oder besonders innovativ – es geht ihnen ausschließlich um die immer tiefere und weitgehendere Ausbeutung unseres Verhaltens. Meine Gewinnwarnung betrifft aber auch jene Berater, die uns in eine Imitation digitaler Vermittlergeschäfte hineinreden wollen und uns dazu raten, die Realwirtschaft aufzugeben. Rein digitale Geschäfte sind wenig nachhaltig, und sie sind sehr oft in verschiedenster Weise asozial. Einige Beispielen habe ich im Buch beschrieben. Drittens betrifft meine Gewinnwarnung die Digitalkonzerne selbst. Denn ihre soziale Akzeptanz schwindet langsam, und die Einhegung ihrer Freiheiten wird hoffentlich rasch fortschreiten. Diese ist jedoch notwendig aus Gründen unserer eigenen wirtschaftlichen Freiheit, unserer Unabhängigkeit, der Rettung unserer Privatsphäre und unserer Demokratie.

Die Digitalisierung hat sich bisher in drei Phasen vollzogen: die immer schnellere Übertragung und Vernetzung von Daten und die damit verbundene Prozessautomatisierung seit den siebziger Jahren, die Geburt des Internets seit den neunziger Jahren sowie die Plattformierung von Geschäften und der starke Einsatz von Algorithmen und künstlichen Intelligenzen seit der Jahrtausendwende. Die erste Welle der Automatisierung ist mittlerweile abgeschlossen, für die Industrieunternehmen gehört die Suche nach immer weiteren Automatisierungspotenzialen zum Alltag. Vor allem durch Internet und Plattformierung haben bereits im vergangenen Jahrzehnt ganze Wirtschaftsbereiche in der zweiten Welle der Automatisierung massive Veränderungen erlebt, beispielsweise Medien, Handel oder das Finanzwesen. Diese zweite Welle ist in ihrer Wirkung destruktiver als die erste, und sie setzt stärker auf Algorithmen und KI. Besonders stark greift sie im Dienstleistungssektor an. Eng verbunden mit diesen drei Phasen der Digitalisierung sind der Aufbau und das stetige Wachstum von rein digital agierenden Unternehmen.

Wir alle wissen, was uns das Internet gebracht hat. Dennoch leidet dieses auf der einen Seite so weltöffnende Internet inzwischen unter heftigen Nebenwirkungen. Die Überhandnahme von Propaganda und Hass treibt es auf den eigenen Kontrollverlust zu, auch die nächsten Wahlen beispielsweise der amerikanischen Präsidenten werden erneut durch soziale Medien und das Internet getrieben werden. Wahlbeeinflussende Aktionen in den sozialen Medien stellt heute schon niemand mehr infrage. Es spricht also leider viel dafür, dass das Internet an aufklärender Wirkung verloren hat. Hierfür ist dringend eine Lösung zu finden, damit uns das Internet erhalten bleibt. Ein Schritt in Richtung einer stärkeren Ordnung wäre damit zu erreichen, dass Plattformbetreiber für die auf ihren Kanälen veröffentlichten Inhalte in Zukunft eine redaktionelle Verantwortung übernehmen – wie dies zum Teil während der Corona-Krise 2020 glücklicherweise schon begonnen hat.

Das Internet ist freizuschaufeln von Fake News, von Verschwörungen und Verunglimpfungen und vor allem von anonymen Angriffen. Eine komplexe Welt benötigt mehr Transparenz und mehr Klarheit denn je, das Internet kann dafür als Diskursmedium eine

Rolle spielen. Wer sich auskennt, findet im Netz immer noch vieles von dem, was er sucht: wissenschaftliche Artikel, die man früher mühevoll den Katalogen der Universitätsbibliothek abgerungen habe – heute in Sekunden im Netz zu finden. Das legendäre Interview zwischen Hannah Arendt und Günter Gaus – eine Tasteneingabe reicht aus, schon sitzt man den beiden via YouTube gegenüber. Um dies zu erhalten, sind jedoch viel strengere Regeln der Veröffentlichung im Netz vonnöten. Die Klarnamenpflicht wäre dazu ein Weg.

Die großen Plattformkonzerne Google, Facebook und Amazon versuchen, neben ihren Werbegeschäften immer mehr analoge Leistungen aufzusaugen, und ihnen ist über die mobilen Smartphones ein weitgehender Einfluss auf das Leben aller Menschen zugefallen. Ihre Entwicklung wird weitergehen, und sie haben mittlerweile die Macht und die Kraft, große Teile des europäischen Dienstleistungssektors buchstäblich zum Frühstück zu verzehren. Die Plattform zum Buchverkauf wird das Einfallstor für den Allesverkauf. Die Plattform für die Suchmaschine oder das soziale Medium wird der Zugang zur gesamten Lebensorganisation. Dies betrifft sehr stark auch den analogen Sektor der Wirtschaft, der in Teilen gelähmt erscheint und immer noch unter dem Eindruck steht, es sei für eine eigene Agenda ohnehin zu spät, weil man die großen Plattformen nicht mehr einholen könne. Die Chance, Online- und Offline-Konsum zu verbinden, stellt für lebhafte Innenstädte jedoch eine große und wichtige Chance, ja Überlebensnotwendigkeit dar. Denn es gibt eine Menge an Produkten, die sich offline viel besser verkaufen als online, beispielsweise Feinkost, gutes Spielzeug, gute Bücher, guter Wein, Mode, Wäsche, Musikinstrumente, Musikkonserven, Werkzeug, Elektronik, Möbel, Autos, Schuhe, Blumen, Dekoration, Fahrräder und vieles mehr. Eigentlich ist alles, was ich sehen möchte, bevor ich es kaufe, oder was ich riechen, prüfen, ausprobieren und anfassen will, gänzlich ungeeignet für den Online-Handel.

Ebenso alle Dinge, für die ich gerne eine Beratung oder ein Serviceangebot hätte. Trotzdem schließen viele dieser Läden und Fachgeschäfte, meist weil die Mieten in den Innenstädten zu hoch geworden sind, oder einfach, weil sie schon jetzt aus Furcht vor Amazon und Co. ganz aufgeben.

Die erste Voraussetzung für eine funktionierende Verbindung zwischen Online- und Offline-Handel und auch dafür, dass die Städte nicht weiter von globalen Immobilien- und Digitalkonzernen entmachtet werden, ist, dass sich Städte etwas für ihre Gewerbemieten in ihren Haupteinkaufsstraßen und an ihren zentralen Plätzen einfallen lassen. Ein Beispiel ist eine Mietpreisgrenze, die es durchzusetzen gilt, zur Not auch Mietzuschüsse für das Gewerbe in Gebieten, die wesentlich zu einem qualitätvollen städtischen Leben beitragen. Entscheidend ist aber auch, dass der Einzelhandel intensiv an seinen Konzepten arbeitet – an seinem Personal, an der Qualität seiner Waren, an seiner Online-Verfügbarkeit und an seinem Service. Qualitätvolle Fülle statt einheitlicher und qualitätsloser Masse wäre eine Leitidee für Städte und Marktplätze, die es wiederzubeleben gilt.

Handwerkliche Meisterschaft, Kreativität, Natürlichkeit, Erhalt statt Ersatz von Dingen sind zu fördern im Gegensatz zu einer Wegwerf- und Convenience-Kultur. Dienstleistung und Service sind in Deutschland noch unterentwickelt. Das stellt aber eine Chance dar in einer Gesellschaft, die so viel Wohlstand genießt. Um am Leben zu bleiben, müssen Innenstädte wieder Marktplätze werden, nur geschieht das heute nicht mehr von selbst. Auch alle Anbieter von »Kulturprodukten« sollten sich endlich neue, moderne und vielfältigere Formate einfallen lassen, sollten an andere Orte gehen und ganz anders auftreten, damit sie ihr Publikum verjüngen und seine Vielfalt beleben.

Die Erhebung der Digitalisierung zu einer Art Ideologie, die wir uns von den Digitalkonzernen haben einreden lassen, ist ein Grund für unsere Passivität. Wer kniet und den Rosenkranz betet, denkt nicht selbst und wird nicht aktiv. Sollten wir diese Passivität beibehalten und sollte die Europäische Union die Geschäftsmodelle der Plattformierer nicht mit deutlich schärferem Datenschutz belegen, werden sie sich rasch in immer mehr Bereiche des Handels und der Dienstleistung hineinfressen. Bereits bei Amazon in Planung ist die Ausweitung in die Welt der Medizin, der Pharmazie und der Drogerie sowie der Versicherungen und der gesamten Logistik. Jeglicher Facheinzelhandel steht ohnehin unter Amazon-Bedrohung, aber auch der gesamte Veranstaltungs- und Unterhaltungsbereich ist meines Erachtens ohne Weiteres durch eine reine Online-Organisation zu ersetzen. Da der gesamte Ticketsektor eine natürliche Nähe zu digital kompetenten Anbietern hat, läuft jeder Bereich, der Erneuerungen schon lange hat vermissen lassen, Gefahr, online-technisch übernommen zu werden: Ob Hotellerie, Tourismus, Flüge, ob Konzerte oder andere Großveranstaltungen, auch Messen, Kongresse und Konferenzen gehören dazu.

Ungestört von Kartellämtern haben alle drei großen amerikanischen Digitalkonzerne immer wieder ihre eigenen Wettbewerber vom Markt gekauft und sind zu Weltmonopolen herangewachsen. Die Wiedergeburt von Monopolen durch die Digitalisierung im 21. Jahrhundert ist ein gesellschaftlicher Rückschritt und das Ergebnis fehlender regulierender Eingriffe fast überall auf der Welt. Dringend sind die neuen Monopole durch ausgeweitete Datenschutzrechte auf Seiten der Nutzer sowie durch Kartell- und Steuerrecht in ihrem Wirken und ihrer Macht einzugrenzen. Mit intensiveren Datenschutzregeln und steuerrechtlicher Verfolgung hat die EU gerade begonnen. Sie sollte darin bestärkt werden, diesen Weg weiterzugehen, ja sogar noch intensiver zu beschreiten. Gerade im Angesicht immer stärkerer Anwendungen, die durch künstliche Intelligenzen gesteuert werden, ist eine Grundrechte-Charta für digitale Zeiten neu zu erarbeiten und legislativ durchzusetzen.

Kartellrechtliche Überlegungen mit dem Ziel, global agierende Digitalkartelle stärker nach ihrer wettbewerblichen Übermacht zu vermessen, sind vorzusehen, gleichwohl noch nicht in Sicht. Ein Drohszenario, das die genannten Konzerne aus nachvollziehbaren Gründen in Angst und Schrecken versetzt, ist das sogenannte »Splinternet«, das heißt ein gesplittertes Internet, in dem beispielsweise die Google-Plattform aufgrund datenschutzrechtlicher Bedenken in verschiedenen Ländern abgeschaltet oder beschnitten würde. Das haben Manager aus ihren eigenen Reihen schon früh als stärkste Bedrohung ihres Geschäftes erkannt. Der ehemalige Google-Chef Eric Schmidt sprach von der »Balkanisierung« des Internets als seinem größten Horror. Diese Angst zeigt, wo die Schwachstelle der Plattformierer sitzt. Im Zentrum des Regelbedarfes steht die Speicherung persönlicher Daten, gegen die schon lange und unbedingt hätte Einhalt geboten werden müssen. Wenigstens muss die Aufzeichnung von Datenhistorien zeitlich stark eingeschränkt werden, und dies kann durchaus erst einmal von einem einzigen Land ausgehen. Eine Auflistung von möglichen Maßnahmen im Hinblick auf eine rechtliche und strukturelle Einhegung insbesondere der Plattformwirtschaft findet sich gegen Ende dieses Kapitels.

Neben den volkswirtschaftlichen Schäden durch die Plattformindustrie gilt es, zahlreiche empfindliche gesellschaftliche Schäden, die durch den Umgang mit Plattformen entstehen, zu bekämpfen. Die Suchtgefahr, die von Smartphones und sozialen Medien ausgeht, ist bisher nur ansatzweise erforscht, aber bereits überall erlebbar: Fast kein persönliches Gespräch kommt mehr ohne die Anwesenheit eines Handys aus. Der Mangel an Bildung, Kreativität und psychischer Widerstandskraft, das Verlernen von Gesprächen, Empathie und Verständigung, die daraus für nachfolgende Generationen erwachsen, wird noch viel zu wenig thematisiert. Wie beende ich die Macht meines Smartphones über mich? Wie komme ich aus dem ständigen Multitasking heraus?

Wie schaffe ich es, wieder komplexe Gespräche zu führen, die nicht mehr um die täglichen Newsfeeds meines Handys kreisen? Dazu wird der Staat uns kaum strukturell helfen können. Es sind Regeln untereinander zu verabreden und einzuüben – zu Hause und auch am Arbeitsplatz.

»Verwechsle nicht digitales Spielzeug mit Innovationen!«, das steht auf einem meiner Merkzettel. Innovationen versuchen, ein Problem zu lösen, Spielzeug versucht das nicht. Ohne Zweifel ist ein neuer Impfstoff eine Innovation. Eine neue Handykamera war vielleicht einmal eine Innovation – zu dem Zeitpunkt, als sie erstmals erschien. Die Satzvervollständigung von Google Mail ist für viele eine übergriffige Handreichung und sicher weit entfernt von einer Innovation. Technisches Spielzeug lässt sich oft von Technik leiten oder von Design, nicht unbedingt von wesentlichen Problemen dieser Welt. Gerade weil kein einziger Mangelzustand je von einem Digitalkonzern angepackt wurde, kann dies als Chance betrachtet werden. Für europäische Forschung und Wirtschaft liegt vielleicht auch eine kulturelle Begabung darin, sich konsequenter den Mangelzuständen und wirklichen Menschheitsproblemen zuzuwenden. Dafür werden jedoch nicht nur technologische Innovationen gebraucht, sondern auch andere Wirtschaftssysteme, als sie die Plattformierer beherrschen.

Unternehmerische Ziele entlang der riesigen Problemstellungen zu finden, die uns Welt und Zeit vor die Füße legen, fällt nicht schwer. Jeder kennt die Liste von Herausforderungen, jeder betont dabei ein paar andere Nuancen, aber die Grundprobleme sind seit Jahren bekannt. Ich würde sie wie folgt umreißen: der Klima- und Artenschutz; die Lösung aller Umwelt-, Gesundheits- und Versorgungsfragen; die Organisation einer echten emissionsfreien Mobilität; die Modernisierung, der Umbau und der Erhalt der Infrastrukturen; der Erhalt von Bildung, Kultur und Arbeit; Armutsbewältigung und Migration; die Frage gleicher Start- und Aufstiegschancen; die Bekämpfung schwerer Krankheiten und

Epidemien; die Verteidigung von Menschenrechten und Demokratie. Eine Beschäftigung mit diesen Themen würde ein ganz anderes menschliches Narrativ für Wirtschaft und auch Digitalisierung mit sich bringen. Ich höre an dieser Stelle jedoch schon die Zweifler, die mir zurufen:»Verdient man denn damit auch Geld?« Zur Antwort auf diese Frage ziehe ich aktuelle Briefe und Studien zurate, abgesendet von wesentlichen Wirtschaftsinstitutionen und ihren Vertretern, über die man zum Jahrzehntwechsel viel lesen konnte.

Zu Beginn des Jahres 2020 sendete der Chef des mächtigsten Vermögensverwalters der Welt, Larry Fink, CEO von BlackRock, einen Brandbrief an die Topmanager der Unternehmen, in die seine Fonds investiert haben. Darin rief er sie auf, in ihren Aktivitäten mehr Einsatz gegen den Klimawandel zu zeigen.»Ich bin überzeugt, dass wir vor einem fundamentalen Wandel der Finanzwelt stehen«, schreibt Fink und kündigt an, dass sich Black-Rock aus den Investitionen mit hohen Umweltrisiken zurückziehen werde. Er erwarte, dass es aufgrund der Klimarisiken zu einer grundlegenden Neubewertung von Risiken in den Vermögenswerten komme und eine erhebliche Umverteilung des Kapitals anstehe. Von den Unternehmen, in die BlackRock investiert hat, fordert Fink ausführliche Berichte über ihre Klimarisiken sowie einen Plan, wie sie zu mehr Nachhaltigkeit kommen. Larry Fink verwaltet mit BlackRock ein Vermögen von fast 7 Billionen US-Dollar, sein Unternehmen ist massiv in fossilen Energiekonzernen auf der ganzen Welt engagiert. Eben noch galten Fink und sein Unternehmen aufgrund aggressiver Wachstums- und Renditeziele als Treiber der Klimakrise, in diesem Brief klingt der Bankmann plötzlich wie ein Sprecher von Greenpeace.

Noch ein zweiter Investor meldete sich mit einer ähnlichen Botschaft, wenn auch weniger direkt. Mit Datum vom 14. Januar 2020 wurde ein alarmierender interner Sonderbericht der Investmentbank JPMorgan über die weltweiten Klimarisiken an die britische Presse gespielt.[1] Die Verfasser des Berichts hatten Klimadaten von Instituten auf der ganzen Welt ausgewertet und weisen darauf hin, dass die Welt auf eine Erwärmung der Erdatmosphäre in der Höhe von 3,5 Grad Celsius zusteuert. Eine solche Erwärmung wird in dem Papier als klar menschheitsbedrohend eingestuft. Als einzig wirksame Schutzmaßnahmen gegen die Lebensbedrohung führen die Autoren des Berichts den raschen Rückzug aus fossiler Energieproduktion, die globale Umstellung auf erneuerbare Energien sowie die Einführung einer globalen $CO_2$-Steuer an. JPMorgan ist der größte Finanzierer fossiler Industrien. Die Bank ist noch direkter und noch stärker in dieser Branche investiert als BlackRock. Nur ein paar Wochen später, Ende Februar 2020, kündigte JPMorgan an, dass die Bank ihre Kredite für die fossile Industrie beenden würde, sowohl die Darlehen für Ölbohrungen in der Arktis wie auch jene für die Kohleindustrie.

Über den Brief von Larry Fink wie auch die Studie von JPMorgan wurde in der Presse intensiv gemutmaßt. Auch die Investmentbank Goldman Sachs und andere Großbanken hatten sich schon vor Larry Fink und JPMorgan ähnlich über die Bewertung des Klimawandels und seine Risiken geäußert. Hatten diese letzten der wichtigen Banker damit dem Druck von Fridays for Future oder Extinction Rebellion nachgegeben? Und wenn ja, warum? Wurde der Druck ihrer eigenen Kunden zu stark, beispielsweise der großen Pensionsfonds der Welt, die in Teilen schon lange gegen fossile Investments votieren? War es eine reine Marketingaktion und im Grunde ein kleines Opfer, von in der Zukunft liegenden Kreditgeschäften zwar Abstand zu nehmen, die bestehenden Darlehen aber nicht anzutasten? Oder hatten die Banken tatsächlich Angst vor den Folgen des Klimawandels für ihr eigenes Geschäft? Da ich nun seit fast 30 Jahren in der Energiewirtschaft arbeite und den schweren Abschied der fossilen Industrie in Europa und in Deutschland hautnah miterlebe, kann ich sagen, dass die Äußerungen und Ankündigungen dieser Topbanker meines Erachtens ein echtes Umdenken signalisieren, und zwar völlig egal aus welchen Motiven.

Das Bekenntnis zur Existenz des Klimawandels galt lange genug in der gesamten Finanz- und restlichen Großindustrie als Tabubruch. Man fühlte sich der sogenannten Ökohysterie nicht nur extrem fern, sondern verachtete sie. Gutmenschentum hatte doch mit harten Geschäften wirklich nichts zu tun. Insofern sind die Äußerungen und Briefe Ausdruck eines echten Pfad- oder Systemwechsels. Sie zeigen den gewaltigen Druck, unter dem Banker mit ihren Investitionen stehen, und zugleich das Bröckeln einer Betonfront gegen das Einfordern von Nachhaltigkeit im wirtschaftlichen Tun. Die Kritik mancher Medien greift natürlich an einem Punkt sehr wohl: Mit einem Brief und einer Ankündigung für die Zukunft ist in der realen Welt eben noch nichts geschehen. Es wird schließlich vorerst weiterhin mit dem Geld von JPMorgan in der Arktis nach Öl gebohrt und in Kolumbien, Südafrika oder Australien in großen Mengen Kohle abgebaut. Denn die Darlehensverträge sind für eine lange Zeit geschlossen, und keine Seite kommt ohne Nachgeben da heraus. Dennoch zeigen die Ankündigungen der Banken, dass sie die enormen wirtschaftlichen Risiken, die mit dem Klimawandel für alle Volkswirtschaften dieser Erde verbunden sind, inzwischen sehr ernst nehmen.

Auch die Datenhuberei der Digitalisierer sowie die gigantische Konsum- und Logistikmaschine, die in der Konzentration auf einen einzigen globalen Allesverkäufer mit algorithmischer Macht liegt, stellen ein Klimarisiko dar. Jedoch verbinde ich meine Gewinnwarnung für das Digitale stärker mit Vertrauens-, Akzeptanz- und vor allem mit Regulierungsrisiken. Wenn man sich jedoch nur für einen Moment auf die Seite eines Larry Fink begibt, dann sitzt er auf einem Pulverfass, dessen Deckel sich nach jeder Heißzeit, nach jedem Orkan, nach jeder Überschwemmung immer mehr lockert. Ein Deckel, der wegfliegen und seine Anlagen an einem Zeitpunkt in der mittelfristigen Zukunft genauso schnell entwerten kann, wie es die Chefs von Airlines oder Reiseunternehmen während der Corona-Epidemie erlebt haben. Allerdings gibt es gegen den Klimawandel keinerlei Impfung, auf die zu hoffen wäre. Ganz im Gegenteil: Das Geschäft mit fossilen Brennstoffen wird nie mehr in der gegenwärtigen Form wieder in Gang zu bringen sein.

Was tut man in dieser Situation, noch dazu, wenn man in einem Land ansässig ist, dessen Präsident den Klimawandel weiterhin leugnet? Das Zusammenspiel zwischen Wirtschaft und Politik ist äußerst delikat und selten einsehbar, allerdings sind die Macht und der Einfluss von Großunternehmen auf die Politik wie auch derjenige eines Investors von der Gewichtsklasse eines Larry Fink sicherlich hoch einzuschätzen. Da sein Intelligenzquotient und sein Geschick unter den gerissenen Kapitalisten dieser Welt eine Sonderstellung einnehmen, wird Fink wissen, dass er aus dem sich andeutenden Schlamassel seiner sich schnell und massiv entwertenden fossilen Investments nicht ohne die Hilfe der Politik herauskommen wird. Er braucht also die Kenntnisnahme und Akzeptanz seiner Risiken durch die Politik, und für den Ernstfall benötigt er einen politischen Beistand, der ihm beim Abfedern der riesigen Abschreibungen auf seine Werte zu einem noch nicht genau vorauszusehenden Zeitpunkt in der Zukunft unter die Arme greift – so geschehen bei den Banken während der letzten Finanzkrise. Larry Fink betreibt nichts anderes als Erwartungsmanagement bei einem seiner indirekten Shareholder, dem Staat. Und er begibt sich in eine Position, aus der heraus er immer sagen kann: »Ich habe es euch gesagt.« Außerdem sieht Fink wie alle Banker den Präsidentschaftswahlen am Ende des Jahres 2020 entgegen und hat hinter den Kulissen längst mit seiner Lobbyarbeit begonnen. Es ist nicht schwer zu erraten, in welche Ecke er den Ball spielt.

Nach diesem Exkurs komme ich nun zur Antwort auf die Frage zurück, ob man mit Lösungsangeboten für Mangelzustände dieser Welt in der Zukunft Geld verdienen kann. Auch hierzu finden sich Hinweise in den Ausführungen der Banker. Morgan Stanley sieht zum Beispiel eine wesentliche globale Investmentchance in der Entwicklung, im Bau beziehungsweise der Sanierung von resilienten Gebäuden und resilienter Versorgungsinfrastruktur, die einer Flut oder einem Orkan weitaus besser standhalten als der gegenwärtige Zustand der gesamten zivilen Infrastruktur. Die Bank prognostiziert einen um rund 40 Prozent wachsenden globalen »grünen Infrastrukturmarkt«, zu dem die gesamte nachhaltige Gebäude-, Agrar-, Energie-, Wasser- und Abwasserinfrastruktur zählt.[2] Auch rät die Bank dazu, nur noch in Unternehmen zu investieren, die einen Nachhaltigkeitsbericht erstellen und über ihren $CO_2$-Fußabdruck berichten. Mit anderen Worten: Die Wetterhähne der Banken stehen jetzt in Richtung auf Investitionen zur Behebung von Mangelzuständen, und sie sind auch der Meinung, dass sich dort Geld verdienen lässt.

Für einen guten Teil der Umweltprobleme kennen wir noch keine Lösungen, allerdings werden sie im Wesentlichen einen technologischen und einen quasi handwerklichen Charakter haben. Sie werden zum Teil industriell »verkaufbar« sein, zu einem anderen Teil benötigen sie eine dezentrale Struktur zur Umsetzung. Ob mit diesen Projekten die Renditen der Plattformierer zu erreichen sind, ist fraglich. Es könnte jedoch ein Vorteil sein, dass deutsche und europäische Unternehmen, die im Technologiesektor tätig sind, noch nicht von den Renditen der Plattformindustrie verdorben sind. Das Investorennarrativ für eine Wirtschaft, die sich den Mangelzuständen widmet, müsste eine andere Geschichte erzählen als die der Digitalkapitäne des Westens. Aber sie käme eher einer wirklichen »Mission« gleich als die eines Marc Zuckerberg. Etwas salopp formuliert könnte sie lauten: »Wenn ihr in uns nicht investiert, wird euer ganzer Kahn untergehen. Wir sind so etwas wie eure Versicherung, eure Arche Noah. Ohne uns werdet ihr die Entwicklung der Welt in den nächsten 20 Jahren nicht überstehen.« Es könnte sich aus diesen dringenden Notwendigkeiten ein ganz ordentliches Narrativ für eine Alternativstrategie zum digitalen Spielzeug ergeben.

Die Frage wird allerdings sein, ob BlackRock, JPMorgan und Co. mit ihren Renditeerwartungen, mit der ganzen Art ihrer Unternehmensfinanzierung, mit ihrer Haltung der Welt gegenüber in der Lage sein werden, eine Welt im kleinteiligen und mühseligen Klimaumbau zu finanzieren – ein noch viel massiverer Systemwechsel wäre dafür vonnöten. Die Soziologin Saskia Sassen spricht davon, dass unsere Finanzsysteme von endlosen Ketten an Derivaten leben, von einer Finanzialisierung von jedem und allem. Dass sie einen brutalen Extraktivismus der Gesellschaft betreiben, dem nichts etwas wert ist und der schlimmer sei als jeder Imperialismus. Die Imperialisten hätten wenigstens noch Schulen in ihren Kolonien gebaut, die Extraktivisten holten die Schätze aus den Böden und hinterließen nichts als vergiftete Landschaften. Die ganze extraktive Logik der Finanzwirtschaft und auch die eines Larry Fink widerspricht fundamental dem Erhalt und der Reparatur von Welt, so wie sie notwendig sind. Genauso steht es um die ewigen Vermittlerdienste einer Plattformwirtschaft von Amazon, Google und Co.: Für eine Welt, die echte Umbauleistungen benötigt, für eine dezentrale Realwirtschaft, für ordentliche Bezahlung für echte Arbeit sind sie nicht zu gebrauchen. Und auch das Geschrei um »Markt, Markt, Markt« wäre gegen eine Politik einzutauschen, die deutlich regulierend eingreift. Denn Märkte allein werden die Herausforderungen, vor denen wir stehen, keinesfalls lösen. Sie hätten ja längst damit beginnen können.

Wenn ich an zwei Jahre in den USA verbrachter Lebenszeit zurückdenke oder an ein Jahr Studienzeit in Großbritannien, dann sehe ich sofort vor mir, was allein in diesen Ländern an Infrastruktur alles anzupacken wäre. Wie sähe diese Liste erst auf dem afrikanischen Kontinent aus? Auch in Deutschland liegt genug Arbeit für ganze Generationen vor uns. Ein aufregend klingendes Narrativ für einen infrastrukturellen Umbau zu prägen, ist schwieriger, als die glatt polierten Oberflächen der digitalen Convenience in Massen zu verkaufen. Aber man sollte es schaffen, die besten Talente in diese Projekte zu lotsen, statt zu viele junge Menschen weiter an die konsumorientierten Start-ups zu »verlieren«.

Am Ende wird dieser Umbau für die Menschheit einen sehr hohen Wert haben – das sehen zumindest manche der schlaueren Berater und Banker jetzt sehr klar. Die Klimasanierung der Welt benötigt eine Menge nichtdigitaler Innovationen beispielsweise in der Wasserstofftechnologie, der Anlagentechnik, den Speicher- und Netztechnologie, der Bautechnologie, der Labortechnik, den Wassergewinnungstechnologien et cetera sowie ein ganzes Spektrum neuer Antriebsformen vom emissionsfrei betriebenen Treppenlift über den Mähdrescher bis zum $CO_2$-freien Flugzeug.

Noch etwas ist mir an dieser Stelle wichtig: In der Situation, in die wir geraten sind, höre ich in Sachen Klimaschutz noch oft den Kommentar: »Wir bauen darauf, dass uns Forschung eine bessere Lösung präsentieren wird.« Oder: »Lasst uns doch auf das nächste große Ding warten.« Oder gar die sibyllinische Aussage: »Wir würden unsere Forscher doch unterschätzen, wenn wir nicht auf ihre neuen Ideen bauen würden.« Diese Sätze kommen oft von Menschen, die im Stillen immer noch hoffen, dass es gar keine Klimakrise gibt. Gemeint ist mit solchen Aussagen etwas anderes: dass man auf eine Art Wunder hofft, mit dem alle Probleme mit einem Schlag vom Tisch gefegt wären. Gesagt werden soll damit: »Bleib mir weg mit dieser Mühsal, ich beschäftige mich lieber mit der Mondfahrt oder einem besonders schnellen E-Auto.«

Dazu ist zu bemerken: Zu warten ist in diesem Fall überhaupt keine Option. Und Wunder gehören ohnehin in den spirituellen Raum. Gegen das, was zu unternehmen ist, um die Klimaerwärmung abzudämpfen, ist die deutsche Vollausstattung mit Glasfaser und 5 G sehr wahrscheinlich ein Kinderspiel. Ein wesentlicher

Punkt im neuen Plan für die Wirtschaft könnte also lauten: Beende das falsche Agenda-Setting, und komme zu den wesentlichen Themen unserer Zeit. Dagegen kann man halten, dass sich Wirtschaft ihre Themen selbst suchen sollte, dass Weltrettung keine Aufgabe sei, die zu Wirtschaft und Unternehmern passt. Darauf möchte ich spontan antworten: Zu wem sollte diese Aufgabe denn sonst passen?

Unterstreichen möchte ich einen weiteren, mir sehr wesentlichen, Punkt. Wenn es ein Thema gibt, das in Europa zum übergreifenden Ziel über alle anderen erklärt werden sollte, weil es die größte Herausforderung des Jahrhunderts darstellt, dann ist es der Klima- und Artenschutz – es ist nicht die Digitalisierung. Ich höre intelligente Menschen vom »Digitalzeitalter« sprechen, von der »digitalen Revolution«, in der wir uns befinden, von der bevorstehenden großen »digitalen Transformation«. Doch wir leben im Klimazeitalter, genauer gesagt im Klimarettungszeitalter. Für das Ziel des Klima- und Artenschutzes werden weitaus mehr Geld, mehr Ideen und mehr Kraft benötigt und auch investiert werden als für die weitere Digitalisierung, die sich ohnehin ereignen wird. Die pathetische Überhöhung des Digitalen ist Ausdruck einer immer unerträglicher werdenden Naivität gegenüber dem Geld des Plattformkapitalismus. Sie leistet einem Teil der noch nicht so weit denkenden Finanzoligarchie und auch Politik Geleitschutz und Vorschub. Warum nicht schnell noch ein irrsinniges Food-Start-up aufsetzen und für Milliarden weiterverkaufen?

Ein $CO_2$-freies Leben für alle zu bewerkstelligen, ist die umfangreichste, schwierigste, teuerste und vor allem die dringendste Aufgabe unserer Zeit. Das Digitale wird und muss dabei assistieren. Wir werden es für Aufzeichnungen, Messungen und Planungen benötigen. Aber digital lassen sich Strom, Wärme und Kühlung niemals erzeugen, digital ist kein fahrender Untersatz anzutreiben, digital ist kein Medikament zu erfinden, keine Therapie aufzubauen, keine Brücke neu zu bauen, kein Netz von unabhängigen

Universitäten oder Unikliniken aufrechtzuerhalten, bekommen Häuser keine ökologisch sinnvolle Dämmung oder Sturmsicherung, werden Abwasserkanäle auf dem Kontinent wegen zu erwartender massiver Niederschläge nicht aufnahmefähiger gemacht, wird die Armutsbewältigung nicht organisiert. Digital ist auch kein Wasser zu klären oder Abwasser wegzuschaffen. Letzteres mag in Deutschland wie ein alter Hut klingen, jedoch ist selbst in Europa sauberes Trinkwasser dank Überdüngung und Medikamentierung immer aufwendiger herzustellen; in den sich entwickelnden Ländern ließen sich durch sauberes Wasser und die Reinigung von Abwässern Epidemien und Klimaflucht vermeiden. Was aus diesem einen übergreifenden Ziel des Klima- und Artenschutzes folgt, ist eine lange, kleinteilige, länderübergreifende, extrem mühselige, nur in Teilen digitale und wahrscheinlich sehr schwer als glamourös zu verkaufende, aber überlebenswichtige Umbauarbeit. Aus meiner Sicht wäre es die spannendste Mission, auf die man sich in den kommenden Jahrzehnten begeben kann.

# Wegweiser im persönlichen Umgang mit dem Digitalen[3]

1. *Die Gegenwart anderer ist zu schade für Technologie.* Es ist nicht normal, wenn Sie während einer Unterhaltung oder Besprechung Ihre E-Mails oder Nachrichten kontrollieren, Ihren Facebook-Account updaten oder *Spiegel online* aufrufen.
2. *Beenden Sie die Macht Ihres Smartphones.* Nehmen Sie es nicht überall mit hin. Es verändert jede Gesprächssituation, selbst wenn es nur stumm auf dem Tisch liegt. Ein persönliches Gespräch ist im Wettbewerb gegen ein Smartphone in Sichtweite nur schwer zu führen.
3. *Reduzieren Sie Texting.* Textnachrichten helfen nur in wenigen Situationen weiter. Allein Sprechen löst Probleme. Texten

und E-Mailen verwandelt Beziehungen in transaktionsbezogene Verhältnisse.

4. *Verbieten Sie sich Multitasking.* Multitasking fördert Stress und reduziert nachhaltig die Qualität Ihrer Arbeit. Nach einer Zeit voller Multitasking werden Sie immer hektischer und trauen sich nicht mehr an schwierige Dinge heran. Die Technologie verführt Sie zu Multitasking, aber Sie werden mit der Zeit verlernen, das Schwierige, Komplexe überhaupt zu denken oder zu tun. Es erfordert Kraft, nur noch ein Ding nach dem anderen zu tun und das Multitasking zu beenden. Sie werden jedoch schnell merken, dass Sie sich bald wieder an komplexe Aufgaben herantrauen.

5. *Halten Sie Pausen aus, auch Gesprächspausen.* Das Leben ist keine Talkshow, ein Gespräch ist kein Schlagabtausch. In kreativen Gesprächen muss man ein bisschen Langeweile ertragen. Halten Sie die Hänger im Gespräch aus. Wirklich neue Gedanken entwickeln sich oft nur langsam, wir suchen nach Worten, wir kreisen um eine Idee, aber nur so entsteht Neues.

6. *Zerstören Sie Ihre Alleinmomente nicht mit Apparaten oder E-Mails.* Seien Sie allein. Verbringen Sie Alleinzeit mal ohne Smartphone. Wer nicht lernt, mit sich allein zu sein, wird auch online einsam sein. Wer allein sein kann, ist nicht einsam.

7. *Widmen Sie sich komplizierten Fragen.* Eines der wesentlichen regelmäßigen Gespräche werden Sie mit sich selbst führen. Um dorthin zu kommen, müssen Sie über etwas länger nachdenken und sich selbst beim Denken zuhören. Oft ist man viel zu sehr mit dem Sprechen oder dem Smartphone beschäftigt, um nachzudenken und mit sich selbst zusammenzuarbeiten. Das Online-Leben hat uns daran gewöhnt, einfache Fragen zu stellen und einfache Antworten zu bekommen. Wir sind nicht mehr daran gewöhnt, komplexen Fragen nachzugehen.

8. *Folgen Sie Ihrem eigenen Zeitplan.* Sie brauchen ein eigenes Tempo, um vom Transaktionsstil wegzukommen, den Ihnen

das Online-Leben vorgibt. Einige Menschen haben damit aufgehört, ihre E-Mail-Inbox auszuleeren. Antworten sie jedenfalls nie sofort. Nutzen Sie Ihre Zeit für langsames kreatives Nachdenken. Lassen Sie sich dabei nicht unterbrechen.

9. *Kreieren Sie WLAN-freie Zonen in Ihrer Wohnung oder Ihrem Haus.* Sie brauchen nicht immer und überall Empfang, Sendepausen tun allen gut.

10. *Machen Sie »eins nach dem anderen« zu Ihrem neuen Motto.* Online-Angelegenheiten sind oft rasch zu erledigen und geben Ihnen schnell das Gefühl, dass Sie etwas geschafft haben. Daran sind Sie mit Ihrem Internet, Ihrem Tablet und Ihrem Smartphone gewöhnt. Eine Sache nach der anderen anzugehen, ist eine harte Übung, weil es bedeutet, dass Sie sich an andere Aufgaben heransetzen, die nicht so schnell zu erledigen sind. Multitasking verhindert, dass Sie wichtige Aufgaben konzentriert angehen. Trainieren Sie das Prinzip »eins nach dem anderen«.

11. *Sprechen Sie mit Menschen, die nicht Ihrer Meinung sind.* Im Internet vermeidet man Interaktionen mit Menschen, mit denen man nicht einer Meinung ist. Man riskiert so nach und nach, dass auch das reale, analoge Leben zu einer Filterblase wird. Sogar ein schmaler Grat der Übereinstimmung kann eine Basis für ein Gespräch und eine Entdeckung sein.

12. *Folgen Sie der 7-Minuten-Regel.* Warten Sie bei jedem Gespräch, das Sie beginnen, und bei jedem Gedanken, den Sie verfolgen, immer mindestens 7 Minuten ab, bevor Sie das Thema oder den Gedanken wechseln oder auf Ihr Telefon schauen. Die digitale Welt hat uns ein fragmentiertes Denken und Wissen angewöhnt – das reale Leben ist reicher und tiefer.

13. *Lernen Sie von Konfliktmomenten.* Konflikte sind Denkquellen: Sie geben Anlass, sich mit anderen Sichtweisen und Perspektiven zu befassen, sich in andere Positionen hineinzuverset-

zen. Sie machen einen dehnbar, was die eigenen gelebten Gewohnheiten und Einstellungen angeht, sie zwingen, sorgfältig zu denken und zu handeln.

14. *Halten Sie Plätze, an denen Gespräche stattfinden können, »sauber« von elektronischen Geräten.* Abendbrottische, Kaffeetische, Schulklassentische, Besprechungstische, Basteltische, Terrassentische oder Bistrotische bedürfen nicht der »Verschönerung« durch digitale Geräte. Diese verleiten nur dazu, sich von nahen Menschen abzuwenden und das persönliche Gespräch zu vermeiden.

## Mögliche strukturelle Maßnahmen für eine Verbesserung der digitalen Bilanz

1. Die Speicherung und der Verkauf privater Nutzerdaten durch digitale Dienstleister sind gesetzlich zu verbieten.

2. Angebote digitaler Dienstleister sind kostenpflichtig zu stellen, damit ehrliche Preise entstehen. Wer digitale Dienste nutzbar machen will, muss Preise dafür nennen und seine Dienste verkaufen. Kunden dürfen nicht aktiv auf eine Speicherfunktion angesprochen werden, auch nicht gegen Geld.

3. Die bestehende Datenschutzgrundverordnung wird hinsichtlich ihres Grundprinzips umgekehrt: Vorausgesetzt wird die Nichtspeicherung von Daten. Jede Abfrage der Nutzer nach einer Einwilligung zur Speicherung erübrigt sich oder wird verboten.

4. Social-Media-Dienste und andere digitale Informationsdienste werden in Europa für ihre Inhalte verantwortlich im Sinne des Presserechts gestellt.

5. Kriterien für die Bewertung einer globalen marktbeherrschenden Stellung von digitalen Plattformunternehmen sind zu entwickeln und anzuwenden.

6. Eine digitale Grundrechtecharta für die Anwendung starker künstlicher Intelligenzen ist zu erarbeiten und als europäische Gesetzesvorlage vorzulegen – bevor Produkte, die starke künstliche Intelligenzen anwenden, in den Verkauf gelangen.

7. Das Umgehen der Steuerpflicht durch international agierende Digitalkonzerne ist durch entsprechend verschärfte Steuergesetze für Europa auszuschließen. Steueroasen sind zu schließen. Der in den vergangenen fünf Jahren angefallene Steuerausfall durch legale Steuervermeidung ist nach Gewinnanteil in den von der Steuerflucht betroffenen Ländern zurückzufordern.

8. Im Zug einer neuen weltweiten Klimarettungsmission[4] ist eine globale $CO_2$-Steuer auf alle Endverbraucherprodukte und -dienste zu erheben. Auch Plattformunternehmen werden mit ihren Diensten der $CO_2$-Steuer unterworfen. Messgröße ist die Höhe der $CO_2$-Belastung aller verwendeten Materialien inklusive der bei ihrer Entsorgung entstehenden Emissionen sowie anfallender Energieverbräuche.

9. Feste Quoten für den Einsatz von $CO_2$-armen Materialien in der Konsumgüter- und Industrieproduktion sind einzuführen, Steigerungsziele für diese Quoten mindestens bis zum Jahr 2030 vorzugeben. Feste Recyclingquoten für alle Konsumgüter und Industrieprodukte sind einzuführen, Steigerungsquoten mindestens bis zum Jahr 2030 vorzugeben.

10. Jedes Unternehmen soll verpflichtet werden, seinen $CO_2$-Fußabdruck an eine nationale Stelle zu berichten. Dieser sollte die gesamten Aktivitäten eines Unternehmens in einem Land darstellen inklusive eines möglichen Senkungsplans.

11. Für alle Industriesektoren sind auf globaler Ebene konkrete Maßnahmenpläne für die $CO_2$-Senkung gemäß dem 1,5-Grad-Ziel von Paris zu erstellen. Diese Pläne sind für alle Staaten digital einsehbar zu machen, damit die Länder voneinander lernen können.

12. Beschleunigt werden könnte der globale Emissionsabbau durch die Ankündigung des Aufkaufs aller fossilen Brennstoffe in allen Ländern der Erde, sobald der Ausbau alternativer Brennstoffe oder erneuerbarer Energien absehbar oder erreicht ist. Der Aufkauf wäre durch eine Bank unter Verfügung über einen internationalen Klimafonds zu organisieren, in den alle Staaten der Welt einzahlen müssen.

13. Erhalt und Ausbau von sozialversicherungspflichtigen Arbeitsplätzen sollte als wesentliches unternehmerisches Ziel gefördert werden und zu Steuererleichterungen bei den Unternehmen führen.

14. Ein globaler Mindestlohn ist zu entwickeln und einzuführen.

15. Diversität ist als wesentliches Unternehmensziel mit festen Quoten zu belegen, damit alle Aspekte der Menschheit stärker im unternehmerischen Agieren Berücksichtigung finden.

16. Jedes Unternehmen erstellt eine Gemeinwohlbilanz. Dazu gehören unter anderem Berichte über die Zahl und Ausstattung von Arbeitsplätzen, Auszubildenden, Fremddienstleistungsverhältnissen, Pensions- oder anderen sozialen Verpflichtungen, Steuerabgaben, Klimaschutzmaßnahmen, Gehaltsgefüge, Diversität, Arbeitszeiten, Spenden oder Stiftungsbilanzen.

# Anmerkungen

## 1 Prolog

1 Siehe www.mitfokus.de/jeff-bezos-zitate.
2 Siehe Jaron Lanier: *Zehn Gründe, warum du deine Social Media Accounts sofort löschen musst*, Hamburg: Hoffmann und Campe, 2018.
3 Siehe Thorsten Giersch: »Wo bleiben große Erfindungen?«, *Handelsblatt*, 22.9.2014.

## 2 Die Erosion der Kommunikation: Wie sie entsteht und was daraus folgt

1 Jean Twenge, »Have smartphones destroyed a generation?«, *The Atlantic* 9/2017.
2 Siehe ebenda, S. 4.
3 Ebenda.
4 »Suizide steigen bei Jugendlichen nach den Ferien«, *Aerzteblatt.de*, 1.10.2019.
5 »Warum steigt die Suizidrate bei Jugendlichen«, *Fritz und Fränzi*, 27.5.2019.
6 Siehe Jean Twenge: »Have smartphones destroyed a generation?«, *The Atlantic* 9/2017.
7 Ebenda, S. 8.
8 Ebenda, S. 9.
9 Jonathan Franzen: *Das Ende vom Ende der Welt*. Hamburg: Rowohlt, 2019, S. 83.
10 Siehe Sherry Turkle: *Reclaiming Conversation*. New York: Penguin, 2015, S. 20.
11 Siehe ebenda, S. 22.
12 Ebenda, S. 255.
13 Ebenda, S. 299.
14 Ebenda, S. 300.
15 Ebenda.
16 Jean Twenge: »Have smartphones destroyed a generation?«, *The Atlantic* 9/2017, S. 9.
17 Jonathan Franzen: *Das Ende vom Ende der Welt*, S. 15.
18 Henry David Thoreau: *Walden. Ein Leben mit der Natur*. München: DTV, 1999, S. 59.

19 Byung-Chul Han: *Im Schwarm*. Berlin: Matthes & Seitz, 2013, S. 55.
20 Siehe Guido Zurstiege: *Taktiken der Entnetzung*. Berlin: Suhrkamp, 2019, S. 157.
21 Henry David Thoreau: *Walden*, S. 59.
22 Byung-Chul Han: *Im Schwarm*, S. 49.
23 Neil Postman: *Wir amüsieren uns zu Tode*. Frankfurt a. M.: Fischer, 1988, S. 91.
24 Werner Seppman: »Negative Langzeitkonsequenzen bis in die neuronalen Netze hinein«, *Telepolis*, 25.12.2017, S. 8.
25 Elias Canetti: *Masse und Macht*. Frankfurt a. M.: Fischer, 1980, S. 31.
26 Siehe auch: »Umstrittener Autor Michel Houellebecq glaubt nicht an eine bessere Welt ach der Corona-Krise«, *RedaktionsNetzwerk Deutschland*, 5.5.2020.

## 3 Hyperreichtum und Digitalisierung: Wie die großen Digitalkonzerne ihr Geld verdienen und welche Risiken daraus entstehen

1 Siehe Daron Acemoglu: *Warum Nationen scheitern*. Frankfurt a. M.: Fischer, 2013, S. 235–236.
2 Shoshana Zuboff: *Das Zeitalter des Überwachungskapitalismus*, Frankfurt a. M.: Campus, 2018.
3 Jonathan Franzen: *Das Ende vom Ende der Welt*.
4 Übersetzung ins Deutsche aus »Google Keynote«, *Google I/O '19*, YouTube, 7.5.2019.
5 Siehe Jaron Lanier: *Zehn Gründe, warum du deine Social Media Accounts sofort löschen musst*. Hamburg: Hofmann & Campe, 2018, S. 31.
6 Siehe Shoshana Zuboff.
7 Siehe Anna Lipphardt, »Der Nomade als Theoriefigur. Empirische Anrufung und Lifestyle-Emblem«, *Aus Politik und Zeitgeschichte*, 22.6.2015, S. 32–38.
8 Ebenda.
9 Anne Seibring: »Editorial«, *Aus Politik und Zeitgeschichte*, 22.6.2015.
10 Siehe Gilles Deleuze und Felix Guattari: »Abhandlung über Nomadologie. Die Kriegsmaschine«, in: Kapitalismus und Schizophrenie. Tausend Plateaus, Merve, Berlin 2008, S. 481–585.
11 Siehe Anna Lipphardt.
12 Siehe Technology Review, *Heise Magazine* 7/2019, S. 16.

## 4 Geldverbrennung im Silicon Valley: Warum Start-ups nicht mehr glänzen

1 Evgeny Morozov: »Silicon Valley exploits time and space to extend the frontiers of capitalism«, *The Guardian*, 29.11.2015.
2 »Dr. Elon & Mr. Musk: Life inside Tesla's Production Hell«, *Wired*, 13.12.2018.
3 Ebenda.
4 Mariana Mazzucato: *The Value of Everything*. London: PublicAffairs, 2018.
5 Amanda Schaffer: »Tech's Enduring Great-Man Myth«, *MIT Technology Review*, 4.8.2015.
6 Siehe Ashlee Vance: *Elon Musk*. München: FinanzBuch Verlag, 2015.

7 Siehe »Brief von Mark«, *Der Spiegel*, 2.2.2012.

8 Vance, S. 259.

9 Siehe »Tesla-Crash: Besitzer verzweifelt, niemand darf das Wrack entsorgen«, *Stern*, 15.11.2019.

10 Christoph Keese: *Silicon Germany*. München: Penguin, 2016.

11 Ebenda, S. 287–288.

12 Clayton Christensen: *The Innovator's Dilemma*. Harvard: Harvard Business Review Press, 1997.

13 »The Disruption Machine, What the gospel of innovation gets wrong«, The New Yorker, 23.6.2014.

14 Andrew A. King, »How Useful ist he Theory of Disruptive Innovation?«, *Sloan Management Review*, 15.9.2015.

15 Thomas Piketty: *Das Kapital im 21. Jahrhundert*. München: C. H. Beck, 2014.

16 Siehe Ulrich Beck: *Risikogesellschaft*. Frankfurt a. M.: Suhrkamp, 1986.

17 Saskia Sassen: »Wenn bewundernswerte sozio-technische Fähigkeiten handfeste Brutalitäten hervorbringen«, in Jakob Augstein: *Reclaim Autonomy*. Berlin: Suhrkamp, 2017, S. 50.

18 Christoph Keese: *Silicon Valley*, S. 141.

19 Siehe »Ghost-Restaurants«, www.deutsche-startups.de, 18.4.2019.

20 »Palantir knows everything about you«, *Bloomberg Businessweek*, 23.4.2018.

21 »How a deviant Philosopher built Palantir, a CIA-funded data-mining Juggernaut«, *Forbes*, 2.9.2013.

22 Siehe *Forbes*, September 2013.

23 Tobias Knobloch: *Vor die Lage kommen. Predictive Policing in Deutschland*. Berlin: Stiftung neue Verantwortung, 2018, S. 30.

24 Siehe ebenda, S. 34.

25 Siehe »Algorithm Watch«, 11.11.2019.

26 »Sollte ich jemals aus dem Fenster fallen, dann seien Sie sicher: Ich wurde geschubst.« *Spiegel*, 14.9.2019, S. 83.

## 5  Die digitale Welt von innen: Über die innere Verfasstheit digitaler Unternehmen im amerikanischen Westen

1 Siehe Nitasha Tiku: »Three Years of Misery Inside Google, the Happiest Company in Tech«, *Wired*, 13.8.2019, S. 1–40.

2 Siehe Paul Lewis: »I see things differently: James Damore in his autism and the Google memo«, *Guardian*, 17.11.2017.

3 Shaun Bryan, »I am Autistic and I don't support the Microsoft Autistic Hiring Program«, *Medium*, 20.5.2018.

4 »Sundar Pichai should resign as Google's CEO«, *New York Times*, 11.8.2018.

5 Übersetzung aus: »An Insight. An Idea with Sundar Pichai«, *Conversation with Klaus Schwab*, World Economic Forum, 24.1.2018.

6 Emily Chang: *Brotopia*. New York: Portfolio/Penguin, 2018, S. 34.

7 Ebenda.

8 Ebenda, S. 77 ff.

9 Siehe Michael Hartmann: *Topmanager. Die Rekrutierung einer Elite*. Frankfurt a. M.: Campus, 1996.

10 Ebenda, S. 185.

11 Ebenda, S. 186.

12 Ulrich Amling: »Vorspielen hinterm Vorhang«, *Tagesspiegel*, 25.3.2012. »How blind auditions help orchestras to eliminate gender bias«, *Guardian*, 14.10.2013.

13 Katherine W. Philips: »How diversity makes us smarter«, *Scientific American*, 1.10.2014.

14 Carl Benedict Frey und Michael Osborne: *The Future of Employment*. Oxford: Oxford Martin School, 2013.

15 Richard David Precht: *Jäger, Hirten, Kritiker. Eine Utopie für die digitale Gesellschaft*. München: Goldmann, 2018.

16 Siehe Melanie Arntz, Terry Gregory und Ulrich Zierahn: *Digitalisierung und die Zukunft der Arbeit*. Mannheim: Zentrum für Europäische Wirtschaftsforschung, 2018.

17 Katharina Dengler und Britta Matthes: »In kaum einem Beruf ist der Mensch vollständig ersetzbar«, *IAB-Kurzbericht* 24/2015. Katharina Dengler und Britta Matthes: »Folgen der Digitalisierung für die Arbeitswelt, Substituierbarkeit von Berufen in Deutschland«, *IAB-Forschungsbericht* 11/2015. Holger Bonin, Terry Gregory und Ulrich Zierahn: »Übertragung der Studie von Frey/Osborne (2013) auf Deutschland«, *ZEW Kurzexpertise* 57, 14.4.2015.

18 Reinhard Jellen: *Telepolis*, 24.12.2017, S. 5.

19 Evgeny Morozov: »Silicon Valley talks a good game on basic income, but its words are empty«, *Guardian*, 28.2.2018.

20 Yuval Noah Harari: *Homo Deus*. München: C. H. Beck, 2017, S. 430.

21 Ebenda, S. 431.

22 William Langewiesche: »The Human Factor«, *Vanity Fair*, 17.09.2014, S. 1–24.

23 Ebenda, S. 22.

24 Markus Gabriel, Der Sinn des Denkens, Berlin 2018, S. 22.

25 David J. Chalmers: *The Conscious Mind*. Oxford: Oxford University Press, 1996. David J. Chalmers: »Bin ich mein Gehirn«, *Sternstunde Philosophie*, SRF Kultur, 8.7.2019.

# 6 Der digitale Konsument:
## Wie man zum Instrument von Algorithmen wird

1 Carsten Luther: »US-Wahl: Der Ernstfall«, *Zeit*, 9.11.2016.

2 Siehe Daniel Kahneman: *Schnelles Denken, langsames Denken*. München: Siedler, 2011, S. 45.

3 Siehe Sascha Lobo: *Realitätsschock*. Köln: Kiepenheuer & Witsch, 2019.

4 Siehe »Guter Bürger, schlechter Bürger«, DLF, 19.4.2018.

5 »The Transparent Self under Big Data Profiling«, Yongxi Chen, Anne Sy Cheung, The Journal of Comparative Law, S. 356–378, University of Hong Kong Research Paper, 27.6.2017.

6 »Auf dem Weg zur totalen Überwachung«, *Tagesschau*, 24.3.2019.

7 Siehe »Darum befürworten viele Chinesen das Sozialpunktesystem«, *Handelsblatt*, 23.7.2018.

8 Siehe »Darum befürworten viele Chinesen das Sozialpunktesystem«, Handelsblatt, 23.7.2018.
9 Yongxi Chen und Anne Sy Cheung: »The Transparent Self under Big Data Profiling«, *Journal of Comparative Law*, 27.6.2017, S. 356–378.
10 Ebenda. S. 362.
11 Ebenda.
12 Byung-Chul Han: »Wir dürfen die Vernunft nicht dem Virus überlassen«, *Welt*, 23.3.2020.
13 Ebenda.
14 Berit Uhlmann: »Wir sollten nicht in Techniken investieren, um Menschen von außen zu steuern««, *Süddeutsche Zeitung*, 7.9.2018.
15 Jan Schnellenbach: »Unvollständige Rationalität ist keine hinreichende Begründung für paternalistisches Eingreifen«, *Wirtschaftsdienst des Leibniz Informationszentrum Wirtschaft* 11/2014, S. 778–780.
16 Karen Yeung: »›Hypernudge‹: Big Data as a Mode of Regulation by design«, *Information, Communication & Society* 20/2017, 22. Mai 2016, S. 1–19.
17 Siehe Herbert Braun: *Heise online*, 31.7.2011.
18 Siehe Karen Yeung.
19 Ebenda, zum Teil Übersetzung aus dem Englischen von einer Passage auf S. 4.
20 Ebenda, S. 5.
21 Ebenda.
22 Ebenda, S. 6.
23 Ebenda, S. 4.
24 Ebenda, S. 2.
25 Ebenda, S. 2.

## 7 Wegweiser

1 David Mackie und Jessica Murray: »Risky Business: The Climate and the Macroeconomy«, *JPMorgan Special Report*, 14.1.2020.
2 Morgan Stanley Investing, Lily Trager, »Risks and Opportunities of Climate Change«, 2/2019.
3 Die Ideen für die folgenden Vorschläge sind teilweise aus Sherry Turkles Buch *Reclaiming Conversation* entnommen.
4 David Mackie und Jessica Murray: »Risky Business«.